新文科建设教材
经济学系列

INTRODUCTION TO THE
DIGITAL ECONOMY

数字经济概论

张绍成　刘文革　戴利研◎编著

清华大学出版社
北京

<h1 align="center">内 容 简 介</h1>

本书围绕数字经济的"四化"框架,系统介绍了数据价值化、数字产业化、产业数字化、数字化治理等核心内容,并全面梳理了数字经济学的基础理论与前沿研究动态。同时,本书还深入探讨了新兴数字技术的原理、创新方向,以及当前面临的突出数字治理问题。

本书既体现了高度的规范性与权威性,又展现了技术创新性与研究前瞻性的特点,内容兼具广度与深度。本书既可作为数字经济专业的本科生、研究生教材,也适合从事数字经济研究与实践的专家学者、政策制定者、企业管理人员等读者阅读。

图书在版编目(CIP)数据

数字经济概论 / 张绍成,刘文革,戴利研编著. --北京:清华大学出版社,2025.8.
(新文科建设教材). -- ISBN 978-7-302-70094-4

Ⅰ. F49

中国国家版本馆 CIP 数据核字第 20254RM344 号

责任编辑:张 伟
封面设计:李召霞
责任校对:宋玉莲
责任印制:刘海龙

出版发行:清华大学出版社
　　　　网　　　址:https://www.tup.com.cn,https://www.wqxuetang.com
　　　　地　　　址:北京清华大学学研大厦 A 座　　　邮　　　编:100084
　　　　社 总 机:010-83470000　　　邮　　　购:010-62786544
　　　　投稿与读者服务:010-62776969,c-service@tup.tsinghua.edu.cn
　　　　质量反馈:010-62772015,zhiliang@tup.tsinghua.edu.cn
　　　　课件下载:https://www.tup.com.cn,010-83470332
印 装 者:大厂回族自治县彩虹印刷有限公司
经　　销:全国新华书店
开　　本:185mm×260mm　　　印　张:14.25　　　字　　数:347 千字
版　　次:2025 年 8 月第 1 版　　　印　　次:2025 年 8 月第 1 次印刷
定　　价:48.00 元

产品编号:111636-01

前 言

本书旨在全面阐述数字经济的基本概念、核心内容、技术原理、基础理论与前沿动态，以及数字治理问题，力求为学习者构建系统的数字经济知识体系，为企业和政府提供科学的决策参考，共同推动数字经济社会的健康、可持续发展。

本书主要内容分为六大部分。

第一部分聚焦数字经济的基本概念，阐述其定义、特征与演变路径，深入探讨数字经济与新质生产力的关联，以及对马克思主义理论的延伸和发展。

第二部分围绕数字经济"四化"框架，解析数据价值化、数字产业化、产业数字化与数字化治理的核心内容及运行机制，帮助读者理解数字经济如何赋能传统产业转型升级，推动经济社会高质量发展。

第三部分深入剖析数字经济关键和新兴技术，包括 5G（第五代移动通信技术）网络、卫星互联网、大数据、云计算、人工智能（artificial intelligence，AI）、物联网、区块链和工业互联网等，详细解析其基本原理与未来创新方向，揭示技术创新作为数字经济关键驱动力的内在逻辑与动力机制。

第四部分系统梳理数字经济学的基础理论与前沿动态，涵盖网络经济理论（Network Economy Theory）、共享经济理论（Sharing Economy Theory）、平台经济理论（Platform Economy Theory）、规模经济理论（Economies of Scale Theory）、内生增长理论（Endogenous Growth Theory）、生产与消费融合理论（Prosumer Theory）、数字生态系统理论（Digital Ecosystem Theory）、数字劳动与平台就业理论（Digital Labor and Platform Employment Theory）、数字主权与数据治理理论（Digital Sovereignty and Data Governance Theory）、创新与数字经济互动理论（Innovation and Digital Economy Interaction Theory），以期为读者构建坚实的理论研究基础。

第五部分聚焦数字治理问题与挑战，探讨隐私保护与数据安全、数字鸿沟与就业转型、平台垄断与算法滥用、数字伦理与 AI 法律等热点议题，引导读者思考如何构建包容、可持续的数字经济发展环境。

第六部分对美国、欧盟等世界主要国家或经济体的数字经济战略进行比较研究，分析其战略举措与发展经验，为读者提供国际视野与借鉴参考。

本书具有以下特点。

一是权威规范，内容主要依据中国信息通信研究院的研究报告及中共中央、国务院政策文件构建，确保与国家政策高度契合，为读者提供准确、可靠的知识来源。

二是技术思维，精准把握技术创新作为数字经济驱动力的关键特征，深入解析数据特性与数字技术的核心原理，为读者透彻理解未来科技创新方向提供支撑与指引。

三是前瞻视野，基于对技术逻辑的深入探究，助力读者在未来高度不确定性的技术创新中,提升对数字经济发展趋势的前瞻性判断能力。

四是理论系统,全面梳理数字经济学的基础理论与前沿研究成果,为学术探索、企业决策与政策制定提供兼具理论和实践指导意义的参考资料。

本书采用理论与应用相结合的方法,兼顾技术逻辑、经济理论与社会问题的融合,力求内容前沿、结构清晰、逻辑严谨。

本书第一章第一、二、三、四、五节及第二、三、四、五、八章由张绍成编写;第一章第六节、第七章第六、七、八、九、十节及第九章由刘文革编写;第六章及第七章第一、二、三、四、五节由戴利研编写。

编　者

2025 年 1 月

目录

第一章

数字经济概述

本章学习目标

1. 了解数字经济的产生与历史演进；
2. 了解我国互联网经济的发展历程；
3. 掌握数字经济的定义与特征；
4. 掌握数字经济"四化"框架及内涵；
5. 深刻理解数字经济对新质生产力的支撑作用；
6. 深刻理解马克思主义的生产力和生产关系内涵；
7. 掌握数字经济下生产力的新构成，以及数字经济中生产关系的变化动因。

导言

2022年，国务院发布的《"十四五"数字经济发展规划》指出，当前新一轮科技革命和产业变革深入发展，数字化转型已经成为大势所趋。数字经济发展速度之快、辐射范围之广、影响程度之深前所未有，正推动生产方式、生活方式和治理方式深刻变革，成为重组全球要素资源、重塑全球经济结构、改变全球竞争格局的关键力量。

数字经济是数字时代国家综合实力的重要体现，也是构建现代化经济体系的重要引擎。因此，发展数字经济是把握新一轮科技革命和产业变革新机遇的战略选择。

第一节　数字经济的产生与历史演进

一、数字经济的产生

1996年，唐·塔普斯科特(Don Tapscott)发表著作《数字经济：网络智能时代的前景与风险》，首次明确提出"数字经济"这一概念。在这本书中，作者详细论述了互联网对数字经济的影响，深入探讨了互联网如何改变商业、政府和社会的运作方式。

1998年，美国商务部发布《新兴的数字经济》报告，详细分析了数字技术对经济的影响，尤其关注如何在新经济形态中促进增长和提升竞争力。报告指出，数字经济正在变革传统产业，推动经济全球化，同时也带来了诸如就业结构变化等社会挑战。由此，"数字经济"成为正式的经济学概念。

2002年，美国学者进一步深入研究数字经济，强调了数据和信息技术在现代经济中的核心地位。这些研究不仅加深了对数字经济的理解，也为政策制定和企业战略提供了重要参考。从此，数字经济逐渐成为全球经济研究的热点。

2016年，习近平主席在G20（二十国集团）杭州峰会上首次对"数字经济"进行了强调，之后我国开始在官方文件和重大场合采用"数字经济"的提法。2017年政府工作报告提出"促进数字经济加快成长"的正式表述，标志着"数字经济"成为我国新时代高质量发展的重大发展战略。

二、数字经济的历史演进

数字经济的起源可以追溯到20世纪60年代，这个时期，计算机发展到集成电路时代，计算机组成系统都是采用二进制数字表示，由此数字数据随着计算机的普及应用逐渐进入人类的社会生活之中。

20世纪90年代，随着互联网的广泛应用，电子商务、电子支付等创新消费方式在全球范围迅速发展，开启了消费驱动的互联网经济时代。互联网经济的强大活力，带动了全球数字经济规模的不断扩大和快速增长，为数字经济奠定了发展基础。

进入21世纪，智能手机和移动互联网逐渐普及，人们可以更加方便、快捷地访问互联网，社交网络、移动支付、短视频等各种创新应用不断涌现，共享经济、平台经济（platform economy）模式相继登场，实现了高效率的资源共享和经济增长，推动着数字经济进一步快速发展。

在日益增长的互联网经济活动中，产生了海量的用户数据。大数据技术通过对海量数据的过滤、筛选，进行专业化数据加工与分析处理，提升了网络数据价值，数据升华为信息、知识和智慧。以大数据分析为特征的信息经济、知识经济为数字经济提供了新的内容和动力。

近年来，人工智能技术突飞猛进，机器学习、计算机视觉、自然语言处理等技术在研发设计、生产制造、运营管理等领域得到广泛应用，为数字经济向智能化方向发展、数字经济和实体经济融合发展提供了新质生产力要素。

综上所述，从计算机到互联网，再到大数据、云计算和人工智能，关键技术创新对宏观经济结构与运行模式、微观企业组织形态与治理方式产生了深刻的影响，数字经济成为一种由技术创新驱动的新型经济形态。随着科学技术的不断进步，数字经济将为世界各国经济注入新的活力，成为推动全球经济持续发展的主要动力。

第二节　我国互联网经济发展历程

1998—2018年是我国互联网经济蓬勃发展的黄金20年。这个时期，我国互联网行业从初生期、成长期到成熟期，各种技术和应用创新层出不穷，渗透到我们的经济社会生活中，涉及衣食住行、社交娱乐等众多领域的每一个细节，深刻地影响和改变了人们的生活习惯与工作方式。

一、中国互联网元年

1995年,北京中关村出现了一块巨幅广告牌:"中国人离信息高速公路还有多远——向北一千五百米。"从这块广告牌向北走1500米,就是中国第一家互联网企业——北京瀛海威科技有限责任公司(以下简称"瀛海威公司")。瀛海威公司是一家主要提供互联网接入服务的ISP(互联网服务提供商)公司,其商业模式是从原邮电部(中国电信)批发网络带宽资源,然后加价零售给网络用户,经营模式是通过"瀛海威时空"网络客户端为公共用户提供电子邮件、论坛、聊天室、游戏等收费网络服务。

瀛海威公司的创办者张树新,毕业于中国科学技术大学应用化学系,被誉为"中国互联网企业的启蒙者和开拓者"。可以说,张树新是第一个提出"百姓网"概念的理想主义者,但是在当时处于萌芽状态的新兴市场中,我国还没有形成完整的互联网生态,瀛海威公司不得不承担起为中国互联网"培育市场"的公益使命,做了很多非商业范畴的努力和付出。在经历了无数次失败的调整之后,瀛海威公司除了收取用户的接入网费用以外,始终没有找到增值服务等新的盈利模式,最终于2004年正式注销。

关于瀛海威公司的成败教训,我们可以从张树新的自述中来体会其创业的艰辛。在创办瀛海威公司初期,张树新勾勒出一个宏伟的蓝图:"在世界之初,我想象过所有事情,哪里种树、哪里栽花,潮怎么涨,土在哪里,这些我都在脑子里想好了。"在瀛海威公司遭遇事业窘境时,张树新又用一个比喻来形容其失败的教训:"我们本来是要卖面包的,后来我们要从种麦子做起。而卖面包的利润却无法负担种麦子的成本。"

二、初生期:互联网创业时代

1995年,杨致远在美国硅谷创建的Yahoo网站享誉全球,免费开放的门户网站显示出其所蕴含的巨大价值和发展潜力,开启了我国轰轰烈烈的互联网创业时代。

1997年,丁磊在广州创办广州网易计算机系统有限公司,先后开通BBS(网络论坛)服务和163免费电子邮箱,获得了注册用户的快速增长。到1998年9月,网易顺势转型成为类似于Yahoo的分类搜索网站,提供网易社区和免费的网络门户服务。

1998年2月,张朝阳在北京的搜狐网上线,先后推出搜狐门户、搜索引擎等系列网络服务,获得了众多美国投资机构的青睐。同时,张朝阳获得美国《时代》周刊"全球50位数字英雄"提名,并被誉为"中国互联网教父"。

1998年12月,新浪网成立,王志东凭借其曾为中国内地成功引入第一笔美国高科技风险投资及出色才能,出任新浪网掌门人。新浪网是一家服务于中国及全球华人社群的网络资讯公司,实现了海峡两岸暨香港、澳门新闻资讯的全面整合,成为服务于全球华人的中文网络门户,被称为中国最具影响力的第一新闻门户网站。

网易、搜狐和新浪网成为当时中国的三大门户网站,被称为"互联网三剑客"。它们带来的门户网站、搜索引擎以及风险投资等全新的商业概念和服务,帮助中国企业置身于全球化大环境之中,开启了一个轰轰烈烈的中国互联网创业时代。

在这场互联网创业浪潮中,1998年还悄悄诞生了两家小公司,一家是刘强东在北京成立的北京京东科技有限公司(以下简称"京东公司"),一家是马化腾在深圳创建的深圳市腾讯计算机系统有限公司(以下简称"腾讯公司")。

1999年是中国的电子商务元年。这一年,在国际化风险投资的热捧下,互联网经济在全球兴起,众多的中国电子商务平台成立或开始运营。

1999年3月,马云在杭州创办阿里巴巴网站,开展B2B(指电子商务中企业对企业的交易方式)模式的在线黄页业务,其商业目标为建立批发贸易的中国交易市场,帮助中国小商品制造出口走向国际。

1999年5月,被称为"中国电子商务第一人"的王峻涛创办8848网站。2000年1月,8848网站被中国互联网大赛评为中国优秀网站"工业与商业类"第一名。2000年4月,8848网站正式开通中国第一套开放式网上商城系统并投入运营。

1999年8月,邵亦波创办了国内首家C2C(指电子商务中消费者对消费者的交易方式)电子商务平台易趣网。易趣网成为当时国内最大的个人在线交易社区。

1999年10月,梁建章及合伙人共同创建了携程旅行网,从早期提供在线票务服务逐渐成长为旅行产品的网上一站式服务,业务范围逐渐涵盖酒店、机票、旅行线路预订及商旅实用信息的查询检索。

1999年11月,李国庆复制Amazon商业模式成立当当网,建立了中国首家B2C(指电子商务中企业对消费者的交易方式)模式的网上书店。当当网成为当时中国最大的图书资讯集成商和供应商。

1999年,甄荣辉创建51job网(前程无忧)。该平台后来发展成为一家集多种媒介资源优势于一体的专业人力资源服务机构,主要提供包括招聘猎头、培训测评和人事外包业务在内的专业人力资源服务。

2000年1月,李彦宏在北京中关村创立百度在线网络技术(北京)有限公司(以下简称"百度公司")。依赖中国搜索引擎服务的市场潜力和优势,百度公司迅速发展成为中文搜索引擎第一、全球搜索引擎第二的巨头公司。

创业时代的中国互联网企业如同雨后春笋般与日俱增,境外的风险投资也疯狂涌入中国境内,尤其是三大门户网站先后在美国NASDAQ(纳斯达克)上市,进一步催生了中国互联网行业的浮躁。2000年,NASDAQ指数达到巅峰的5 132点之后,开始了历时3年的持续调整。2002年,NASDAQ指数跌至1 108点,资本热钱捧起来的全球互联网大潮退去,以"烧钱"模式运营的中国互联网泡沫随之破灭。至2001年,国内75%以上的第一代电子商务企业退出市场或者转型发展,这一场热火朝天、激情四射的互联网创业时代由此落幕。

在2000—2002年互联网行业寒冬之中,中国互联网企业迫切需要找到持续可行的盈利模式。"应不应该收费"和"什么服务应该收费"成为当时互联网商业模式转型的核心问题。在这场收费模式的探索中,腾讯公司及网络游戏产业成了最大的赢家。2002年,OICQ改名为腾讯QQ,通过持续创新满足用户潜在的社交和娱乐需求,先后发布QQ会员、QQ群、QQ秀、QQ空间、QQ游戏等全新的服务功能及营销模式,由此开启了腾讯的崛起之路。

三、成长期:互联网黄金时代

2003年春天,SARS(严重急性呼吸综合征)病毒的蔓延打乱了人们正常的生活和商业活动,社交网络和电子商务乘势而起,互联网行业的黄金时代奇迹般到来,百度、阿里巴巴和腾讯三大互联网巨头先后崛起,电子商务、网络游戏、社交网络和内容服务网站成为新的互联网四大支柱产业。

（一）电子商务

2003 年,阿里巴巴抓住了历史机遇,先后推出 B2C 网上交易平台淘宝网和第三方电子支付平台支付宝,为小微企业和个体工商户提供低成本、高效率的网络销售平台,同时也为消费者提供了更方便的网上购物体验。淘宝网的成功催生了中国电子商务行业的跳跃式发展,阿里巴巴成为我国电子商务行业发展壮大的先驱者。

2004 年,刘强东的京东公司开始转型电子商务领域,开通京东多媒体网,后来更名为"京东商城"。京东公司以自营商业模式为主,致力于提供优质商品服务和提升用户购物体验,通过自建物流和仓储等方式深入供应链上下游,逐渐从单纯的电商平台打造成为一体化供应链服务型企业。

（二）网络游戏

1998 年 3 月,鲍岳桥与合伙人共同成立北京联众电脑技术有限责任公司,这是我国第一家提供在线棋牌游戏业务的公司。到 2003 年,联众游戏已成为当时世界上最大的网络游戏娱乐网站。

2003 年 8 月,腾讯 QQ 游戏发布,凭借 QQ 的社交网络流量与推广优势,仅在正式运营一年后不久,QQ 棋牌游戏同时在线人数就迅速赶超联众游戏,奠定了腾讯公司在国内社交网络游戏的霸主地位。

同年,陈天桥创办的盛大网络发布第一款自主研发的网络游戏《传奇世界》,开创了"游戏免费、增值服务收费"的创新商业模式——CSP(come-stay-pay)。CSP 模式摒弃了传统的会员收费和广告盈利模式,依靠销售虚拟道具和提供增值服务盈利。后来,史玉柱创立的巨人网络的《征途》采用了"游戏免费＋道具商城"模式,韩国 T3 娱乐公司的《劲舞团》采用了"游戏免费、皮肤收费"模式,都取得了巨大的成功。

2011 年,巨人网络在《征途 2》游戏中开创了第三代商业模式——公平游戏模式,这是在会员收费模式、道具收费模式之后,网络游戏商业模式的又一次革命性创新。在第三代商业模式下,玩家不需要直接向运营商购买游戏时间或游戏道具,全部游戏道具由打怪掉落,且可以通过官方交易平台在玩家之间进行自由交易和流通,游戏运营商通过收取交易手续费获得经营收入。

（三）社交网络和内容服务网站

Facebook 和 Twitter 的成功,推动了我国互联网行业的第二次创业浪潮。

2005 年,王兴等几名大学生创办面向大学生的实名制社交网络平台——校内网,通过发布日志、保存相册、音乐视频等资源分享功能,为大学生提供一个功能丰富的互动交流平台,承载了一代大学生的校园青春。2009 年 7 月,校内网更名为人人网。

2008 年,程炳皓等创立国内第一家以办公室白领用户群体为主的社交网站——开心网,为用户提供包括日记、相册、动态记录、转帖、社交游戏在内的丰富易用的社交工具,"好友买卖""抢车位""偷菜"等休闲游戏风靡一时。

在这次创业浪潮中,杨浩涌和姚劲波分别创建了分类内容服务网站赶集网与58同城,迅雷影音、土豆网、优酷网等视频内容网站也在这一阶段纷纷崛起。

四、博弈期:行业竞争时代

随着行业规模的迅速增长,不断涌现的互联网企业使供需格局向供大于求转变,2009年开始,我国互联网行业进入持久而激烈的竞争时期。

2009年5月,开心网运营商起诉人人网运营商(千橡开心网)不正当竞争,要求北京千橡互联科技发展有限公司停用kaixin.com域名,这一案件称为"真假开心网案"。

2009年9月,搜狐主导成立"中国网络视频反盗版联盟",对迅雷网站长期盗版权利人作品行为发起法律诉讼;次月,优酷、迅雷分别对搜狐发起版权侵权和名誉权侵犯诉讼,由此引发国内多家视频网站的诉讼混战局面持续至今,案由包括知识产权权属侵权纠纷、合同纠纷、侵害作品信息网络传播权纠纷等。

2009年11月,搜狐旗下北京搜狗信息服务有限公司、北京搜狗科技发展有限公司起诉腾讯QQ输入法不正当竞争,随之腾讯公司提起反制性诉讼。这起"输入法第一案"同样引发了搜狐、腾讯、百度等公司持续10多年的以输入法侵权为案由的法律纠纷。

2010年11月3日,腾讯宣布在装有360软件的电脑上停止运行QQ软件,用户必须卸载360才可登录QQ,强迫用户"二选一",由此引起奇虎360和腾讯QQ之间持续4年之久的"3Q大战",被称为"互联网反不正当竞争第一案"。

在电子商务领域,行业竞争形势更是异常激烈。

2010年,号称"中国亚马逊"的当当网与京东公司发生了激烈的商业战,持续3年的价格大战导致当当网毛利率持续拉低,最终,当当网因严重亏损在2016年选择从纽约交易所退市。

2010年还是团购起步的一年。由于团购行业门槛较低和资本的疯狂涌进,2011年国内涌现了上百家同质化严重且良莠不齐的团购网站,在"衣食住行"等细分领域纷纷采用不计成本的"烧钱"补贴推广方式抢占市场份额。这场号称"百团大战"的混战持续了4年,一直到2014年,团购市场的竞争格局才逐渐趋向稳定。

2015年,北京搜狗信息服务有限公司、北京搜狗科技发展有限公司向上海知识产权法院提起诉讼,请求法院判令百度公司立即停止制作侵害"搜狗输入法"专利权的百度输入法侵权行为。该案件历时4年,一直到2020年3月才在上海市高级人民法院二审终结。

2017年,京东向北京市高级人民法院提起诉讼,指控阿里巴巴滥用市场支配地位,实施"二选一"行为。该案件历时6年,至2023年12月29日,北京市高级人民法院对京东诉阿里巴巴"二选一"案作出一审判决,认定阿里巴巴滥用市场支配地位实施"二选一"的垄断行为成立,判决阿里巴巴向京东赔偿10亿元。

互联网行业的激烈竞争,本质上是为获取用户规模而对流量入口的争夺。无论是三大门户网站鼎立、百度搜索一枝独秀,还是输入法专利权之争,以及众多公司因反不正当竞争付诸法律,都是针对电脑端Web用户的流量入口。2011年,智能手机和原生移动端App软件的先后出现,为互联网行业打开了一个全新的高盈利模式流量入口。

五、成熟期：移动互联网时代

2011年，腾讯公司张小龙团队研发的移动端即时通信软件"微信"正式发布，为移动用户提供了全新的互联网体验，移动互联网时代即将到来。

2012年末，滴滴打车上线运营。滴滴打车的核心运营模式是根据智能手机的地理位置信息，通过大数据技术智能匹配契合的用户和出租车，其盈利模式是在交易成功后由平台抽取车辆调度佣金。

2013年被称为中国的移动互联网元年。这一年，4G（第四代移动通信技术）移动网络正式投入运营，标志着中国移动互联网迈入4G高速时代。随着智能手机和移动互联网的普及，Web时代进入App时代，移动应用程序App和大数据分析技术使数字化营销更加智能化、精准化及个性化，微商、微店、O2O（线上到线下）模式、共享经济、平台经济、互联网金融等创新商业模式如雨后春笋般涌现。

2013年，北京小米科技有限责任公司（以下简称"小米公司"）借智能手机东风横空出世。2013年9月26日，小米公司荣获《财富》杂志2013年"最受赞赏的中国公司"；2013年11月11日，小米首次参加"双11"活动获得单店销售额第一、手机类品牌关注度第一、手机类单店销售额第一等多项荣誉；2013年12月12日，雷军荣获2013 CCTV（中国中央电视台）中国经济年度人物奖。

2013年5月，微信发布公众平台功能，为企业和个人提供高效、便捷的微商、微店服务，显现出移动互联网强大的推广价值和营销价值，推动传统广告营销向数字营销模式的转变。

2013年6月，阿里巴巴旗下"蚂蚁金服"推出余额宝产品，提供支付宝余额增值服务和活期资金管理服务，互联网金融的概念由此声名鹊起；7月，新浪发布"微银行"进入理财市场；8月，"微信支付"推出；10月，"百度金融中心——理财"平台上线；11月，互联网保险公司众安在线财产保险股份有限公司开业；12月，京东推出"京保贝"快速融资业务，网易上线了"网易理财"。2014年，京东推出了"白条"，蚂蚁金服推出了"花呗"。

P2P（peer-to-peer，点对点）是一种基于互联网的民间小额借贷平台及相关理财服务。2013年，P2P网贷业务迅速发展起来，业务量较前5年总和增长了394%，达到1 100亿元。2014年，P2P业务规模突破2 500亿元。

2014年，菜鸟网络推出"仓配一体化"数字供应链服务。这是一种既没有仓储库房也没有物流车辆和快递人员，只凭借线上菜鸟App和线下菜鸟驿站，为商家、物流和消费者提供数字化订单管理、售后等一系列增值服务，从中抽取调度佣金的创新商业模式。

2015年春节，腾讯为员工发红包的灵感触发了微信红包的火爆，助力微信支付在移动支付市场迅速攻城略地。2014年第三季度，支付宝和微信支付的市场份额分别为83%与不到10%，到2016年第三季度，二者的市场占有比例改变为52%和38%。

纵观整个2015年，互联网金融行业经历了冰火两重天的局面。上半年，在大众创业、万众创新的政策推动下，互联网金融进入狂热期；下半年，随着中国股市出现大幅度回调，互联网金融也由盛转衰。尤其是P2P业务由于长期野蛮生长、缺乏法律监管，平台"跑路"事件频发，"e租宝"崩盘事件引发了监管对P2P平台的持续打击。2016年4月，国务院办公厅发布《国务院办公厅关于印发互联网金融风险专项整治工作实施方案的通知》，互联网金融风险专项整治工作领导小组重拳出击,至 2020 年 11 月中旬,全国实际运营的 P2P 网贷平台市场出清。

2016 年是充满变革和挑战的一年,人工智能、共享经济、内容直播开启了技术创新引领行业发展的新的里程碑。

(1) AlphaGo 获得围棋人机大战的胜利,标志着人工智能成为全球技术创新的主流,带动无人驾驶技术、人脸识别技术和 VR(虚拟现实)技术逐渐走进大众视野。

(2) 摩拜单车和 ofo 小黄车等共享单车业务在全国大中城市迅速铺开市场,开创了一种新型的绿色环保共享经济模式。

(3) 快手和抖音等直播电商 App 开始火爆,催生了网红经济这种新兴的互联网商业模式,重塑了我国电商行业全新的竞争格局。

自 2017 年开始,我国互联网经济发展态势发生了根本性变化。随着网络社会空间、互联网金融和平台经济垄断等互联网行业规范化治理的需要,2018 年成为互联网经济 20 年黄金发展期的最后一年。

2017 年 10 月,我国制定了新时代中国特色社会主义的行动纲领和发展蓝图,强调要构建以数据为关键生产要素的数字经济,推动实体经济和数字经济融合发展,这标志着以国家主导核心技术产业发展,构建以大数据、云计算、物联网、工业互联网、人工智能等技术创新驱动的数字经济时代正式来临。

第三节　数字经济的定义与特征

一、数字经济的定义

数字经济是继农业经济、工业经济之后新兴的经济社会形态。这是一场由现代信息技术革新引发的涉及生产方式、生活方式、治理方式乃至思维方式的深刻变革,其定义和内涵随着技术的发展而不断演进与深化。

2016 年,G20 杭州峰会通过的《二十国集团数字经济发展与合作倡议》(以下简称《倡议》)中对数字经济的描述,为当前广泛认可的数字经济定义提供了基础。《倡议》中说,数字经济是指以使用数字化的知识和信息作为关键生产要素、以现代信息网络作为重要载体、以信息通信技术的有效使用作为效率提升和经济结构优化的重要推动力的一系列经济活动。数字经济代表了围绕数据这种关键的生产要素所进行的一系列生产、流通和消费的经济活动的总和。

中国信息通信研究院的《中国数字经济发展白皮书(2020 年)》认为:数字经济是以数字化的知识和信息作为关键生产要素,以数字技术为核心驱动力,以现代信息网络为重要载体,通过数字技术与实体经济深度融合,不断提高数字化、网络化、智能化水平,加速重构经济发展与治理模式的新型经济形态。

从技术的角度看,数字经济是以大数据、云计算、物联网、区块链、人工智能、5G 通信等新兴数字技术为经济发展的核心驱动力,实现经济结构优化和生产效率提升的目标。例如,大数据技术可以帮助企业更好地了解市场需求、优化产品设计,云计算技术可以实现计算资源的共享和灵活调配、提高资源利用效率,物联网技术可以将各种设备和传感器连接起来,实现物理世界和数字空间的互联互通,区块链技术可以保证数据的安全性和可信度,人工智能技术可以模拟人类的思维和行为,实现自动化和智能化决策。

从经济的角度看,数字经济打破了传统产业的边界,促进了产业融合和创新,推动企业业务流程实现全链条数字化转型。例如,在生产环节,数字技术可以帮助企业实现生产过程的自动化和智能化,提高生产效率和质量;在供应环节,数字技术可以优化供应链管理,降低物流成本;在销售环节,数字技术则可以改变传统的销售模式为线上、线下混合销售模式,为消费者提供更加便捷和个性化的购物体验。

从社会的角度看,数字经济是一场深刻的社会变革,改变了人们的生活方式、工作方式以及社会治理方式。例如,信息通信网络推动了线上工作方式和灵活就业的兴起,使人们可以更加自由地选择工作和生活的方式;数据资源的开放和共享,促进了教育、医疗、文化等公共服务的普惠化、均等化和优质化;数字政府建设改变了政府治理方式和政策制定方式,助力实现公平与效率更加统一的新型社会形态。

总而言之,数字经济是一个复杂且多元的概念,它涉及技术、经济、社会等多个方面。随着数字技术的不断创新,数字经济的相关概念也将持续演进,推动整个社会向数字化、网络化、智能化方向跃升发展。

二、数字经济的特征

作为一种新兴的经济形态,数字经济以数据为关键因素,继承和融合了信息网络、数字技术以及经济学等相关理论和实践应用,显现出其独特而鲜明的多元特征。

(1)数字化和网络化。在数字经济中,信息以数字形式存在,并通过互联网进行快速而广泛的传播,企业可以通过信息网络触及全球客户,消费者也可以随时随地访问所需商户的信息和服务。这种无时无刻、无处不在的连接性,打破了传统的地理和时间限制,让经济活动更加灵活和高效。

(2)数据驱动。数字经济时代,数据资源成为关键生产要素,企业组织通过收集和分析大量数据来优化决策、提高效率并创造新的价值。数据驱动的辅助决策模式,能够帮助企业更加高效、精确地把握市场需求和消费者行为,大幅提升企业的市场竞争力和抗风险能力。

(3)创新性和颠覆性。数字技术的不断进步推动了创新产品和服务的涌现,这些创新不仅满足了现有需求,还创造了新的市场和消费模式。例如,近年来不断突破的人工智能技术,不但在智能制造上颠覆了传统制造业的生产制造方式,而且在智慧医疗、智慧交通、智慧教育等新场景、新业态上展现出巨大的创新潜力。

(4)高附加性。数字经济的价值包含数字劳动创造的价值以及数字技术应用于传统产业形成的产品和服务价值两个层面,技术和知识(信息)的高附加性不仅推动了传统产业的升级和转型,也给数字化企业带来了更大的附加利润空间。

(5)高渗透性。数字经济中,数据要素和数字技术高度渗透到各个行业领域,数字化加速了产业的互相渗透和协同发展,有效推动了产业链重构和优化。这种高渗透性不仅提高了传统产业的效率和竞争力,也催生了大量新兴业态和商业模式。

(6)开放性和平台化。平台经济通过构建一个开放的平台,为社会公众提供数字基础设施和技术服务,使中小企业乃至个人都能加入数字经济活动中,实现企业价值、个人价值和服务价值的最大化。这种开放的平台化经营模式促进了多元化商业生态的形成,不仅为消费者提供了更加多样化、个性化的消费选择,同时也激发了整个经济社会的创业活力。

(7) 虚拟性。其具体体现在下列几个方面:一是数字经济中的产品和服务很多以数字化形式存在;二是数字经济通过互联网等信息通信技术实现了交易过程和支付的数字化;三是数字经济中的虚拟办公室和在线工作方式,使工作活动不再局限于物理空间;四是虚拟现实和增强现实(AR)技术推动了社交网络与虚拟社区的兴起,创造了一种虚拟的互动方式和交流环境。

(8) 智能化。机器学习、自然语言处理、计算机视觉等人工智能技术在数字经济中得到广泛的应用,不但体现在通过智能化分析技术辅助决策、通过智能算法优化资源动态配置,以及促进智能制造、智慧医疗、智慧教育等新兴产业融合发展,还体现在通过数据训练和深度学习,实现未来智能化系统自我优化和不断进化的能力。

第四节　数字经济的体系框架

数字经济作为一种新兴的经济社会发展形态,人们对数字经济的理论研究和实践认知都是一个不断深化的过程。中国信息通信研究院在《中国数字经济发展白皮书》中对数字经济体系的描述先后经历了"两化""三化"和"四化"框架的演变。

一、数字经济"四化"框架

《中国数字经济发展白皮书(2017年)》中认为:结合数字经济发展特点,我们从生产力角度提出了数字经济"两化"框架,即数字产业化和产业数字化,数字经济已经超越了信息通信产业部门范畴,应充分认识到数字技术作为一种通用目的的技术,广泛应用到经济社会各领域、各行业,促进经济增长和全要素生产率(TFP)提升,开辟经济增长新空间。

《中国数字经济发展与就业白皮书(2019年)》中认为:注意到组织和社会形态的显著变迁,我们从生产力和生产关系的角度提出了数字经济"三化"框架,即数字产业化、产业数字化和数字化治理,数字经济蓬勃发展,不仅仅推动经济发展质量变革、效率变革、动力变革,更带来政府、组织、企业等治理模式的深刻变化,体现生产力和生产关系的辩证统一。

在《中国数字经济发展白皮书(2020年)》中,中国信息通信研究院再次给出了数字经济进入"四化"协同发展新阶段的总结性描述:当前,以数据驱动为特征的数字化、网络化、智能化深入推进,数据化的知识和信息作为关键生产要素在推动生产力发展与生产关系变革中的作用更加凸显,经济社会实现从生产要素到生产力,再到生产关系的全面系统变革,为此,我们进一步将数字经济修正为"四化"框架。[①]

数字经济"四化"框架主要包括下列内容。

---

① 中国信息通信研究院.中国数字经济发展白皮书(2020年)[EB/OL].(2020-07-03).http://www.caict.ac.cn/kxyj/qwfb/bps/202007/P020200703318256637020.pdf.

（一）数字产业化和产业数字化重塑生产力，是数字经济发展的核心

生产力是人类创造财富的能力，是经济社会发展的内在动力基础。数字产业化和产业数字化蓬勃发展，加速重塑人类经济生产和生活形态。数字产业化代表了新一代信息技术的发展方向和最新成果，伴随着技术的创新突破，新理论、新硬件、新软件、新算法层出不穷，软件定义、数据驱动的新型数字产业体系正在加速形成。产业数字化推动实体经济发生深刻变革，互联网、大数据、人工智能等新一代信息技术与实体经济广泛深度融合，开放式创新体系不断普及，智能化新生产方式加快到来，平台化产业新生态迅速崛起，新技术、新产业、新模式、新业态方兴未艾，产业转型、经济发展、社会进步迎来增长全新动能。

（二）数字化治理引领生产关系深刻变革，是数字经济发展的保障

生产关系是人们在物质资料生产过程中形成的社会关系。数字经济推动数据、智能化设备、数字化劳动者等创新发展，加速数字技术与传统产业融合，推动治理体系向着更高层级迈进，加速支撑国家治理体系和治理能力现代化水平提升。在治理主体上，部门协同、社会参与的协同治理体系加速构建，数字化治理正在不断提升国家治理体系和治理能力现代化水平；在治理方式上，数字经济推动治理由"个人判断""经验主义"的模糊治理转变为"细致精准""数据驱动"的数字化治理；在治理手段上，云计算、大数据等技术在治理中的应用，增强态势感知、科学决策、风险防范能力；在服务内容上，数字技术与传统公共服务多领域、多行业、多区域融合发展，加速推动公共服务均等化进程。

（三）数据价值化重构生产要素体系，是数字经济发展的基础

生产要素是经济社会生产经营所需的各种资源。农业经济下，技术（以农业技术为主）、劳动力、土地构成生产要素组合；工业经济下，技术（以工业技术为引领）、资本、劳动力、土地构成生产要素组合；数字经济下，技术（以数字技术为引领）、数据、资本、劳动力、土地构成生产要素组合。数据不是唯一生产要素，但作为数字经济全新的、关键的生产要素，贯穿数字经济发展的全部流程，与其他生产要素不断组合迭代，加速交叉融合，引发生产要素多领域、多维度、系统性、革命性群体突破。一方面，价值化的数据要素将推动技术、资本、劳动力、土地等传统生产要素发生深刻变革与优化重组，赋予数字经济强大发展动力。数据要素与传统生产要素相结合，催生出人工智能等"新技术"、金融科技等"新资本"、智能机器人等"新劳动力"、数字孪生等"新土地"、区块链等"新思想"，生产要素的新组合、新形态将为推动数字经济发展不断释放放大、叠加、倍增效应。另一方面，数据价值化直接驱动传统产业向数字化、网络化、智能化方向转型升级。数据要素与传统产业广泛深度融合，乘数倍增效应凸显，对经济发展展现出巨大价值和潜能。数据推动服务业利用数据要素探索客户细分、风险防控、信用评价，推动工业加速实现智能感知、精准控制的智能化生产，推动农业向数据驱动的智慧生产方式转型。

（四）数字经济发展是生产力和生产关系的辩证统一

发展数字经济，构建以数据价值化为基础、数字产业化和产业数字化为核心、数字化治

理为保障的"四化"协同发展生态,既是重大的理论命题,又是重大的实践课题,具有鲜明的时代特征和辩证统一的内在逻辑。四者紧密联系、相辅相成,相互促进、相互影响,本质上是生产力与生产关系、经济基础与上层建筑之间的关系。处理好四者间的关系,是推动数字经济发展的本质要求。当前,数字技术红利大规模释放的运行特征与新时代经济发展理念的重大战略转变形成历史交汇,发展数字经济,构筑数字经济发展新优势,推动经济发展质量变革、效率变革、动力变革,正当其时,意义重大。

二、数字经济的内涵

数字产业化即信息通信产业,是数字经济发展的先导产业,为数字经济发展提供技术、产品、服务和解决方案等。其主要涉及电子信息制造业、电信业、软件和信息技术服务业、互联网行业等领域。数字产业化包括但不限于5G、集成电路、软件、人工智能、大数据、云计算、区块链等技术、产品及服务。

产业数字化是数字经济发展的主阵地,为数字经济发展提供广阔的空间。产业数字化是指传统产业应用数字技术所带来的生产数量和效率提升,其新增产出构成数字经济的重要组成部分。数字经济不是数字的经济,是融合的经济,实体经济是落脚点,高质量发展是总要求。产业数字化包括但不限于工业互联网、"两化"融合、智能制造、车联网、平台经济等融合型新产业、新模式、新业态。

数字化治理是数字经济创新、快速、健康发展的保障。数字化治理是推进国家治理体系和治理能力现代化的重要组成,是运用数字技术,建立健全行政管理的制度体系,创新服务监管方式,实现行政决策、行政执行、行政组织、行政监督等体制更加优化的新型政府治理模式。数字化治理包括治理模式创新、利用数字技术完善治理体系、提升综合治理能力等。数字化治理包括但不限于以多主体参与为典型特征的多元治理、以"数字技术+治理"为典型特征的"技管结合",以及数字化公共服务等。

数据成为数字经济的关键生产要素,加快推进数据价值化进程是发展数字经济的本质要求。习近平总书记多次强调要"构建以数据为关键要素的数字经济"。党的十九届四中全会首次明确数据可作为生产要素按贡献参与分配。2020年4月9日,中共中央、国务院印发的《中共中央 国务院关于构建更加完善的要素市场化配置体制机制的意见》明确提出,要"加快培育数据要素市场"。数据可存储、可重用,具有爆发增长、海量集聚的特点,将成为实体经济数字化、网络化、智能化发展的基础性战略资源。数据价值化包括但不限于数据采集、数据标准、数据确权、数据标注、数据定价、数据交易、数据流转、数据保护等。

第五节　数字经济与新质生产力

在新时代的浪潮中,新质生产力与数字经济共同引领我国经济发展的新趋势。新质生产力依托科技创新和产业变革,通过优化生产要素配置、提升生产效率,为数字经济提供了强大的驱动力。而数字经济则以其数据驱动、数字化运营等特性,为新质生产力的应用提供了丰富的场景和高效的手段。两者相辅相成,共同塑造着我国未来的经济格局和发展模式,并推动着全球经济向更加智能化、高效化的方向发展。

一、新质生产力的内涵与特征①

2024 年 1 月,习近平总书记在中共中央政治局第十一次集体学习时强调:"发展新质生产力是推动高质量发展的内在要求和重要着力点""新质生产力已经在实践中形成并展示出对高质量发展的强劲推动力、支撑力"。这一重要论述,丰富、发展了马克思主义生产力理论,深化了对生产力发展规律性认识,进一步丰富了习近平经济思想的内涵,为开辟发展新领域新赛道、塑造发展新动能新优势提供了科学指引。

(一)新质生产力的基本内涵

新质生产力代表先进生产力的演进方向,是由技术革命性突破、生产要素创新性配置、产业深度转型升级而催生的先进生产力质态。新质生产力以劳动者、劳动资料、劳动对象及其优化组合的跃升为基本内涵,以全要素生产率提升为核心标志,具有强大的发展动能,能够引领创造新的社会生产时代。

(1)更高素质的劳动者是新质生产力的第一要素。人是生产力中最活跃、最具决定意义的因素,新质生产力对劳动者的知识和技能提出更高要求。发展新质生产力,不仅需要引领世界科技前沿、能够创造新质生产力的战略型人才,而且需要具备多维知识结构、能够熟练掌握新质生产资料和新型生产工具的应用型人才。

(2)更高技术含量的劳动资料是新质生产力的动力源泉。生产工具的科技属性强弱是辨别新质生产力和传统生产力的显著标志。新一代信息技术、先进制造技术、新材料技术等融合应用,孕育出一大批更智能、更高效、更低碳、更安全的新型生产工具,为形成新质生产力提供了物质条件。特别是工业互联网、工业软件等非实体形态生产工具的广泛应用,极大地丰富了生产工具的表现形态,推动生产力跃上新台阶。

(3)更广范围的劳动对象是新质生产力的物质基础。劳动对象是生产活动的基础和前提。得益于科技创新的广度延伸、深度拓展、精度提高和速度加快,劳动对象的种类和形态大大拓展。一方面,人类从自然界获取物质和能量的手段更加先进;另一方面,人类通过劳动不断创造新的物质资料,并转化为劳动对象。例如,数据作为新型生产要素成为重要劳动对象,既直接创造社会价值,又通过与其他生产要素的融合进一步放大价值创造效应。

劳动者、劳动资料、劳动对象和科学技术、管理等要素,都是生产力形成过程中不可或缺的。只有生产力诸要素实现高效协同,才能迸发出更强大的生产力。在一系列新技术驱动下,新质生产力引领带动生产主体、生产工具、生产对象和生产方式变革调整,推动劳动力、资本、土地、知识、技术、管理、数据等要素便捷化流动、网络化共享、系统化整合、协作化开发和高效化利用,大幅提升资源配置效率和全要素生产率。

(二)新质生产力的主要特征

与传统生产力形成鲜明对比,新质生产力是创新起主导作用,摆脱传统经济增长方式、

---

① 新质生产力的内涵特征和发展重点〔EB/OL〕.(2024-03-01). https://www.12371.cn/2024/03/01/ARTI1709247847747483.shtml.

生产力发展路径的先进生产力,具有高科技、高效能、高质量的特征。

(1)以创新为第一动力,形成高科技的生产力。科技创新深刻重塑生产力基本要素,催生新产业、新业态,推动生产力向更高级、更先进的质态演进。

(2)以战略性新兴产业和未来产业为主要载体,形成高效能的生产力。产业是生产力变革的具体表现形式,主导产业和支柱产业持续迭代升级是生产力跃迁的重要支撑。作为引领产业升级和未来发展的新支柱、新赛道,战略性新兴产业和未来产业的效能更高,具有创新活跃、技术密集、价值高端、前景广阔等特点,为新质生产力发展壮大提供了巨大的空间。

(3)以新供给与新需求高水平动态平衡为落脚点,形成高质量的生产力。供需有效匹配是社会大生产良性循环的重要标志。社会供给能力和需求实现程度受生产力发展状况制约,只有依托高水平的生产力才能实现高水平的供需动态平衡。

二、数字经济是发展新质生产力的重要支撑

数字经济是经济发展中创新最活跃、增长速度最快、影响最广泛的领域,对增强发展新动能、提升发展韧性、畅通发展循环具有重要作用,是培育、壮大新质生产力的重要支撑。[①]

从劳动者角度来看,提升数字素养和技能,是发展新质生产力的重要保障,同时也是适应数字经济时代的关键因素。生产力的变革要求劳动者必须具有相应的数字素养和技能,如熟练操作智能设备、处理复杂数据、解决技术应用问题等,以便高效地参与到数字经济的生产活动中。对于劳动者来说,增强数字素养与技能能够使他们更好地掌握新技术、新工具,提升工作能力与效率,进而成为发展新质生产力所需的科技创新型人才和应用型人才。

从劳动工具角度来看,关键数字技术创新应用,是构筑新质生产力的内生动力。5G正全面构建我国经济社会数字化转型的关键基础设施,目前已建成全球规模最大、技术最先进的5G网络,实现全国地级市和县城城区全覆盖。同时,作为引领新一轮科技革命和产业变革的战略性技术,我国人工智能发展迅速,产业规模持续扩大,融合应用不断提速,总体处于全球第一梯队。此外,脑机接口作为生命科学和信息技术深度交叉融合的前沿新兴技术,是培育经济发展新动能、打造竞争新优势的未来产业领域。中国在脑机接口领域已成为全球重要竞争者,尤其在非侵入式技术和医疗应用方面处于领先地位。

从劳动对象角度来看,我国数据要素价值持续释放,提供了新质生产力的核心要素。一方面,我国数据要素市场的加速建设为新质生产力提供了丰富的要素供给,它通过打破数据流动障碍、优化配置结构,使数据高效流向关键领域,促进经济全面改善。通过制度设计,增加数据供给、挖掘需求场景、提升供需匹配效率,供给新质生产力更多优质数据。另一方面,我国"数据要素×行动计划"为新质生产力拓展了丰富的应用场景。2023年底,国家数据局等17部门联合发布《"数据要素×"三年行动计划(2024—2026年)》,在12个行业就如何发挥数据乘数效应进行详细部署,为制造业、农业、交通运输业、金融业等诸多行业夯实了新质生产力发展的物质基础。

---

① 中国信息通信研究院. 中国数字经济发展研究报告(2024年)[R/OL]. (2024-08-27). http://www.caict.ac.cn/kxyj/qwfb/bps/202408/P020240830315324580655.pdf.

从产业创新角度来看,我国数字经济产业创新发展,成为新质生产力的重要载体。新质生产力是伴随技术革命性突破引致的产业跃迁升级形成的生产力新质态,新质生产力的形成过程也是传统产业转型升级、战略性新兴产业加快发展、未来产业孕育兴起壮大的过程。数字经济作为新一轮科技革命和产业变革催生的新经济形态,通过数字创新赋能相关产业转型升级和新业态发展,加快推进新质生产力培育发展。

数字产业化作为数字经济的重要组成部分,为数字经济发展提供数字技术、产品、服务、基础设施和解决方案,为新兴产业的崛起提供了坚实的基础,对新兴产业的培育和新质生产力的发展起到了关键的支撑作用。一方面,电子信息制造产业升级促进新质生产力的发展。电子信息制造作为现代工业的重要组成部分,其技术革新、产品创新以及产业升级对新质生产力的发展起到关键推动作用。随着电子信息制造业向高端化、智能化、绿色化方向发展,我国的电子信息企业通过加大研发投入、推动技术创新、优化生产流程等方式,不断提升自身的核心竞争力和市场地位,为新质生产力的发展注入了新的活力。同时,电子信息产品创新为新质生产力提供广阔的应用场景,智能手机、平板电脑、可穿戴设备等消费电子产品的普及,以及工业控制、医疗电子、汽车电子等领域对电子信息产品的需求增长,都为新质生产力的发展壮大提供了广阔的市场空间。另一方面,软件和信息技术服务业的创新发展有力推动新质生产力的提升。软件和信息技术服务业作为数字产业化的关键领域,其创新成果深度融入生产环节,成为塑造新质生产力的重要力量。随着新一代信息技术、先进制造技术与新材料技术的深度融合,以工业互联网平台、智能制造体系中运用的计算机辅助设计(CAD)、制造执行系统(MES)等工业软件为代表的数字化技术与工具持续迭代升级并广泛应用,催生出众多智能、高效、低碳且安全的新型生产工具,革新生产模式,拓展生产边界,极大地解放了劳动者。同时,它们丰富了生产工具形态,促使生产制造流程向智能化演进,制造范式从规模生产向规模定制转变,全方位推动生产力实现质的飞跃,夯实新质生产力发展的根基。

我国产业数字化的深入推进,持续扩大新质生产力新空间。产业转型升级是新质生产力的核心动力之一,产业数字化扩展了传统生产力的效率边界,是新质生产力赋能产业转型的主要表现。数字技术与传统产业融合渗透,使传统产业的生产技术、工艺、流程、方式发生变革,让企业的资源配置、组织管理和市场运营等发生质的转变,为新质生产力提供了更多的价值实现场景。同时,服务业数字化转型不断向纵深推进,激活了新质生产力新的需求空间。数字技术提升供需对接效率,实现了潜在服务人群广泛的覆盖,网约车、远程办公、在线教育、数字文化、智慧旅游等新兴服务业市场规模不断扩大,共享经济、平台经济、直播经济等新业态蓬勃发展,有力地推动生产性服务业向专业化和价值链高端延伸、生活性服务业向高品质和多样化升级。此外,服务业数字化转型日益激发新业态与新模式的活力,推动云看展、云健身、VR虚拟旅游以及数字人等新兴消费模式不断涌现,数字消费新空间持续拓展,充分显示了新质生产力作为创新载体的强大力量。

三、数字经济与新质生产力的融合发展路径

数字经济与实体经济深度融合有助于加快形成新质生产力,是促进新质生产力发展的

优化路径。①

数字经济和实体经济融合，主要是指产业数字化，特别是农业、工业和生产性服务业的数字化。数字经济和实体经济深度融合的本质是应用新一代数字科技，对传统产业进行全方位、全角度、全链条的改造。数字经济和实体经济融合的过程，既是数字技术不断向实体经济的研发、生产、销售、流通环节渗透融合，创新生产方式和商业模式，重塑产业组织形态与制造流程，推动全要素生产率持续提升，以及培育新业态、新模式的过程，也是数字技术受特定需求场景拉动，不断迭代演进甚至萌生出适应性技术和相应产业部门的过程。②

新质生产力是以全要素生产率提升为核心标志，而数字技术与实体经济的深度融合正是实现这一提升的关键路径。首先，数实融合通过优化资源配置，利用数字技术精确分析市场需求和生产状况，帮助企业迅速调整生产计划，最大化资源利用效率。其次，数实融合推动了技术创新与应用，为企业提供了先进的研发工具和方法，加速了新产品和新服务的开发，进一步增强了企业的市场竞争力。最后，数实融合加速了传统产业的转型升级，通过引入智能制造、工业互联网等先进技术，传统制造业、服务业等产业实现了智能化、自动化改造，不仅显著提升了整体生产效率和经济效益，还促进了产业结构的优化升级，为新质生产力的形成提供了广阔的空间和无限的可能。

新质生产力是以科技创新为核心的先进生产力形态。数字技术与实体经济深度融合为科技创新提供了广阔的空间和平台，推动了新技术的研发、应用和新质生产力的发展。数实融合通过数字技术的广泛应用，打破了传统行业之间的物理壁垒和信息壁垒，使不同行业之间的知识、技术和资源得以自由交流与共享。这种共享为跨界融合提供了丰富的知识基础和技术储备，进而推动了科技创新的发展。数字技术如云计算、大数据、物联网、人工智能等能够处理和分析海量数据，挖掘出不同行业之间的内在联系和潜在价值，为科技创新提供了新的思路和方法，推动更多的前沿科技成果迅速转化为现实生产力。同时，数实融合还极大地激发了企业的创新潜能，促使企业纷纷加大研发投入，积极探索新技术、新工艺和新模式，为新质生产力的发展提供了源源不断的创新动力。

新质生产力的核心在于构建数字生态系统内供需共生的演化机制，其本质是通过数实融合技术体系驱动供给侧创新与需求侧升级，形成具有自优化特征的高质量生产力范式。数实融合给生产流程、供应链管理及市场策略带来了系统性变革，在此基础上实现了更高水平的供需有效匹配。数字经济时代，消费者的需求变得多元化、个性化，这种变化促使企业从"以产品为中心"转向"以用户为中心"，通过数据分析、用户画像等手段精准获取并分析消费者的偏好、行为模式及潜在需求，进而指导生产，实现"需求决定生产"的定制化模式。借助先进数字技术，企业还能够实时追踪市场动态，快速响应消费者需求的变化，确保市场供需两端的高效对接。此外，数实融合还促进了供应链管理的数字化、智能化，通过区块链、物联网等技术提高供应链的透明度和可追溯性，确保产品从原材料采购到最终交付给消费者的每一个环节都符合质量要求，进一步提高了供需匹配的效率和精准度。

---

① 刘惠惠,高嘉遥.数实融合促进新质生产力的多元优势、动能解析与布局完善[EB/OL].（2024-11-07）.https://link.cnki.net/urlid/13.1356.F.20241106.1728.002.

② 数实融合助力经济高质量发展[EB/OL].（2023-11-09）[2024-11-09].http://www.xinhuanet.com/politics/20231109/007bb55c193b448fb8514dc4d45a81fa/c.html.

第六节　马克思主义基本原理与数字经济

作为一种新经济形态,数字经济主要依赖数据、网络和人工智能等技术手段,通过信息化、网络化和智能化来重塑经济结构。马克思主义基本原理作为分析资本主义生产关系的理论工具,为理解数字经济中资本积累、劳动关系变化提供了重要的视角。马克思主义的劳动价值论和剩余价值理论揭示了资本主义生产模式中的劳动价值来源及资本积累本质,这些理论为研究和理解数字经济中的新型劳动形式与平台资本垄断提供了理论依据。

一、马克思主义理论与数字经济的关联

(一)马克思生产力理论与数字经济生产力的新构成

马克思生产力理论提出,生产力由劳动者、生产工具和劳动对象三部分组成,是推动社会发展的根本动力和历史变革的物质基础。具体来说,劳动者作为生产力的主体,借助生产工具作用于劳动对象以创造价值。生产力的发展,尤其是生产工具和技术的进步,使社会物质财富不断增长,同时也推动了社会经济形态的更替。

在传统工业经济中,生产力的构成集中于物质生产领域,劳动密集型的生产模式和机器设备的不断升级构成了生产力的核心。工业革命带来的蒸汽机、电气化等技术变革,使生产力水平实现了飞跃。然而,这种劳动形态的进步也伴随着对工人阶级的剥削和控制的加强,资本通过不断提高生产效率和剥削劳动者剩余价值来实现利润最大化。

进入数字经济时代后,生产力的构成逐渐从物质转向数据、信息和算法等新兴领域,生产力的形态也发生了根本性变化。这一转变不仅改变了生产工具和劳动过程,还促使资本控制的方式发生演变。与工业革命时期的生产力提升相比,数字经济中的生产力提升不仅依赖于劳动者的技术技能,还依赖于数据分析、算法优化和智能化设备的使用。

在数字经济中,数据成为生产力的核心要素之一,并逐渐取代传统的生产资料地位。与传统的自然资源不同,数据来源于日常的社会活动,包括用户在网络平台上的点击、搜索、购买等行为,这些数据经过加工、分析和整理后,成为企业的数据资产和新型资本。例如,社交媒体平台通过对用户行为数据的收集和分析,实现了商业价值的提升,用户的数据不仅用于平台的运营,还被转化为广告商的目标信息,从而提升广告投放的精准性和效益。数据的核心要素地位使得其逐渐成为生产力的重要部分,平台公司通过数据的积累和分析在资本市场上占据了主导地位。根据马克思生产力理论,数据可以被视作一种新的"生产资料",它与传统的机器、工具等不同,但本质上依然属于资本控制。

同时,算法和人工智能成为推动生产力提升的关键力量。算法不仅可以对数据进行高效处理,还可以应用于物流、金融、市场分析等多个领域,提高生产效率。例如,电子商务平台利用算法进行商品推荐、客户分析和广告投放,通过实时分析用户需求并预测消费行为,能够提升市场的准确性和响应速度;物流公司使用算法优化运输路线和仓储布局,不仅降低了成本,还提升了物流配送效率。马克思生产力理论指出,技术进步是推动生产力发展的根本动力之一。但在资本主义社会中,技术的进步往往伴随着劳动者的异化。数字经济

中,劳动者特别是平台经济中的"零工"劳动者受到了算法的直接控制,他们的工作内容、劳动时间和收入水平通常由算法设定,劳动的自主性和创造性因此受到极大的限制。平台企业利用算法实时监控和管理劳动者,剥夺了劳动者对自身劳动的控制权,同时将他们的劳动商品化为符合资本积累需求的标准化产品。

从马克思主义视角来看,算法不仅仅是提高生产力的工具,更是资本加强对劳动者控制的手段。在生产效率提高的背后,资本对劳动者的控制更加隐蔽而有效,劳动者逐渐丧失对自身劳动过程的自主权。在资本的驱动下,算法不仅提高了生产效率,还加强了资本对劳动过程的支配,劳动者的工作成为算法设定的机械性重复劳动。这一现象进一步印证了马克思对资本主义制度下劳动者异化的分析。

(二)劳动价值论与剩余价值理论在数字经济中的延伸

在数字经济背景下,马克思劳动价值论依然适用,但劳动形式则发生了重要变化。

劳动价值论的核心在于认为商品的价值来源于人类劳动,即一切有价值的物品都是通过劳动创造的。然而,在数字经济中,劳动形式从传统的物质劳动逐渐向数据生成过渡。例如,社交平台上用户的每次点击、搜索和发布行为都会生成数据,这种劳动并非传统的体力或技能劳动,而是一种新型的"数据劳动",这种劳动生成的数据被平台转化为经济价值,推动了商业利润的产生。

在这种背景下,马克思劳动价值论在数字经济中表现为数据劳动和信息生产的形式。算法设计师和数据分析师的工作也成为劳动价值的体现,他们的劳动直接影响到数据的处理、算法的优化和平台的运营效率。在传统经济中,劳动者通过生产活动创造商品的价值,而在数字经济中,劳动者的创造性劳动更多地体现在算法的设计、数据模型的优化和用户界面体验的改进等方面。

劳动价值论在数字经济中的延伸还表现在创意劳动和知识劳动的异化中。数字平台上的内容创作者如博主、视频创作者、独立音乐人等,他们的创作活动不仅在平台上吸引了流量,还给平台带来了广告收入。虽然这些创作者通过劳动产生了内容,但内容的经济价值却大部分都归属于平台企业。平台企业通过提供广告分成等形式,让创作者获得一定的收入,但与平台实际的商业收益相比,这些创作者的劳动收入相对微薄。资本家在这里通过平台控制内容发布和广告分成的机制,将内容创作者的劳动价值部分转化为平台的资本积累,而创作者往往并未得到其劳动的全部成果。

在数字经济中,剩余价值的生产方式和分配机制也发生了显著的变化。

马克思剩余价值理论指出,资本通过控制生产资料和劳动过程,从劳动中提取剩余价值。这一理论在数字经济中依然适用,但具体方式有所不同。在数字经济中,平台通过对用户数据和算法的垄断性控制,实现了剩余价值的积累。例如,社交媒体平台利用用户行为数据进行精准广告投放,使广告效果显著提升。平台通过广告商收取费用,而用户作为数据的提供者,却并未从中获得任何经济回报。广告的点击和展示量直接关系到平台的收入,但用户的数据和行为作为创造价值的核心来源,却往往没有得到相应的经济补偿。这种分配模式显示出数字经济中的资本垄断特性,即通过数据控制实现对劳动成果的权利占有,劳动者和用户实际上并未全部享受到自身劳动所带来的价值增值,绝大部分剩余价值被平台所剥夺和占有。

这种新的剩余价值生产和分配模式还表现在劳动者（用户）与平台的关系上。在传统的劳动关系中，工人通过劳动合同受雇于企业，而在数字经济中，劳动者的角色更加多元化。例如，网约车司机、外卖配送员等"零工"劳动者与平台的关系并非传统的雇佣关系，而是"合作"或"服务"关系。平台将这些劳动者的工作内容标准化、数据化，通过平台系统进行任务分配和绩效管理，劳动者的收入和任务量直接受平台控制。平台通过这种方式不仅规避了传统的雇佣责任，还从劳动者的剩余劳动中提取了剩余价值，而劳动者作为服务的提供者，往往无法获得长期的经济或社会福利保障。这种新型剩余价值榨取机制在数字经济中表现得尤为明显和突出。

此外，平台还能够通过算法和数据对劳动过程进行全程监控与优化，使劳动者的工作内容、时间安排、收入水平完全依赖平台规则。平台通过设定激励机制和评分系统，引导劳动者在最有利于平台的时间和地点开展工作，而劳动者在这种管理模式下被数据化为可以量化和衡量的生产要素。这种方式不仅加深了劳动者的异化，还使劳动关系更加不平等。资本在数据垄断的支配下，通过算法实现了对劳动者劳动过程的无缝管理，剩余价值的分配进一步向平台资本倾斜。

（三）数字经济生产力的发展对社会关系的影响

马克思主义认为，生产力的发展会引起经济基础和上层建筑的变革，推动社会关系的变化。在传统工业社会，生产力的提升带动了资本积累，进而塑造了工厂主与工人之间的对立关系。然而，在数字经济中，生产力的提升并未带来相应经济结构改善，而是进一步拉大了资本和劳动的差距。

在数字经济的零工模式下，劳动者的雇佣关系被高度灵活化，他们不再以长期雇佣形式服务于单一企业，而是以合同工或个体户的身份进行分散、临时的劳动。平台企业提供了就业机会，但同时也规避了对劳动者的雇佣责任。这种灵活的劳动模式虽然使劳动者的工作时间更为自主，但也让他们在社会保障、职业稳定性等方面陷入弱势地位。这种劳动关系的非稳定性，使劳动者对资本的依赖性更强。

与此同时，数字经济生产力的高扩展性加剧了资本的集中趋势，科技巨头通过对数据和算法的掌控，占据了绝大部分市场份额。这种集中的生产力结构使资本在数字经济中形成了垄断，进一步加剧了市场的不平等现象。根据马克思主义的资本积累理论，资本的集中化不可避免地导致社会不平等的加剧，这一现象在数字经济时代可能更加突出。

智能化和技术进步是数字经济提升生产力的关键因素，但也带来了就业问题和收入不平等的加剧。马克思主义认为，技术进步虽然提升了生产效率，但在资本主义生产关系下，也往往导致大量工人失业。在数字经济中，自动化生产流程和智能算法逐渐取代传统工作岗位，可能造成结构性失业。例如，自动驾驶技术使得交通运输行业的传统司机岗位受到冲击，数字人和智能客服可能逐渐取代人工客服的工作岗位。智能化带来的就业问题使得劳动力市场更加不稳定，劳动者的收入和社会保障也受到更多影响。资本通过智能化技术获得了更高的生产效率和利润，而劳动者在技术进步的冲击下更容易失业。这种就业矛盾显示了资本主义生产方式下生产力与生产关系的对立，资本不断寻求更高的生产效率，而劳动者则因失去工作机会而被边缘化，可能进一步加大贫富差距。

二、数字经济中的生产关系重构

(一)马克思生产关系理论与数字经济中的新变化

在马克思经济学理论中,生产关系是指生产资料所有者和劳动者在生产过程中的关系。马克思主义认为,生产关系是构成社会经济结构的核心组成部分,直接影响劳动者在生产中的地位、利益分配以及社会结构的形成。生产关系不仅是经济运行的基础,还对社会整体的运行方式有决定性作用。生产关系的核心是劳动者与生产资料的关系。传统生产关系中,生产资料由少数人拥有,大多数劳动者不直接拥有生产资料,因此只能通过出卖劳动力来获取生活必需的收入。这一关系决定了劳动者在生产过程中处于依附地位,他们创造的劳动价值最终为生产资料的所有者所控制,而劳动者自身只能获得维持生存的部分。

此外,马克思理论还指出,生产关系并非一成不变,而是随着生产力的发展不断调整。当生产力水平提升到一定程度,传统的生产关系将无法适应新的生产需求,新的生产关系将逐渐形成,以更好地适应新的生产力结构。因此,生产关系并不是一种恒定的社会结构,而是不断演化以适应社会发展和技术发展的体系。

随着数字经济的迅速发展,生产关系发生了深刻的变化,传统的雇佣关系逐渐被新的平台化和灵活劳动关系所替代。这种变化不仅体现在劳动关系形式的转变上,也在生产过程的控制方式上表现出显著差异。平台经济和零工经济在数字经济中的广泛应用,使劳动者与生产资料的关系发生显著的变化,进一步重塑了生产关系的结构。

一方面,数字经济中的生产关系正在从传统的雇佣制逐渐向平台经济、零工经济模式转变。传统雇佣关系下,劳动者通过劳动合同获得报酬及基本的社会保障,生产资料和管理由雇主掌控。而在数字经济时代,平台企业逐渐通过数据和算法重新定义劳动关系,将劳动者视为"独立合同工"或"服务提供者",而非传统意义上的员工。例如,网约车司机、外卖配送员等劳动者与平台之间并没有直接的劳动合同关系,而是以任务合作的形式为平台提供服务。

另一方面,数字平台企业通过算法和数据实现劳动过程的商品化管理创新。传统劳动管理依赖人工监督,而数字平台将劳动过程数据化,实时记录行为轨迹、任务节点等信息,这种数据化操作本质上是将劳动转化为可量化的商品要素,并为劳动商品建立"价值标签"。例如,外卖平台以"响应时间""送达准时率"作为商品化考核指标,网约车平台则依据"用户评价""服务时长"构建商品化分级体系。平台借助数据化管理,将工作内容拆解为独立可交易的任务单元,通过商品化逻辑量化评估劳动者绩效,实现对劳动价值的精准定价。在此过程中,劳动者的工作状态完全服从于平台对"商品价值最大化"的算法规则,劳动过程最终被转化为数据驱动的商品执行体系。

这种新型的劳动商品化模式,使得劳动者的劳动成果被平台企业转化为数据驱动的生产资源和资本积累手段;劳动者的工作不再由个人的劳动内容决定,而是依赖于平台的规则和算法分配,劳动者逐渐失去对自身劳动的控制权,劳动过程和成果被平台算法所掌控。这一现象已超越劳动关系的形式调整,从本质上反映了数字经济中生产关系的深层变革。

具体来看,数字经济中生产关系的结构性调整,集中体现为劳动力与资本的关系重构、数据作为核心生产资料的支配性作用等本质层面的变革。

在工业经济中,劳动者与资本之间存在稳定的雇佣关系,劳动者依赖资本提供的生产资料,通过劳动获取报酬,获得一定的社会保障。然而,平台经济的兴起引发了生产关系的本质性变化:平台企业通过去雇佣化与外包化策略,实质上剥离了传统雇佣关系中资本对劳动的保障责任,劳动者不再通过劳动合同获得稳定社会保障,其收入与工作状态高度依赖平台任务安排;而平台企业则以"合作伙伴"等形式规避工伤保险、薪资保障等义务。这种变化打破了工业经济中"资本保障劳动"的基本逻辑,使劳动者从"受雇主体"转变为承担经济风险的独立个体,资本则通过数据控制与算法分配强化了对劳动过程的支配权,形成"资本控制强化而责任弱化"的生产关系本质重构。

此外,平台企业通过大数据和算法分析,使得平台企业对生产过程和用户行为的控制更加隐蔽而精确,使其在生产关系中的主导地位更加巩固。

数据作为新的生产资料,成为控制劳动过程和生产关系的关键手段。数据在生产关系中的新角色使得平台企业能够以更高的效率和精度管理劳动者,劳动者的工作内容和效率在数据驱动下变得透明化和标准化。平台企业通过收集和分析用户与劳动者的数据,对劳动过程中的各个细节进行实时监控和评分反馈,使得劳动者的绩效直接依赖平台的数据管理系统。劳动者在这种生产关系中的地位变得更加被动。数据使得劳动过程不再是劳动者自主完成的过程,而是在平台规则和数据系统的控制下进行的标准化生产活动。

在这种数据驱动的生产关系中,用户也逐渐被平台转化为一种"生产要素"。例如,电商平台上的用户不仅是商品和服务的消费者,还是数据的生产者,用户在平台上的每一次点击、浏览、消费和互动行为都会生成数据,这些数据被平台收集和分析,成为推动平台价值增长的宝贵资源。用户在生产关系中的角色从传统的消费者逐渐转变为数据生产的参与者。这种生产关系的变化,使得用户无形中成为平台利润的贡献者,平台企业通过对用户数据的控制实现了生产资料的无形积累,生产关系从传统的服务关系逐步转向数据依赖型的生产关系。

(二)生产关系变化的原因与背后逻辑

数字经济中生产关系的变化主要由技术进步和生产力发展所驱动。算法和数据处理技术的发展使平台企业能够对劳动过程和用户行为进行全面控制,从而改变了传统的生产关系模式。

数字经济中的技术进步,尤其是大数据和人工智能技术的发展,为新的生产关系提供了技术基础。平台企业通过数据积累和算法优化,能够实现对劳动者和用户行为的管理。例如,人工智能和机器学习技术能够精准分析用户偏好,并进行行为预测,为平台提供个性化的推荐服务。这些技术手段不仅提高了平台的生产效率,还使得劳动过程的管理更加精准和高效。

技术进步在提升生产力的同时,也强化了对劳动的控制,使生产关系发生了根本性变化。平台企业依赖数据反馈和算法评分,劳动者的工作内容和行为受控于数据管理系统。这种技术进步使劳动过程变得透明和可控,平台企业在不承担传统雇佣责任的前提下,仍然能够实现对劳动者和用户的控制,形成了一种隐性但高效的控制机制。这种新型生产关系的出现使得劳动者逐渐丧失对自身劳动的控制权,生产过程的自主性被数据和算法逐渐取代。

马克思主义理论指出,生产关系会随着生产力的发展而调整和变革。数字经济中的生产关系变化正是生产力提升的直接结果。数据和算法逐渐成为新的生产力要素,使得生产关系发生相应的转变。平台企业通过对数据的积累和利用实现了新的生产方式,生产关系逐渐适应了数据驱动的生产力结构。

总而言之,数字经济中的生产关系变化反映了生产关系与生产力发展之间的内在逻辑。大数据和 AI 算法的技术进步推动了新的生产方式,平台企业通过算法和数据控制实现了对劳动过程的管理。数据驱动的生产力结构不仅改变了生产过程,还形成了新型生产关系,使得平台企业能够在不直接雇用劳动者的情况下,通过数据控制对劳动过程进行全程掌控。这一生产关系的变化使得平台经济中的劳动者和用户的劳动价值逐渐被平台企业所吸收,形成了新的资本积累模式。

三、数字经济对马克思主义理论的贡献

基于马克思主义理论,数字经济在促进生产力发展的同时,也为生产关系的重构提供了新的方向。数字经济的发展正在推动生产力和生产关系的深刻变化,对马克思主义理论的分析框架提出了新的要求,同时也为马克思主义理论的实践和发展提供了新的贡献。

(一)数字经济对社会公平的启示

数字经济的发展在推动生产力进步的同时,也带来了新的社会公平问题。在马克思主义理论中,资本积累的过程伴随着资源的高度集中和财富的不平等,而数字经济下这一趋势可能进一步加深。数据和算法逐渐成为核心生产资料,少数平台企业通过数据垄断和算法控制在市场中占据主导地位,资本的集中现象越发显著。

数字经济中的平台垄断形态为马克思主义理论的分析提供了新的视角。数据和平台的垄断不仅提升了资本的控制力,还使劳动者的价值贡献逐渐被数据化,并被平台企业占有,资本对劳动的剥削变得更加隐蔽。

数字经济对马克思主义理论的另一贡献在于劳动关系的重新界定。传统的马克思主义理论认为劳动是价值的源泉,劳动者通过出卖劳动力获得报酬。然而在数字经济中,数据劳动和平台劳动的形式增加,劳动价值的实现方式逐渐异化。新的劳动价值实现方式揭示了数字经济中剩余价值的剥夺模式,即通过数据劳动和用户行为将价值集中于平台,资本对劳动的剥削在数据经济中进一步隐形化、深层化。

数字经济的发展还提出了新的社会公平议题,如数据共享和资源开放。马克思主义理论主张实现资源的社会化以推动社会公平,而数据和信息资源具有可共享、易传播的特性,为资源开放和共享提供了技术上的可能性。因此,在马克思主义理论框架下,如何推动数据共享和资源开放,以削弱数据和算法垄断带来的社会不平等,将成为数字经济下实现社会公平的新方向。

（二）马克思主义理论框架下数字经济的挑战与机遇

马克思主义理论强调生产力的发展必然要求生产关系的调整。数字经济的迅速发展推动了生产力的高度提升，但也暴露出一系列社会转型的挑战。

在数字经济中，生产资料的私有化现象日益复杂化，平台企业通过数据垄断和算法控制形成了新的生产资料集中趋势。这种新的资本控制模式不仅强化了资本的垄断地位，也加剧了劳动者在新型经济体系中的边缘化。

在数字经济的新型资本积累模式下，资本对数据资源和劳动价值的占有进一步深化，劳动者和用户的劳动成果被平台通过数据形式进行再分配，劳动异化现象越发隐蔽。马克思主义认为，劳动者在生产过程中逐渐丧失对生产资料和劳动成果的控制，这种劳动异化在数字经济中表现得更加深刻，即平台通过算法控制劳动者的工作内容、时间和评价，劳动者的自主性被严重削弱，劳动成果逐渐被数据化，因而成为平台积累资本的一部分。

同时，数字经济也为社会公平和生产关系重构提供了新的机遇。数据资源的共享潜力为实现资源社会化和生产资料的公共属性提供了可能性。由于数据的非物质性和可复制性使其具备共享的条件，因此数据资源的开放和去中心化管理将有利于削弱少数资本的垄断。例如，区块链等去中心化技术通过透明的智能合约和数据分布式管理，推动数据资源在社会中的公平分配，减少了平台企业对数据的垄断控制。这种模式非常符合马克思主义关于资源共享和生产资料社会化的理论，将为未来社会的公平发展提供重要的技术基础和支持。

在未来的发展方向上，数字经济有望在马克思主义理论的支持下实现更加公平和共享的社会结构。数据资源的开放、区块链去中心化管理等方式可以推动资源的公平分配，实现资源共享的社会目标。数字经济的发展潜力不仅为生产力的提升提供了新的路径，也为社会公平和生产关系的重构提供了契机。

因此，在马克思主义理论框架下，未来数字经济的发展方向应当围绕资源共享、数据公开和生产关系重构去展开，为未来社会提供新的发展思路和结构性支持。马克思主义理论对社会公平议题、劳动价值异化现象和数据资源共享的理论支持，为未来数字经济的发展提供了新的动力和理论依据。数字经济在其发展过程中逐步实现数据资源社会化和生产资料的公共属性，将会极大地缓解数据垄断和资源不平等带来的社会问题，推动一个更加公平、开放的新型社会结构的形成。

四、马克思主义视角下的数字经济发展方向

马克思主义理论在数字经济背景下的延伸，为未来数字经济开放共享的发展路径提供了重要的理论依据，也为探索新型社会经济结构提供了方向指引。

（一）数字生产力的社会化趋势

未来数字经济社会，生产力的社会化表现将尤为显著。马克思主义理论认为，随着生产力发展，社会化的生产形式逐渐取代个人化和分散的生产模式。在工业经济中，生产力的社会化体现在规模化生产和资本集中的生产方式中，企业通过扩大生产规模、建立智能

化流水线和集约化生产来提高效率。在数字经济中,生产力的社会化通过平台经济、数据共享和跨界协作实现,以提升资源配置的效率。

平台企业通过数据积累、技术创新和用户资源的整合,建立了一个连接各类生产要素的网络,使原本分散的资源通过协作整合,为经济生产活动提供了新的可能性。例如,共享经济中的平台企业通过整合闲置资源,将车辆、住房等资源的使用率最大化。这种模式下,社会资源配置的效率显著提高,生产力得到了进一步社会化,符合马克思提出的生产力社会化趋势。

此外,数字平台通过数据流动和信息共享,加快了生产要素的连接,使得劳动者、企业和消费者之间的关系更加紧密。平台企业的用户既是服务的消费者,也是数据和信息的贡献者,通过提供数据、分享体验等方式参与到生产过程中。这种双重身份反映了数字经济中生产力和生产关系的社会化特征。原本在传统生产关系中较为对立的资本与劳动关系在平台经济中趋向合作和共生,生产过程中的协作性得到提升。

(二)数字经济的未来方向:开放与共享的发展路径

从马克思主义理论视角看,数字经济的发展为生产关系重构和社会资源共享提供了新的路径。数据和新一代信息通信技术的普及不仅推动了生产效率的提升,还为资源共享和开放化发展提供了可能。

(1)数字技术和数据资源的普及应用给资源共享与数据开放带来了前所未有的可能性。与传统生产资料不同,数据、算法和信息资源具有非物质性特征,能够被无限复制、传输、应用,这为公共资源共享提供了潜在的技术支持。

例如,开源软件、知识共享平台和开放数据的全面推广,使得技术资源和数据资源能够被全社会广泛使用。开源平台提供了基础代码和算法资源,鼓励开发者在现有成果基础上进一步创新。这种模式打破了传统生产资料的专有性,使得知识和技术成为一种共享资源。数字化资源的开放有助于突破"信息孤岛"现象,减少数据垄断带来的效率损失,不断推动数据应用的创新发展。

(2)数据资源的广泛开放能够有效提高经济活动的效率,为社会成员提供更加精准的服务和信息。数据的开放共享意味着更多人能够参与到数据的分析和应用中,从而推动数据创新的多样化。例如,政府和公共部门的开放数据计划,通过向社会公开公共数据资源,支持社会组织和企业的创新。这种数据开放能够降低社会创新成本,提升社会整体的数字生产力。

尽管数据资源共享具有极大的价值潜力,但真正实现这一目标仍需克服数据垄断、技术标准等诸多障碍。当前数据资源和数字技术高度集中在少数企业手中,缺乏公开和透明性,导致社会创新和生产力发展受限。平台企业的数据垄断不仅阻碍了数据的创新应用,也加剧了数据市场的不平等。因此,推动数据共享需要制定更加开放的政策,满足数据资源服务于社会创新和生产力发展的需求。

(3)数字资源的共享经济模式为资源的有效利用提供了新的路径。共享经济模式中,平台企业通过整合社会上的闲置资源,实现了资源的共享利用,推动了生产力的社会化发展。例如,住房、交通出行等领域的共享平台通过集成社会上闲置的住房和车辆,实现了资源的高效配置。这种共享经济模式为社会生产力的提升提供了可能。

　　平台经济和共享经济模式的推广使得劳动者能够更加灵活地参与经济活动,不再局限于单一的工作模式。然而,这种模式给劳动者的经济保障也带来了挑战。由于劳动者在平台经济中的"合作伙伴"身份,收入稳定和社会保障等问题并未得到有效的解决。平台企业对资源的控制使得劳动者在这一生产关系中承担了更大的经济风险。因此,未来要进一步完善共享经济模式,需要在灵活用工和劳动者保障之间取得平衡,通过法律制度保障、数字治理强化、平台算法透明等具体措施,使生产力的发展成果能够惠及更广泛的社会群体,推动在马克思主义理论框架下构建更加公平的新型数字经济生产关系。

思考题

　　1. 4G 开启了以智能手机和 App 为主要产业的移动互联网时代,那么 5G 开启的万物互联时代,将会引领什么主导产业呢?

　　2. 数字经济专业是一个多学科交叉的新专业,请结合对数字经济定义和内涵的理解,谈一谈数字经济专业课程会涉及哪些相关的专业内容。

　　3. 数字经济是虚拟经济吗? 二者的区别是什么?

　　4. 举例说明数字经济对发展新质生产力的重要支撑作用。

　　5. 结合真实问题思考在马克思主义理论框架下的数字经济挑战与机遇。

　　6. 从马克思主义理论视角,谈一谈对数字经济发展方向的判断和看法。

　　7. 对我国 ICT(信息与通信技术)行业上市公司进行网络调研,了解我国的 ICT 产业发展现状。

　　8. 根据数字经济体系框架,总结和整理数字经济包括哪几部分主要内容。

　　9. 通过对某平台企业运营状况的调研,分析我国平台经济发展现状的利弊及趋势。

扩展阅读 1-1　"十四五"数字经济发展规划

即测即练

第二章

数字基础设施与数字技术

本章学习目标

1. 掌握数字基础设施的定义、内容和意义；
2. 掌握5G网络和卫星通信的概念及应用场景；
3. 理解大数据、云计算、区块链、人工智能的技术原理和应用；
4. 掌握物联网、工业互联网的概念及重要意义。

导言

新型数字基础设施是现代化基础设施体系的重要组成部分，是建设网络强国、数字中国的基石和保障。全面系统布局、丰富基础设施形态，加快新型数字基础设施建设，既是满足我国数字化发展的需要，也是应对全球化竞争和挑战的需要。

2021年10月，习近平总书记在中共中央政治局第三十四次集体学习时强调，要加快新型基础设施建设，加强战略布局，加快建设高速泛在、天地一体、云网融合、智能敏捷、绿色低碳、安全可控的智能化综合性数字信息基础设施，打通经济社会发展的信息"大动脉"。

通常来说，数字基础设施是指支持数字化服务和活动的物理与虚拟设施网络，涵盖以网络通信、大数据、云计算、区块链、人工智能、物联网以及工业互联网等数字技术为主要应用的新型数字化基础设施。它不仅是在新一代信息技术驱动下支撑社会生产力数字化的基础设施，也是数据要素的重要载体和数字经济发展的重要基石。

数字基础设施的具体应用涉及诸多与国民经济、生产生活密切相关的重要领域，如通信、能源、交通、金融、物流等，具有基础性、战略性、支撑性、融合性等显著特点。从分类上看，数字基础设施主要包括四个大类：一是以5G/6G（第六代移动通信技术）、卫星互联网、新一代通信网络、未来网络为代表的网络基础设施；二是以云计算、大数据、工业互联网、物联网为代表的信息服务基础设施；三是以超级计算中心（智能计算中心）等为代表的科技创新支撑类基础设施；四是支撑社会治理、公共服务及关键行业信息化应用的重要信息基础设施等。①

目前，5G网络、大数据、云计算、人工智能等新一代信息技术成为我国数字基础设施的基本要素。从发展上看，数字经济的底座正在从以连接为主的网络基础设施，向以"云网融

---

① 优化升级数字基础设施［EB/OL］.（2022-11-14）. http://www.ce.cn/xwzx/gnsz/gdxw/202211/14/t20221114_38226320.shtml.

合"为特征的数字基础设施加速演进,逐渐成为经济社会高质量发展的重要载体,其战略地位与核心价值日益凸显。

加快新型数字基础设施建设是数字经济持续健康发展的必然要求。从消费互联网阶段发展到产业互联网阶段,仅是宽带网络连接已不能满足各行业数字化转型的需要,工业生产对确定性网络、上行带宽能力等指标提出新的要求,数字化转型需要人工智能等更多数字技术和功能支持。数字基础设施建设还能够促进新的数字技术推广普及,推动数字化服务和方式创新,加速形成更多的产业数字化新生态,为各类用户提供丰富多样的数字服务。

第一节　网络基础设施

网络基础设施是为社会生产、生活提供基础性、通用性的网络服务的设备及系统的总称。它是整个社会经济活动所依赖的基础网络结构,包括各种传输线路、网络设备、服务器、网络协议软件、卫星与无线通信设施、互联网接入设施等。5G 网络和卫星网络是网络基础设施的重要组成部分。

一、5G 网络

(一) 5G 网络的特点和重要性

5G 网络,即第五代移动通信技术,是继 2G(第二代移动通信技术)、3G(第三代移动通信技术)和 4G 之后的新一代无线通信技术。5G 网络作为新一代移动通信技术,为各种应用场景提供了强大的连接能力。它不仅极大地提升了通信的速率和质量,还为物联网、智能制造、智慧城市等领域的发展提供了强有力的支持。

从技术特性上看,5G 网络具有高速率、低延迟、大连接的特性。数据传输速率高达 1 Gbps 以上甚至 10 Gbps,网络延迟低至 1 ms,用户连接能力达到 100 万连接/平方千米,为无人驾驶和远程医疗等实时应用提供了技术基础,是实现"人-机-物"互联必要的网络基础设施。

从网络架构上看,5G 网络采用了更加灵活和高效的网络架构,包括超密集异构网络、网络切片、边缘计算等关键技术,使得 5G 网络能够根据不同业务需求提供定制化的网络服务,提高了网络资源的利用效率。

从应用场景上看,5G 网络不仅服务于传统的移动互联网,还将广泛应用于工业、医疗、教育、交通等多个领域,推动传统产业的数字化、网络化和智能化转型。例如,在工业领域,5G 可以实现远程控制、机器视觉、自动导引运输车等创新应用;在医疗领域,5G 能够支持远程医疗诊断、远程手术等创新服务。

5G 网络的重要性体现在以下几个方面。

(1) 5G 被视为数字经济时代的战略性基础设施,是新一轮科技革命和产业变革的重要驱动力量。它能够促进生产方式和生活方式的深刻变革,为经济发展开辟新的增长源泉。

（2）5G应用将推动传统产业的高质量发展，与云计算、大数据、人工智能等技术融合使用后，将极大地推进企业的数字化、网络化、智能化进程。

（3）5G应用将创造社会服务新方式，如电子政务、智慧城市、智慧交通等，提高政府决策的科学化程度和社会治理的精准性。

（4）5G的发展也是国家竞争力的体现，全球范围内，5G产业链将直接创造巨大的经济价值和众多的就业岗位。

（二）5G网络应用场景

5G网络应用场景主要包括增强移动宽带、高可靠低时延通信和海量机器类通信三大类。

增强移动宽带主要面向移动互联网流量爆炸式增长，为移动互联网用户提供更加极致的应用体验。5G网络能够提供更大的网络吞吐量、峰值速率和低延时，这使得超高清视频流、虚拟现实、增强现实和8K视频等高带宽应用成为可能。

高可靠低时延通信主要面向对网络时延和可靠性具有极高要求的垂直行业应用需求。5G网络的高可靠性和超低时延特性对于车联网、自动驾驶、远程医疗手术、工业自动化等应用至关重要，这些应用要求网络具有近乎即时的响应能力。

海量机器类通信主要面向以传感和数据采集为目标的应用需求。5G网络支持海量物联网设备连接，这对于智能家居、智慧城市、环境监测等场景至关重要，能够实现家庭和工业设备的智能管理与监控。

5G网络的应用场景非常广泛，涵盖了从个人消费到工业自动化的众多领域。例如，5G网络能够支持4K/8K超高清视频的传输，这对于大型赛事直播、视频监控等领域具有重要意义，因为它需要高速率和低时延来保证视频质量与实时性；在车联网领域，5G网络使得车与车、车与路、车与云服务系统的海量数据互联互通成为可能，推动了自动驾驶技术和智能交通（intelligent transportation）的应用与发展；在无人机领域，5G网络赋予无人机超高清视频传输和低时延控制的能力，使得无人机在监视管理、航线规划和军事应用等方面发挥重大作用；在智能医疗领域，5G网络使得医生可以为患者提供远程诊断服务，患者可以通过智能穿戴设备终端与远程专家进行实时图像和视频数据的传输及诊断；在智慧工厂领域，5G网络支持工厂内信息采集和大规模机器间通信，使得工业机器人和设备的互动与协同更加高效，推动制造业向高端化、智能化、绿色化转型；此外，5G网络还可以将智慧生活、智慧出行、智能安防等多种应用场景融入智慧社区中，推动城市管理和社区服务的数字化、网络化、智能化新场景。

（三）我国5G网络发展现状及未来趋势

目前，我国已建成全球规模最大、技术最先进的5G独立组网网络。

2013年4月，工业和信息化部、国家发展改革委、科学技术部共同支持成立IMT-2020（5G）推进组。

2016年1月，中国5G研发试验正式启动，于2016—2018年实施。

2021年2月，5G网络成功商用，成为5G赋能产业数字化发展的关键节点。

2022年1月，工业和信息化部发布的统计数据显示，截至2021年底，我国（不含港澳台）累计建成并开通 5G 基站 142.5 万个，总量占全球 60％以上，每万人拥有 5G 基站数达到 10.1 个；全国（不含港澳台）所有地级市城区、超过 97％的县城城区和 40％的乡镇镇区实现 5G 网络覆盖，5G 终端用户达到 4.5 亿户，占全球 80％以上。

未来我国 5G 网络的发展趋势主要体现在技术创新、行业应用拓展以及与其他前沿技术的融合应用等方面。

5G 正在向 5.5G（5G 高级）、6G 持续创新和演进。5.5G 将带宽速度提升 10 倍，给工业互联网、车联网等垂直场景带来显著的性能提升，进一步推动智能制造、智慧交通等领域的数字化转型和智能化升级，为用户和社会创造更多价值。6G 将集成感知和通信功能，提供高精度定位、环境重构和成像等能力，实现更丰富的感官交互，如触觉、嗅觉等，为用户提供沉浸式虚拟现实体验；6G 将允许用户进行三维立体的通信，支持数字孪生、元宇宙技术的发展，实现物理世界的实时数字映射，用于模拟、预测和优化各种虚拟数字场景；6G 将实现全球无缝覆盖的空天地一体化网络，提供更加普遍的网络服务能力，支持偏远地区和海上平台等特殊场景的通信需要，满足更为复杂和多样化的全场景需求。

5G 应用逐渐向多行业、多领域全面渗透。5G 在工业、电力、矿山、医疗、文旅、港口、智慧城市等行业发挥着越来越大的作用，同时在海洋、低空、中药等新兴行业也将进一步探索。随着 5G 的成熟和应用场景的拓展，5G 终端将趋向多样化、定制化、规模化发展。

5G 网络将与人工智能、大数据、云计算、物联网等技术深度融合，推动 5G 赋能千行百业，促进形成"需求牵引供给，供给创造需求"的高质量、高水平发展模式，驱动生产方式、生活方式和治理方式升级，创造新的经济增长曲线。

由此可见，5G 网络的未来发展将是多方面的，不仅局限于技术的提升、应用场景的拓展，还包括产业新生态的构建。随着技术的不断进步和应用的不断深化，5G 将给社会经济发展带来更多的可能和发展机遇。

二、卫星网络

（一）卫星网络的基本概念

卫星网络是按照空间信息资源最大有效综合利用原则，由位于不同运行轨道、不同功能种类的卫星连通而构成的一个完整网络体系结构。简单地说，它就是地球上（包括地面和低层大气）的无线电通信站之间利用人造卫星作为中继而进行的通信。这种网络通信技术以人造地球卫星作为中继站，实现长距离的信号中继效果，具有覆盖范围广、通信距离远、可靠性高的特点，只要在卫星信号所覆盖的范围内，任何两点都可进行通信，而且不易受地面空间干扰的影响。

卫星网络的重要性体现在全球覆盖、应急通信、地面网络补充及新技术融合等方面。卫星网络能够覆盖地球的偏远地区，包括海洋、荒漠、极地等地面基站难以到达的地方，实现全球通信覆盖。在自然灾害或其他紧急情况下，地面通信设施可能受损，卫星网络可以作为应急通信手段，保证应急通信的畅通。在地面网络覆盖不足或成本过高的地区，卫星网络可以作为有效的补充，提供必要的通信服务，实现通信的连续性和稳定性。卫星网络还支持包括车联网、自动驾驶、物联网等新技术的发展，为这些新技术的融合应用提供数据传输和通信保障服务。

卫星网络系统主要由空间部分(卫星)、地面部分(地面站)和用户部分组成。根据卫星所处的轨道高度,卫星网络分为低轨道、中轨道和高轨道卫星网络。不同轨道的卫星网络在性能上有所差异,如轨道高度、天线直径、信道数、射频功率、卫星成本和寿命、地面站投资、使用复杂度等方面。低轨道卫星主要指运行在距离地面500~2 000千米的卫星,具有距离近、传输时延小、链路损耗低、发射灵活、应用场景丰富、整体制造成本低等优势,正逐渐成为卫星互联网业务的主流实现方式。

卫星通信与5G结合,可以打造真正的"天地互联"网络,即卫星互联网。卫星互联网是卫星网络的一种新兴应用,它通过发射一定数量的卫星形成规模组网,向地面和空中终端提供宽带互联网接入服务。卫星互联网的发展被视为6G时代的重要组成部分,有望实现全球范围内的无缝连接服务。

(二)卫星网络的应用领域

卫星网络在国防和军事领域的应用极为重要,为军队提供全球范围内的通信能力,包括语音、数据传输和视频通信,确保军事指挥控制的连续性和战场部队的协同作战。

卫星网络能够实现对全球关键军事区域的持续监视,为军队提供战略情报和战术支持,增强军队的指挥控制能力和战场态势感知。通过卫星遥感技术,军队能够对敌方军事目标进行侦察、监视和研判,包括对动态目标的实时跟踪和对打击效果的评估。卫星网络支持导弹预警、目标指示和跟踪,不但可以提供对战略威胁的早期预警,为决策者提供更准确的情报和更多的反应时间,增强战略防御能力,而且可以为精确打击武器提供必要的测绘保障信息,提高武器系统的导航精度和作战效能。通过卫星图像和其他遥感数据,军队可以更好地了解战场态势,实现战场的实时监控和管理。卫星网络还可以提供战场气象信息,支持军事行动的气象需求,如天气预报和气候监测,以保障作战行动的顺利进行。

在航空航海领域,卫星网络为飞机、舰船与地面的通信提供了可靠的解决方案。通过卫星网络,飞机可以实现与地面指挥中心的实时通信,提供导航、交通控制和安全监控等服务,确保飞行安全,还可以为飞机提供互联网接入服务,包括乘客的Wi-Fi上网和飞行安全通信。海事卫星系统在海上导航、船舶通信、石油勘探、海洋渔业、海上救援、海洋科考等领域都具有广泛的应用。

在城乡治理领域,卫星网络可以为自动驾驶汽车提供高精度定位、导航服务和车联网业务,支持偏远地区学校和医疗机构接入优质的教育资源与专业医疗服务机构,促进智慧交通、智慧教育、智慧医疗等数字化公共服务的普及应用和智慧城市建设;通过搭载遥感技术的卫星网络能够监测区域内的森林火情、环境污染等突发事件,为环境保护和土地资源管理提供数据支持与科学依据;通过卫星网络获取的大范围农田和农作物数据,可以帮助农民优化灌溉、施肥和作物种植计划,提高农作物的产量和质量。

在灾害监测、预警和紧急救援场景中,卫星网络能够实时监测如地震、洪水、台风、山体滑坡等自然灾害,并及时提供预警信息,减少自然灾害带来的损失。在地面通信设施受到损坏的情况下,通过卫星网络可以快速恢复通信服务,为抗震救灾、防汛指挥、森林救火等紧急情况下的救援工作提供关键的通信支持。

另外,在气象探测、地质勘探、野外测绘、管道巡检、电力线路维护等专业领域中,卫星网络也发挥着重要作用。

（三）卫星网络的典型案例

卫星网络需要的运行轨道和频段资源是有限且不可再生的战略资源，国际电信联盟（ITU）提出了在轨道和频段资源获取上遵循"先登先占、先占永得"的原则。低地球轨道能容纳的卫星数量有限，先发国家将具有显著优势，因此越来越多的国家推出低轨星座计划。低轨、大规模星座构建是当前卫星行业的发展趋势，其行业竞争已经不仅是商业上的竞争，还是国家战略层面的竞争。

国际海事卫星组织（Inmarsat）负责管理的全球海事卫星通信系统，是由同步通信卫星、移动终端、海岸地球站以及协调控制站等构成的，主要提供全球海上遇险与安全系统（GMDSS）的卫星通信服务，确保海上安全信息、航行和气象警报的有效传递。该系统具有全球覆盖、全天候、便携、移动、宽带通信的独特优势，广泛应用于船舶通信、新闻报道、紧急救援、政府通信、海关、民航等多个领域。

铱星卫星系统（Iridium Satellite System）是美国于 1987 年提出的第一代卫星移动通信星座系统，由美国铱星公司委托摩托罗拉公司设计，目标定位于需要在全球任何一个区域范围内都能够进行通信的移动电话客户。该系统设计了 7 条低地球轨道，每条轨道上均匀分布 11 颗卫星，就像化学元素铱原子核外的 77 个电子围绕其运转一样，组成一个完整的星座，因此被称为铱星卫星系统。铱星卫星系统的最大特点是，通过卫星之间的星际链路来实现全球通信，移动电话用户可以不依赖地面网络而直接通过卫星通信。可以说，铱星卫星系统开启了个人卫星通信的新时代。1998 年，铱星卫星系统完成布星任务并开通全球通信业务，后期由于系统风险大、建设和维护成本高、通话质量不理想，以及数据传输速率无法满足互联网需求等原因，铱星公司于 2000 年 3 月宣布破产。

全球星系统（Globalstar System）是由美国劳拉公司和高通公司于 1991 年发起建设的低轨卫星移动通信系统，由均匀分布在 8 个低轨道面上的 48 颗卫星组成，可在全球范围（不包括南北极）内向用户提供包括语音、数据、短信息、定位等业务。全球星系统主要由空间段、地面段和用户段三部分组成，没有星间链路设计，仅仅作为地面蜂窝系统的延伸和补充，移动用户使用双模式手持终端，既可工作在地面蜂窝通信模式，也可工作在卫星通信模式，从而实现全球无缝隙覆盖的卫星移动通信。全球星系统提供的服务具有时间延迟短、数据传输速率高、频谱利用率高等特点，能够与现有的地面固定网络和移动网络兼容，实现互联互通。

星链系统（Starlink Satellites）是 2014 年由美国太空探索技术公司（SpaceX）提出的低轨互联网星座计划。该计划在太空搭建由约 1.2 万颗卫星组成的"星链"网络，提供高速互联网服务，目标是替代地面上的传统通信设施，建设一个全球覆盖、大容量、低时延的天基通信系统，从而在全球范围内提供价格低廉、高速且稳定的卫星宽带服务。2022 年 5 月，星链卫星测试下载速度达到 301 Mbps，2023 年一季度，星链互联网业务实现盈利，证明了卫星互联网商业模式的可行性。截至 2024 年 3 月，星链系统卫星数量突破 6 000 颗，已向全球 72 个国家提供服务，订购用户突破 260 万人，成为当今建设规模最大、服务能力最强、应用范围最广的商业低轨通信星座，引领全球卫星互联网进入新的发展时代。

星链系统的快速发展，不仅在商业上取得了显著成就，还在军事方面展现了其重要价值。2022年12月,SpaceX公司发布"星盾"卫星互联网星座项目,将利用近地轨道上的星链卫星星座满足美国国防部和情报机构的需求,将"星链"作为美国与其盟国联合作战的通信和信息共享平台,进一步提升美军导航定位系统的精度和抗干扰能力,用于对洲际弹道导弹弹头的直接碰撞式拦截,有效推动军事通信网络与商业通信网络之间的无缝切换。

北斗卫星导航系统(以下简称"北斗系统")是中国自主研制、独立运行的全球卫星导航系统,是为全球用户提供全天候、全天时、高精度的定位、导航和授时服务的国家重要空间基础设施。北斗系统的空间段由若干地球静止轨道卫星、倾斜地球同步轨道卫星、中圆地球轨道卫星组成,地面段包括若干地面站以及星间链路运行管理设施,用户段包括北斗兼容的芯片、模块、天线等基础产品,以及终端产品、应用系统与应用服务等。2003年5月,我国成功将第三颗北斗一号导航定位卫星送入太空;2012年12月,北斗二号系统开始提供服务;2020年7月,北斗三号卫星导航系统建成并正式开通,标志着中国成为世界上第三个独立拥有全球卫星导航系统的国家。北斗三号的主要特点是在空间段采用三种轨道卫星组成的混合星座,它集成了不同轨道的优势,实现了覆盖全球、突出区域,功能丰富、效费比高,循序渐进、分步实施的设计目标。[①] 与其他卫星导航系统相比,北斗三号高轨卫星更多,抗遮挡能力强,而且提供多个频点的导航信号,提高服务精度,具备定位导航授时、星基增强、地基增强、单点定位、短报文通信和国际搜救等多种服务能力。目前,北斗系统已广泛应用于交通运输、公共安全、救灾减灾、农林牧渔、城市治理等多个领域,并正式加入国际中轨道卫星搜救系统,成为国际海事组织认可的全球导航系统之一。

天启星座是我国首个提供低轨卫星数据通信服务的物联网星座系统,是一个由38颗卫星、卫星地面站、卫星测控中心、运营支撑平台、物联网应用平台、卫星终端组成的完整的卫星物联网应用体系,可提供覆盖全球、准实时的低轨卫星物联网数据服务,构建天地一体的低轨卫星物联网生态系统,广泛应用于智慧城市、智慧海洋、渔船通信和应急通信、生态环境监测等应用场景。

天目一号气象探测星座是我国首个以商业化模式建设的低轨气象卫星系统,当前在轨23颗星,主要搭载GNSS(全球导航卫星系统)掩星、海反探测载荷,支持北斗、GPS(全球定位系统)、GALILEO(伽利略)、GLONASS(格洛纳斯)四大导航系统,能够获取全球分布、全天候的大气、地表和海表特性参数。该系统的应用目标是研究全球气候变化规律,为气候预测提供各种气象参数,为航空、航海等专业活动提供气象信息保障。

第二节　大　数　据

随着互联网、物联网、移动终端的普及应用,数据量级呈现爆炸性增长。这种增长不仅仅是数量的增加,更体现在数据的多样性和复杂性上,从文字、图片、声音、视频到各种传感器收集的海量数据,传统的数据处理和分析方法已经无法满足需求,大数据技术应运而生,使得对大规模数据的处理和分析更为高效和准确。

---

① 每颗北斗卫星都有自己的功用[EB/OL].(2020-07-10). http://www. beidou. gov. cn/zy/kpyd/202007/t20200713_20772.html.

一、大数据基本概念

大数据指的是传统数据库管理工具和技术难以处理的大规模、高增长与多样化的数据集。大数据的概念不仅关乎数据的体量，还涉及数据的类型、处理速度以及数据的真实性和数据价值，通常使用 5V 模型来描述大数据的定义，即 volume（体量）、variety（多样性）、velocity（速度）、value（价值）、veracity（真实性）。

大数据具有体量超大（海量）、高速增长、数据类型多样化、处理难度高和价值密度低等显著特征。网络中的海量数据不但规模巨大、数据类型繁多，而且数据量的生成速度非常快，需要实时或近实时的快速处理能力。网络数据还普遍存在质量和真实性的问题，即数据的可信度。因此，如何从海量数据中快速提取有价值信息，是大数据技术发展的根本需求。

大数据技术是指从海量复杂数据中快速提取有价值信息的能力，包括数据采集、存储、处理、分析和可视化等多个环节的一系列工具、框架、算法与方法。大数据技术高效、精准地处理海量数据，可以为企业决策、科学研究和社会治理等应用提供有力的技术支持。

大数据技术的基础在于数据的采集和存储。通过构建分布式存储系统实现了对海量数据的高效存储和管理，这些存储系统不仅具备高可扩展性和容错性，还能根据数据的特性进行智能优化，提高数据存储和访问的效率。

大数据技术的核心在于数据的处理和分析。面对海量的数据，大数据技术通过引入分布式计算、数据挖掘和机器学习等技术，实现了对数据的快速处理和深度分析，帮助人们从海量的数据中提取出有价值的信息，发现数据之间的关联和规律，为决策提供科学依据。

大数据分析是对海量数据进行多层次加工与结构化处理，驱动数据向信息、知识、智慧转化的系统性方法。区别于传统的样本分析方法，大数据分析是基于全部数据的统计分析，预测和辅助决策效果更加精准。常见的大数据分析包括描述性分析、预测性分析、规范性分析三种类型。

描述性分析关注历史数据，旨在解释发生了什么以及为什么会发生。它通过数据聚合、数据可视化和统计分析来提供对过去事件的洞察，帮助企业组织理解数据集的特征、趋势、关联和异常。描述性分析通常用于生成报告和仪表板，为决策提供历史背景。

预测性分析使用历史数据来预测未来的趋势、事件或行为。它涉及应用统计模型、机器学习算法和数据挖掘技术来识别模式与关联，目的是提供对未来可能发生事件的预测，帮助企业组织作出基于预测的决策。预测性分析的应用场景主要包括市场趋势预测、消费者行为分析、风险评估等。

规范性分析是在预测的基础上进一步提供行动建议。这种分析不仅预测可能的结果，还建议如何实现这些结果。规范性分析使用高级算法来提供最佳行动方案，帮助企业组织在复杂和动态的环境中作出最优决策。规范性分析的应用场景主要包括资源分配、风险管理、供应链优化等。

在实际应用中，描述性分析、预测性分析和规范性分析往往是相互关联与互补的。描述性分析为预测性分析提供历史数据和背景知识，预测性分析为规范性分析提供未来可能发生的情况,而规范性分析则基于前两者的结果提供决策支持。结合使用三种分析方法,企业和组织可以更全面、深入地理解数据,作出更科学、有效的决策。在宏观层面,它使得经济决策部门能够更敏锐地把握经济走向,制定科学的经济政策;在微观层面,它提高了企业经营决策的水平和效率,推动了商业模式创新发展。

二、大数据关键技术

(一)数据挖掘技术

数据挖掘技术是从大量的数据中通过算法和统计分析方法提取出有价值信息、发现模式和知识的过程。它属于机器学习、人工智能和统计学领域的交叉技术。数据挖掘技术可以应用于各种类型的数据集,包括结构化数据(如关系数据库中的表格数据)和非结构化数据(如文本、图像和视频数据等)。数据挖掘技术主要包括下列关键内容和方法。

(1)模式发现:识别数据中的模式,可能表现为关联规则、频繁项集、序列模式等。

(2)分类:将数据分配到预定义的类别中,如垃圾邮件检测或疾病诊断。

(3)聚类:将数据集中的项分组,使得同一组内的项彼此更为相似,而不同组的项则相对不同。

(4)回归分析:确定变量之间的关系,常用于预测连续数值,如房价预测。

(5)关联规则学习:发现变量之间的有意义的关联。

(6)神经网络:模仿人脑处理数据的方式,用于识别复杂的非线性关系和模式。

(7)决策树:通过树状结构来表示决策过程,用于分类和回归任务。

(8)机器学习:使用算法让计算机系统自动发现规律并作出决策。

(9)文本挖掘:从文本数据中提取信息和知识,包括情感分析、主题建模等。

(10)时间序列分析:分析按时间顺序排列的数据点,常用于股票市场分析、气象预测等应用场景。

(二)数据可视化技术

数据可视化技术是一种将数据转换为图形或图像表示形式的方法,以便人们理解和分析。它利用视觉元素,如图表、图形、颜色和动画,来揭示数据中的模式、趋势和关联。数据可视化的关键目标是简化复杂数据的解释,使得非专业用户也能理解数据背后的含义。常见的数据可视化类型包括折线图、条形图、饼状图、散点图、热力图、树状图等。

为了创建有效的数据可视化,设计者需要考虑数据的特点、目标受众的需求、视觉设计的美学原则以及交互设计的最佳实践。此外,选择合适的可视化工具和库也是实现高质量数据可视化的关键,如 Tableau、Power BI、Matplotlib 等。

数据可视化技术在多个领域都有应用,包括商业智能、科学研究、工程设计、社会科学、教育和新闻报道。随着数据量的增加和计算能力的提升,数据可视化已成为数据分析不可或缺的工具,它帮助人们更直观地理解数据,作出更明智的决策。

三、大数据应用领域

（一）互联网和营销行业

互联网和营销行业由于其业务数据化的特性,拥有大量实时的网络用户数据,大数据应用程度非常高。

在精准营销场景中,企业通过大数据分析消费者行为,实现精准定位与个性化推荐,提高营销效率。例如,通过用户行为分析,收集用户行为数据,分析用户偏好和需求,优化产品设计和用户体验;通过社交媒体分析,利用大数据工具分析社交媒体上的讨论和情感,洞察公众舆论,指导公关策略和品牌建设;通过个性化内容推荐,实现广告的精准投放,提升用户黏性和活跃度;通过营销效果分析和评估,为营销决策提供数据支持。

在市场运营场景中,通过行业数据和消费者行为数据分析,企业可以预测市场动向和趋势,为市场运营策略提供决策依据。例如,通过分析用户反馈和行为数据,指导新产品的设计和开发,满足新的市场需求;通过客户关系管理（CRM）系统,实现用户数据资源整合,提升服务质量,增强用户忠诚度;通过分析销售数据和市场趋势,实施库存管理和物流配送等供应链优化措施,降低管理成本和销售成本,创造更大的商业价值。

（二）政府及公用事业

大数据技术可以帮助政府及公用事业显著提升决策质量、优化资源配置、增强服务效能,并推动社会治理现代化。

例如,在交通管理领域,通过交通流量数据分析,可以优化交通信号控制、实现智能交通管理、提高道路使用效率、解决城市交通拥堵问题;在公共安全领域,大数据分析有助于监测和预测犯罪行为,提升公共安全治理能力和犯罪预防能力;在社会治理领域,通过大数据监测和分析公众舆论,为政府决策提供民意反馈,有助于政府更好地理解民众需求,提升社会治理的精准化和智能化水平;在公共卫生领域,利用大数据进行疾病预测、临床决策支持和医疗行为分析,提高医疗服务质量和效率,提升疾病预防和控制能力;在公共教育领域,利用大数据不但可以优化教育资源分配,提升教育质量和公平性,还可以提供个性化的学习课程和共享资源;在人力社保领域,大数据帮助政府部门更准确地监测就业市场状况,通过就业信息资源共享促进社会就业,利用大数据分析参保人的行为和需求,可以提供个性化社保服务,以及实现社保业务的"跨省通办"和一站式办理等创新社保服务方式。另外,政府还可以利用大数据分析宏观经济趋势,制定数据驱动更加科学和客观的经济政策,提升政府治理和决策水平。

（三）制造业和农业生产领域

大数据在制造业、农业生产领域的应用尚处在初级阶段,但潜在价值巨大。

在制造业应用中,大数据将在产品研发设计、生产过程监控及个性化定制生产等应用场景发挥重要作用。例如,通过大数据分析,制造业可以在产品设计阶段进行仿真模拟,优化设计模型,降低研发成本并提升设计效率;利用大数据技术对生产过程中的设备状态、工艺参数等进行实时监控,优化工艺参数,提高生产线的排产效率和产品质量;大数据结合消费者行为分析,可以支持制造业实现产品个性化设计和定制,满足消费市场的多样化需求。

在农业生产领域,大数据技术与物联网、卫星互联网相结合,在精准农业、遥感监测、农业资源管理等应用场景中提供深入的洞察和预测能力,提高农业生产效率。例如,利用大数据技术,可以根据土壤条件、气候数据和作物生长情况精准施肥、灌溉与喷药,提高农作物产量和质量;利用遥感技术结合大数据分析,可以进行作物长势监测、病虫害预警和自然灾害评估,为农业生产提供科学依据;通过大数据分析优化农业资源配置,如水资源、土地资源的合理利用等,推动农业可持续发展。

(四)金融、电信、电力等行业

金融、电信、电力等信息化水平较高的行业拥有大量的历史数据积累,如何通过数据挖掘和分析来提升业务价值,帮助企业提高效率、降低成本、增强市场竞争力,大数据应用正成为推动这些行业实现数字化转型升级的关键因素。

在金融行业,银行通过分析客户的交易数据、社交行为和消费习惯来进行客户画像与行为分析,实现精准营销和个性化服务;金融机构利用大数据分析,能够更准确地评估信贷风险,提升风险管理能力;证券公司通过大数据分析,帮助投资者预测市场趋势,为股票投资提供辅助性决策支持。

在电信行业,电信运营商利用大数据进行网络流量分析和优化,提升网络服务质量;通过用户行为分析,电信公司能够进行市场细分,提供个性化的通信服务和产品;通过客户关系管理系统,大数据帮助电信公司更好地理解客户需求,提升客户服务质量和满意度;电信公司还可以通过大数据推动企业内部流程和决策的数字化,提高运营效率。

在电力行业,电力公司通过实时监控和分析电网数据,优化电网运行和维护;利用大数据分析,电力行业能够优化能源分配,提高能源利用效率,促进节能减排;电力大数据可以为用户提供能耗分析和用电优化建议,帮助用户降低用电成本;电力大数据在反映经济发展、监测政策成效方面发挥着重要作用,为政府经济政策提供辅助决策支持。

四、大数据产业生态

大数据产业作为战略性新兴产业,对经济社会发展具有重要的推动作用,是实现数字经济社会质量变革、效率变革、动力变革的重要引擎。

大数据产业是以数据采集、交易、存储、加工、分析、服务为主的各类经济活动,包括数据资源建设、大数据软硬件产品的开发、销售和租赁活动,以及相关信息技术服务。整体上看,数据资源、基础设施、数据服务、融合应用、安全保障是大数据产业的五大组成部分,形成了完整的大数据产业生态。[①]

数据资源层是大数据产业发展的核心要素,包括数据价值评估、数据确权、数据定价和数据交易等一系列活动,实现数据交易流通以及数据要素价值释放。

---

① 《2022中国大数据产业生态地图暨中国大数据产业发展白皮书》正式发布[EB/OL].(2022-08-07).http://www.cww.net.cn/article? id=566461.

　　基础设施层是大数据产业的基础和底座,它涵盖了网络、存储和计算等硬件基础设施,资源管理平台以及与数据采集、预处理、分析等相关的底层方法和工具。

　　数据服务层是大数据市场的未来增长点之一,立足海量数据资源,围绕各类应用和市场需求,提供辅助性服务,包括数据处理服务、数据分析服务、数据治理和可视化服务等。其中,数据处理层包括对数据进行清洗、转换、加载等处理的技术和工具,数据分析层通过数据挖掘、机器学习和人工智能算法等分析技术来提取有价值的信息与洞察力。

　　融合应用层是大数据产业的发展重点,主要包含与政务、工业、健康医疗、交通、互联网、公安和空间地理等行业应用紧密相关的整体解决方案。融合应用最能体现大数据的价值和内涵,是大数据技术与实体经济深入结合的体现,能够助力实体经济企业提升业务效率、降低成本,也能够帮助政府提升社会治理能力和民生服务水平。

　　安全保障层是大数据产业持续健康发展的关键,涉及数据全生命周期的安全保障,主要包括数据安全管理、安全服务、安全边界、安全计算等。

第三节　云　计　算

　　云计算是为大数据分析提供所需的基础设施资源,包括计算能力和存储能力。大数据分析依托云计算的分布式计算、分布式数据库和云存储等技术,可以为企业提供强大的数据处理和分析能力,共同推动数据处理和分析技术的快速发展。

一、云计算基本概念

　　云计算是一种通过互联网提供计算资源和服务的模式,其核心概念是以互联网为中心,提供便捷、安全、可扩展的数据存储和网络计算服务。

　　本质上讲,云计算是一种分布式的计算资源共享池,通过软件实现自动管理和动态分配服务器、存储空间、网络带宽与应用服务等计算资源。算力作为一种商品,用户可以按需使用"云"上的资源,并按使用量付费,就像水、电、煤气一样,用户可以方便、廉价地享受到高性能的存储和计算服务。

　　云计算具有以下显著特点。

　　(1)超大规模。云服务提供商拥有几十万台甚至上百万台服务器的规模,能够为用户提供接近超级计算机一样强大的计算能力。

　　(2)资源池化。云平台提供大量的计算资源,这些资源被虚拟化并形成资源池,在多个用户和应用程序之间共享,从而提高资源利用率、灵活性和可扩展性。

　　(3)按需服务。用户可以根据自己的需求,通过服务提供商的管理界面,自助选择和配置所需的计算、存储与网络资源,且仅需为实际使用的资源或服务支付费用。

　　(4)虚拟化。云计算的虚拟化特性支持用户在任意位置使用各种终端获取应用服务,而无须关心服务的具体位置和细节,只需要通过网络即可访问和使用服务。

　　(5)自动化管理。云平台通过自动化工具管理资源池中的资源,这些工具可以根据用户的需求和工作负载的变化,自动分配和调整资源。

（6）可扩展性和弹性。允许用户根据业务需求快速扩展或缩减资源，如增加或减少虚拟机（VM）的数量，扩大或缩小存储空间，而无须担心物理硬件的限制。

（7）安全性。云平台提供按组隔离访问、自定义防火墙策略等安全性功能，以及数据加密、身份认证等多种安全保障措施。

（8）可靠性。云计算使用了数据多副本容错、灾难恢复等多种措施来保障服务的高可靠性。相比使用本地计算机，使用云计算更为可靠。

（9）专业化服务。云服务提供商通常专注于特定的服务领域，如云存储、数据库或大数据分析等，为用户提供专业化的服务。

（10）广泛的网络访问。用户可以通过互联网，随时随地使用移动设备、笔记本电脑、工作站等各种终端设备访问云平台，体现了"云"的弥漫性与无所不在的分布性特征。

云计算的发展在数字经济社会中具有重要意义，它不仅改变了个人使用计算资源的方式，也深刻影响了企业运营模式和行业发展方向。

从企业角度上看，云计算使小微企业和初创公司能够以较低成本获得高性能的计算资源服务，促进了数据处理和分析技术的普及应用与互联网创业活动。云服务提供商提供专业的基础设施服务，支持和帮助企业快速部署创新应用服务，快速进入新的市场热点，企业无须建立自己的信息基础设施，大幅降低了企业的创业门槛、运营成本并减轻其系统维护负担。云计算支持远程访问，企业成员可以在任何地点访问和共享数据资源，提高了企业部门与员工的协同能力与工作效率。

从行业发展上看，云计算为新兴技术如大数据、人工智能和物联网提供了计算资源平台，推动了数字技术的创新和应用。同时，云计算支持和帮助企业使用新技术、新应用、新服务，提高企业运营效率和竞争力，实现企业的数字化转型升级目标。

二、云计算分类及适用

（一）云计算的分类

云计算可以从服务类型、部署方式两个维度进行划分。

1. 按服务类型划分

按服务类型，云计算可分为基础设施即服务（IaaS）、平台即服务（PaaS）和软件即服务（SaaS）三类。

IaaS提供的是虚拟化的计算资源，如服务器、存储设备和网络基础设施。IaaS提供商将服务器、存储设备和网络设备等硬件资源虚拟化，并通过互联网向用户提供这些虚拟化的计算资源作为服务。用户可以根据自身需求租用这些虚拟化的计算资源，并按使用量付费。IaaS通常是多租户的，即多个用户共享相同的物理硬件资源，但每个用户的资源在逻辑上是隔离的。IaaS使用户能够灵活地搭建平台环境和开发其应用程序，而无须投资昂贵的基础设施，同时还能根据业务需求的变化快速调整资源。

PaaS提供开发和部署应用程序的平台，包括操作系统、数据库和开发工具等。在IaaS的基础上，PaaS提供商会预安装和配置好操作系统、数据库、Web服务器等运行环境，进一步提供用户应用程序开发、测试、部署和管理服务平台，用户只需通过提供商提供的开发工具,就能开发、测试和部署自己的应用程序。PaaS 提供商负责平台服务的维护和升级,使用户能够专注于应用程序的创新和开发。

SaaS 提供完整的应用程序作为服务,用户通过互联网直接使用应用程序。SaaS 提供商将软件应用作为服务托管在云服务器上,用户只需开通账号,即可通过互联网访问和使用。软件应用在云端服务器上运行,提供商负责应用程序的维护、升级和安全性。SaaS 提供了一种即用型软件解决方案,用户无须关心软件的安装、配置或维护。

以上这三种服务具有显著的区别,每种服务模型都有其优势和局限性,企业或个人可以根据自己的需求、技术能力、预算和安全要求来选择合适的服务模型。

从控制权的角度,IaaS 提供最高级别的控制权和定制性,用户可以完全控制操作系统和应用程序的安装与配置;PaaS 提供中等级别的控制权,用户主要负责开发应用程序,平台的部署、维护和升级由提供商负责;SaaS 提供最低级别的控制权,用户只能使用应用软件的功能,而不能对其进行定制或更改。

从责任分配的角度,IaaS 中云服务提供商负责基础设施,用户负责运行环境和应用程序;PaaS 中云服务提供商负责基础设施、运行环境,用户只负责应用程序;SaaS 中云服务提供商负责基础设施、运行环境以及应用程序的维护、升级和可用性,用户只需使用软件即可。其中,基础设施指的是机房、服务器、存储设备、网络设备等硬件基础,运行环境指的是操作系统、数据库管理系统、中间件、语言处理程序等。

从应用场景的角度,IaaS 适合需要高度定制化和控制权、需要运行复杂的应用程序或开发新服务的企业或开发者;PaaS 适合希望快速开发和部署应用程序、不希望管理硬件设施和软件环境的企业或开发者;SaaS 适合需要即用型软件解决方案的企业和个人,如在线办公、客户关系管理等。

从成本预算的角度,IaaS 通常按使用的计算资源[如 CPU(中央处理器)、内存、存储]计费,适合需要弹性扩展的企业;PaaS 的费用通常包括平台使用费和资源消耗费,适合需要快速开发和部署的企业;SaaS 通常按订阅模式收费,适合预算固定且不需要高度定制的企业。

从开发速度的角度,使用 IaaS 时,应用部署和开发速度较慢,因为需要用户自己配置和管理底层基础设施及运行环境;使用 PaaS 时,应用部署和开发速度较快,因为平台提供了开发、测试和部署应用程序的运行环境;使用 SaaS 时,应用部署和开发速度最快,因为用户无须关心底层资源和运行环境,只需直接使用提供的软件应用。

从安全性的角度,IaaS 的安全性取决于用户的管理能力,因为用户拥有最高级别的控制权;PaaS 的安全性由提供商和用户共同负责,提供商负责平台的安全,用户负责应用程序的安全;SaaS 的安全性主要由提供商负责,因为用户没有控制权。

2. 按部署方式划分

按部署方式,云计算可分为公有云、私有云、混合云和社区云四类。

公有云是指由第三方云服务提供商管理并向公众用户群体提供服务的云。公众用户可以通过互联网注册账户和访问公有云服务,而无须自己建设和维护基础设施。公有云的优势在于规模大、成本低、扩展性好,但可能存在数据安全和隐私保护的问题。

私有云是指企业或组织内部使用的云服务,专为一个企业或组织构建,可以部署在企业内部或由第三方托管。私有云提供更高的控制权、安全性和定制化选项,数据安全性高,但建设和维护成本也相对较高,适用于对数据安全性有特殊要求的企业。

混合云结合了公有云和私有云的特点,用户可以根据实际需求灵活选择。混合云兼备了公有云的弹性和私有云的安全性,企业可以利用混合云模型优化成本和性能,同时满足不同的业务需求,实现最佳的资源利用和成本控制,适合需要同时处理内部数据和外部数据的企业。

社区云是由特定社区或若干具有同类业务的组织共享的云服务,这些组织可能具有共同的需求或关注点,通过共享云服务实现成本效益的提升。社区云通常由多个组织共同管理,旨在提供特定的服务或应用。

另外,云计算还可以根据不同的行业领域进行分类,如金融云、医疗云、教育云等,这些行业云通常结合了特定行业的业务需求和技术特点,为行业用户提供更加专业化和定制化的云服务。

(二)云服务的分类适用

云计算的分类多种多样,每种分类服务都有其独有的特点和适用场景。例如,政府或大型企业用户处理内部事务,对数据安全性有很高的要求,还需要对服务质量的有效控制,因此选择私有云服务比较适合。而技术能力弱、预算成本低、对安全性要求不高的中小企业、创业公司或个人从事互联网业务,则选择公有云服务更加适合。

通常情况下,IaaS 适用于需要高度定制化、有弹性业务需求、注重成本效益和具有较强技术能力的企业。例如,企业需要且有能力完全控制操作系统和应用程序的安装与配置时,或者企业需要根据业务需求快速扩展或缩减计算资源时,或者企业希望避免前期大量基础设施成本支出时,以及企业拥有足够技术开发团队来管理和维护云资源时,都适合选择 IaaS。

PaaS 适用于需要快速开发和部署应用程序,主要面向那些希望减轻系统安装、配置和运维负担,希望专注于应用开发,以及需要开发特定环境应用程序的企业或组织。

SaaS 适用于有即用型需求、低成本预算、需要远程团队协作,以及对定制化需求不高、接受使用标准功能应用程序的企业、组织或个人。

在企业数字化转型实践中,究竟选择使用哪一类的云服务,需要综合考虑企业的具体需求、技术能力、预算限制和长期发展规划等多种因素的实际情况。

三、云计算关键技术

(一)分布式存储技术

分布式存储技术是一种数据存储方法,它将数据分散存储在多台独立的计算机或服务器上,并通过网络平台连接,形成一个统一的存储系统。分布式存储系统通过使用多台存储服务器共同存储数据、分担存储负荷,不但解决了传统集中式存储服务器性能瓶颈的问题,而且提高了系统的可扩展性、可靠性、可用性和存取效率。

分布式存储在高性能计算和大数据分析等应用场景具有显著的应用价值。例如,分布式存储可以轻松扩展存储系统的规模和容量,通过增加存储节点来提高存储容量和性能;

分布式存储通过将数据分布到多个节点上，即使某个节点发生故障或数据丢失，系统也可以保持正常运行；分布式存储可以并行地从多个节点中读取和写入数据，提高数据读写性能和吞吐量；分布式存储采用了加密技术、安全认证等手段，从而保证了数据的安全性。

（二）分布式计算技术

分布式计算技术是一种计算方法，它允许多个物理或逻辑上分离的计算机（节点）通过网络连接来协同工作，共同完成复杂的计算任务。在分布式计算环境中，每个计算机或服务器都可以看作一个节点，它们通过通信协议相互协作，以实现数据的分布式计算。分布式计算主要包括下列关键特点。

（1）并行处理。分布式计算允许同时在多个处理器上执行计算任务，从而加快系统的处理速度。

（2）负载均衡。通过在多个节点间分配计算负载，可以避免单个节点过载，提高整体的计算效率。

（3）容错性。分布式系统设计通常能够容忍部分节点的故障，而不会导致整个系统停止运作。

（4）透明性。分布式系统的用户无须关心数据或程序在哪个具体节点上运行，系统对用户来说是透明的。

（5）可扩展性。分布式系统易于扩展，可以通过增加更多的节点来提高计算能力和增加存储容量。

（6）异构性。分布式计算环境中的节点可能具有不同的硬件架构和操作系统，但它们可以通过网络协议协同工作。

（7）去中心化。在分布式系统中，没有中心控制节点，各个节点通常具有自治性，能够独立地进行数据处理和决策。

（三）虚拟化技术

虚拟化技术是云计算的最关键技术之一，它为云计算服务提供基础架构层面的支撑。

虚拟化技术是一种资源管理技术，它对计算机的各种实体资源［CPU（中央处理器）、内存、磁盘空间、网络适配器等］进行抽象和转换，使其呈现为可供分割、组合和管理的逻辑资源。

通过虚拟化技术，可以在一台物理服务器上同时运行多个逻辑的虚拟机，每个虚拟机可以独立运行不同的操作系统和应用程序，为不同的用户提供服务，从而显著提高资源的利用率和灵活性，同时还可以提高系统的安全性与稳定性，降低管理和部署成本。

虚拟化技术的目标是把所有硬件设备、软件应用和数据等资源在逻辑上重新整合，实现全网资源的集中管理、动态分配和统一调度。其核心理念是以透明的方式提供抽象的底层物理资源，就是将原本运行在真实（物理）环境中的计算机系统或组件运行在虚拟（逻辑）环境中。经过虚拟化后的逻辑资源对用户隐藏了不必要的细节，用户可以在虚拟环境中实现其在真实环境中的功能。

因此，可以说虚拟化技术的本质是资源的抽象化。虚拟化技术将物理资源抽象为可以灵活分配的逻辑资源，允许多个操作系统和应用程序共享同一套物理硬件资源。例如，存储空间可以被抽象为虚拟硬盘，网络带宽可以被抽象为虚拟网络接口。

（四）负载均衡技术

负载均衡技术是一种用于在多个计算资源之间动态分配工作负载的方法，以确保云计算的高可用性、可扩展性和系统性能。

通常，云计算采用分布式计算和并行处理技术，将大型的计算任务分解成多个较小的任务，并分配给多个计算资源进行并行处理。负载均衡技术就是负责将这些任务均衡地分配给各个计算资源，以确保它们高效地协同工作。

负载均衡算法是确定如何将任务分配给计算资源的核心组件，它根据特定的规则（如请求的数量、处理时间、资源利用率等）来选择下一个要分配任务的计算资源。常见的负载均衡算法包括轮询法、最少连接法和 IP Hash 法等。轮询法是按请求顺序分配，最少连接法是将请求分配给连接数最少的服务器，IP Hash 法是根据客户端 IP（网际协议）地址分配请求。

负载均衡器是负责实现负载均衡功能的硬件设备或软件服务。它接收来自客户端的请求，并根据负载均衡算法将请求转发给适当的计算资源进行处理。负载均衡器还可以监控计算资源的状态，并在需要时自动重新分配任务，以确保系统的稳定性和性能。

负载均衡技术通常与弹性伸缩功能相结合，以自动调整计算资源的数量来应对工作负载的变化。当工作负载增加时，负载均衡器可以触发自动扩展过程，增加更多的计算资源来处理请求。相反，当工作负载减少时，负载均衡器可以触发自动缩减过程，减少不必要的计算资源，以节省成本。负载均衡技术还可以提高系统的高可用性和容错性，通过将任务分配给多个计算资源，负载均衡器可以确保即使某个计算资源出现故障或宕机，其他资源仍然可以继续处理请求，从而保持系统的正常运行。

总之，负载均衡的目的是提高系统的整体性能和效率，减少用户等待响应的时间，并确保单个重负载的运算可以被分担到多台节点设备上做并行处理。

四、云计算应用场景

云计算的应用场景非常广泛，涵盖了从基础设施到软件应用、从企业管理到数据分析、从个人应用到公共服务等多个层面。

（一）个人云服务

个人云服务是指面向个人用户的云计算服务，它通过互联网提供数据存储、文件共享、应用程序访问等服务。用户可以将自己的照片、文档、音乐等数据上传到云端，进行备份和存储，且可以随时随地通过互联网访问存储在云端的数据文件，不受地点限制；个人云服务可以同步和备份不同设备间的信息，如联系人、日历、照片等，保持数据的一致性；还可以同步智能手机和智能手环等可穿戴设备的健康数据，实现个人健康管理。

（二）企业云服务

企业云服务提供快速部署和迭代环境，支持企业建站、企业办公、企业营销、业务跨境和迁移上云等一站式服务。企业可以利用云服务器进行大规模的计算和数据分析，快速处理大量数据和复杂计算任务；云服务器提供协作和共享平台，支持企业团队通过云服务器共享数据、资源和工具,提高团队协作效率;云服务器支持虚拟桌面和远程办公环境的部署,适应家庭办公、移动办公等现代工作模式;云存储服务可以为企业提供可靠的数据备份和恢复机制,防止数据丢失或灾难发生,确保数据的安全性和可靠性;云服务器还可以为技术开发企业提供平台和环境进行应用程序的开发、测试和部署。

(三)政府云服务

政府云服务促进政府部门间的数据资源整合,打破"信息孤岛",形成统一的政府数据资源体系。构建统一的政务服务云平台,可以实现政务数据共享与业务协同,提供"一网通办"服务;通过云平台和城市运行数据分析,可以支持智能化城市治理,实现"一网统管";云计算为政府提供弹性的计算资源和服务,支持政府"一网协同"系统的开发和运行;云计算提供的计算能力和数据分析工具,可以帮助政府在灾害预警和应急管理中作出快速响应;政府利用云计算进行舆情数据分析,可以为政府决策提供科学依据,提高决策的精准性和有效性;云计算还可以支持数字化公共服务应用开发,如智慧交通、智慧教育等,提升公共服务的数字化、网络化、智能化水平。

(四)教育云

教育云支持在线教育,提供视频互动、在线协作等交互式学习方式,学生可以在任何时间、任何地点访问需要的学习资源,不但增强了学习的灵活性,还可以通过记录学生的学习轨迹,推动实现个性化教学和教育方式。

(五)医疗云

通过构建医疗专属云服务,可以支持医疗资源的整合,大幅提高医疗服务的协同效率。例如,实现远程诊断、远程监护和远程手术指导等服务;在云端管理患者的电子病历,实现患者的长期跟踪和管理;通过移动应用,支持患者和医护人员随时随地访问医疗服务;通过云计算平台,支持家庭医生提供连续性和综合性的医疗服务。

(六)金融云

金融云为金融机构提供稳定、安全的云基础设施,支持金融服务的高效运行。金融云提供的自动化和智能化工具可以帮助金融机构优化运营流程,提高服务质量;通过金融云,金融机构能够开发和部署移动应用,快速推出新的金融产品和服务,满足市场变化和客户需求;金融云提供的大数据处理能力,可以帮助金融机构深入分析客户数据,优化决策制定;使用金融云来部署和运行其核心系统,可以提升金融系统的可用性和灾难恢复能力;金融云服务支持金融机构接入先进的风险控制模型,提高风险管理的效率和准确性。

(七)云游戏

云游戏允许用户在不同终端设备上享受游戏,包括智能手机、平板电脑、电视以及个人电脑,而且不受设备性能的限制;云游戏平台的服务器端完成大部分计算和渲染工作,支持游戏用户无须购买昂贵的游戏主机或高性能 PC(个人计算机)即可体验高端游戏,尤其在需要大量计算资源的 VR 游戏中,云游戏可以提供更加沉浸式和交互式的游戏体验;云游戏技术还可以用于创建模拟的教育和专业培训环境,如驾驶模拟、手术模拟等,提供安全无风险的模拟实践。

(八) 物联网和智能设备

利用物联网设备收集的城市运行数据,可以通过云平台进行分析和处理,以优化城市管理和服务。传感器和智能设备被应用于农田,可以收集土壤湿度、温度等数据上传云平台,通过数据分析,指导灌溉、施肥等农业活动。智能制造系统(IMS)通过物联网连接和云平台管理,可以实现工业流程的自动化和优化利用;利用传感器网络收集的环境数据,如空气质量、噪声水平等,可以通过智慧云平台进行环保监测和监管。

第四节　数　据　中　心

数据中心是全球协作的特定设备网络,主要用于在网络基础设施上存储、计算、管理和分发数据资源。数据中心是云计算的基础设施,云计算在数据中心的基础上为各行各业提供云服务。

一、数据中心基本概念

数据中心是指在一个大型专用物理空间内,提供数据的集中处理、存储、传输、交换、管理以及服务运营支持等诸多功能的数据运营服务中心。

具体来看,数据中心通常包括配备高端服务器和存储产品的计算机机房及其支持区域,以及为其快速恢复和安全运行提供保障的配电与环境控制等基础设施等。这些设施是云计算提供安全、可靠、稳定、可扩展服务的重要支撑。

(1) 数据中心配备了高性能的服务器和计算资源,可以支持大量并发的计算和数据处理任务,使云计算能够提供高可扩展性和高灵活性的计算能力,以满足各种规模和类型的计算服务需求。

(2) 数据中心提供了大量的存储设备和备份系统,可以确保云计算环境中的数据安全可靠。通过冗余存储、备份策略和灾难恢复计划,数据中心可以防止数据丢失,并在发生故障时具有快速恢复数据的能力。

(3) 数据中心具有高速的网络连接和大量的带宽资源,可以确保云计算环境中的数据传输速度和稳定性,这对于分布式计算的应用来说至关重要。

(4) 数据中心遵循严格的安全规范标准,以保证云计算环境的安全性和合规性,并采用包括物理安全、网络安全、数据加密、访问控制等方面的安全措施,确保用户数据不被未经授权的非法访问所泄露。

(5) 数据中心还配备了先进的管理和监控系统,可以实时监控云平台的运行状态和性能指标,这有助于及时发现和解决问题,确保云平台运行的稳定性和可靠性。

数据中心已经成为数字经济的重要新型基础设施和国家重要战略资源。

数据中心为政府、企业、科研机构以及个人提供技术支持与托管服务,不但满足了各种行业应用对服务器、存储、网络等基础设施的技术需求,还可以为计算资源的安全可靠和稳定运行提供保障。在数据成为重要资产的背景下,数据中心通过强大的技术防护和监控系统,能够在极短时间内响应、排查和处理风险事件,避免数据泄露、篡改等安全风险。同时,数据中心提供的数据存储和备份服务,可以帮助用户进行数据备份和灾难恢复,免受数据丢失的风险。数据中心还提供高速而稳定的网络带宽,可以确保高效、安全的数据通信和关键业务应用服务的连续运行。

数据中心的技术水平和服务能力是企业与国家竞争力的体现。先进的数据中心可以给企业和国家带来竞争优势与战略价值,建设先进的数据中心能够提升国家在全球数字经济中的竞争力。数据中心的建设和运营能够吸引相关高科技集聚,创造大量就业机会,围绕数据中心的数据产业链可以形成区域经济增长的新资源、新动力,给我国的区域经济发展带来巨大的产业机遇。

当前,随着对环境保护和可持续发展认识的提高,数据中心越来越注重能源效率和环境影响问题,数据中心的绿色化、节能化成为重要发展方向。

通过采用节能技术、可再生能源和绿色建筑设计等措施,绿色数据中心可以减小能源损耗和对环境的负面影响。所谓绿色数据中心,通常指的是在全生存期内确保系统及其支撑设备安全、稳定、可靠运行的条件下,数据机房中的 IT(信息技术)系统、制冷、照明和电气等能取得最大化的能源效率与最小化的环境影响的数据中心。绿色数据中心的建设可以通过采用高效节能的技术和产品,优化数据中心的能源使用效率,从而降低能耗、减少碳排放,实现数据中心的绿色可持续发展。

二、数据中心系统组成

数据中心的设计和实施都需要遵循一定的原则与规范,以确保数据中心的稳定、高效运行和提供安全、可靠的服务。通常情况下,数据中心主要由网络架构、硬件设备、软件系统和配套系统等部分组成。

(一)网络架构

数据中心的网络架构是其重要组成部分,通常采用三层或多层结构设计,包括核心层、汇聚层和接入层。其中,接入层连接服务器和存储设备,提供对服务器资源的物理连接;汇聚层连接核心层和接入层,负责数据包的路由和转发;核心层连接数据中心内部的各个汇聚层,提供高速、大容量的数据传输能力。

网络架构的设计要以确保其稳定性、高效性为原则,实现数据中心的可扩展性、高带宽、低延迟等具体指标,以应对业务持续增长和技术革新的需求,满足数据中心内部各个业务系统之间的高速数据传输和实时性需求,以及实现数据中心的重要数据和业务系统的安全性、可靠性等要求。

(二)硬件设备

数据中心的硬件设备主要是实现计算和通信功能的设备,包括服务器、存储系统等计算设备,以及交换机、路由器、防火墙等通信设备。

服务器是数据中心的核心,负责数据资源的存储、处理和传输,服务器包括机架式服务器、刀片服务器和大型机等多种类型。存储系统可以实现海量数据的存储和访问,包括直连存储(DAS)、网络连接存储(NAS)和存储区域网络(SAN)等。

网络设备包括路由器、交换机、防火墙和负载均衡器等,负责管理数据的传输和流量控制。其中,交换机用于实现数据中心内部的局域网互联,路由器用于实现数据中心与外部网络的连接,防火墙用于实现入侵检测和网络安全协议,负载均衡器用于调整计算资源的分配来应对工作负载的变化。

(三) 软件系统

数据中心的软件系统主要包括操作系统、数据库管理系统、各种应用服务平台及运营管理人员等。其中,操作系统提供软硬件管理、任务调度等基本功能,数据库管理系统提供数据存储和检索服务,应用服务平台提供云计算平台等各种应用服务,专业的运营管理人员则负责数据中心的日常运营和管理。

(四) 配套系统

数据中心的配套设备是为了保证主设备正常运转而存在的底层基础支撑设备,包括供配电系统、散热制冷系统、物理安全和消防系统、监控和管理系统等。其中,供配电系统包括不间断电源和发电机,确保数据中心的稳定供电;散热制冷系统用于维持数据中心内部的平衡温度,解决服务器运行时大量散热的问题;物理安全和消防系统包括门禁、监控摄像头、生物识别扫描仪和消防安全设备等,保护数据中心免受物理安全威胁和意外安全事故;监控和管理系统用于监测服务器与其他设备的状态、故障等,并及时发出预警和响应处理。

三、新型基础设施建设与"东数西算"工程

(一) 新型基础设施建设

新型基础设施建设是以新发展为理念,以技术创新为驱动,以信息网络为基础,面向高质量发展需要,提供数字化转型、智能升级、融合创新等服务的基础设施体系。[①] 目前来看,其主要包括信息基础设施、融合基础设施和创新基础设施三个方面内容。

信息基础设施指的是基于新一代信息技术演化生成的基础设施,包括:以 5G、物联网、工业互联网、卫星互联网为代表的通信网络基础设施,以人工智能、云计算、区块链等为代表的新技术基础设施,以数据中心、智能计算中心为代表的算力基础设施等。

融合基础设施指的是深度应用互联网、大数据、人工智能等技术,对传统基础设施进行智能化改造后形成的基础设施,如智能交通、智慧能源等。

创新基础设施指的是支撑科学研究、技术开发、产品研制的具有公益属性的基础设施,包括重大科技基础设施、科教基础设施、产业技术创新基础设施等。

新型基础设施建设与传统基础设施建设(铁路、公路、机场)相比,内涵更加丰富,涵盖

---

① 国家发改委首次明确"新基建"范围 将加强顶层设计[EB/OL]. (2020-04-20). https://www.sohu.com/a/389706895_99895902.

范围更广,技术经济特点鲜明,更能体现数字经济特征。一是新基建的技术创新速度快,需要迭代式的开发和升级;二是在新基建中,数据和网络安全的重要性进一步突出,需要构建有效的数据流通制度环境和技术标准体系。

新型基础设施建设是我国应对第四次工业革命挑战、推动经济社会高质量发展的重要战略,短期有助于保障稳增长、稳就业,长期有助于培育新经济、新产业,是打造中国经济发展的新引擎,兼顾短期扩大有效需求和长期扩大有效供给的重要抓手,将有力推动数字化进程加速发展,促进我国经济结构的优化升级。

(二)"东数西算"工程

"东数西算"是通过构建数据中心、云计算、大数据一体化的新型算力网络体系,将东部算力需求有序引导到西部,优化数据中心建设布局,促进东西部协同联动。简单地说,就是让西部的算力资源更充分地支撑东部的数据运算,为中国数字化发展赋能。[①]

"东数西算"是我国为推动数据中心合理布局、优化供需、绿色集约和互联互通而实施的一项重大战略。通过全国一体化的数据中心布局建设,扩大算力设施规模,提高算力使用效率,实现全国算力规模化、集约化发展,将极大地提升我国的整体算力水平,为构建数字中国提供有力的支撑,为中国经济高质量发展注入新的动能。"东数西算"工程将实现全国算力、网络、数据、能源协同联动,对促进我国信息、装备、能源等行业突破关键核心技术瓶颈,抢占技术创新制高点,推动产业智能化,实现产品快速迭代和规模化应用,提升科技创新领域的影响力与竞争力具有重大意义。

"东数西算"有助于实现我国东西部地区在数据资源、能源供应上的优势互补,推动数据中心绿色发展。目前,东部地区算力需求旺盛,但在气候、资源、环境等方面不利于低碳、绿色数据中心的大规模建设。通过算力基础设施的西部迁移,可以充分发挥西部区域气候、能源、环境等方面的优势,引导数据中心向西部资源丰富地区聚集,扩大可再生能源的供给,促进可再生能源就近消纳,加强数据、算力和能源之间的协同联动,将有力推动我国数字经济实现低碳、绿色、可持续发展。

"东数西算"也是推动地方数字经济、实现区域均衡发展的重要举措。当前,我国东部地区创新能力强、数字经济发展迅速、产业发展相对完善,吸引相应的资金、人才和技术在东部不断聚集,而西部地区数字产业尚欠发达,人才、资金投入短缺的现象比较严重。通过算力设施由东向西布局,由数据流带动资金流、人才流、技术流从东部向西部有序流动,推动东部地区的互联网、大数据、人工智能等相关产业向西部地区延伸、转移,形成以数据为纽带的东西部协调发展新格局。

第五节　人　工　智　能

当前,人工智能正在以前所未有的速度改变着我们的生活和工作方式,成为科技创新的关键领域和数字经济时代的重要支柱。本节旨在深入探讨人工智能的基本概念、技术原

---

① "东数西算"三问[EB/OL]. (2022-02-17). https://www.gov.cn/zhengce/2022-02/17/content_5674406.htm.

理、应用领域以及面临的挑战和未来发展趋势。

一、人工智能基本概念

人工智能是一个包括许多领域的交叉学科,它通过让计算机模拟人类的智能行为和思维过程,提高计算机的智能水平,实现人机交互,以更好地服务于人类社会。

具体来说,人工智能是指通过计算机程序或机器来模拟、实现人类智能的技术和方法。它可以让计算机具有感知、理解、判断、推理、学习、识别、生成、交互等类人智能的能力,从而能够执行各种任务,甚至超越人类的智能表现。人工智能技术的核心是机器学习和深度学习等算法,它们通过大量数据的算法训练,使计算机可以自动发现数据中的规律,并进行模式识别、分类、预测等操作。

人类的智能通常是指能够进行抽象思维、能理解复杂理念、擅长从经验中学习,以及具有提出问题、分析问题、解决问题的能力。而人工智能是研究人类智能活动的规律,研究开发如何应用计算机来模拟、延伸和扩展人类智能的理论、方法与技术。

算法、算力和数据共同构成了人工智能的核心要素,使得计算机能够模拟、延伸和扩展人类的智能。

算法是 AI 系统的核心,它决定了机器如何学习、推理和决策。算法设计需要充分考虑数据的特性和应用场景,以实现 AI 系统的最佳性能和效果。

算力是指 AI 系统所具备的计算能力,包括硬件设备和软件系统的性能。强大的计算力可以支持更复杂的算法和模型,提高 AI 系统的性能和效率。

数据是 AI 系统的基础,它提供了机器学习和训练所需的原始材料。AI 系统通过大量的数据来训练模型,而且数据质量越高,训练模型的效率越高。数据的数量和质量对人工智能系统的性能有着至关重要的影响,丰富、多样、高质量的数据可以帮助机器更好地学习和理解世界。互联网数据是机器学习和 AI 训练的主要数据来源,因此,我国具有极大的人工智能研发优势。

人工智能发展分为运算智能、感知智能和认知智能三个阶段。

运算智能是人工智能发展的初级阶段,主要体现在计算机快速计算和记忆存储的能力上。在这个阶段,机器可以执行大量的数学运算和数据处理任务,但缺乏对外部世界的感知和理解能力。

感知智能是指机器通过传感器等设备获取外部世界的信息,并通过图像识别、语音识别等技术对信息进行理解和处理的能力。在这个阶段,机器能够像人类一样通过视觉、听觉等感知方式获取信息,并对其进行初步的处理和理解。例如,自动驾驶汽车通过激光雷达等感知设备获取周围环境的信息,并据此进行适当的驾驶决策和行动。

认知智能是人工智能发展的高级阶段。在这个阶段,机器不仅具有感知智能,还具有理解、推理、学习和自我改进的能力。认知智能使机器能够像人类一样思考和理解问题,甚至在某些方面超越人类的智能。例如,机器可以通过自然语言处理技术与人类进行流畅的交互,通过机器学习和深度学习技术不断提高自己的智能水平。

近年来,人工智能相关技术不断取得突破,产业化进程一再提速,逐渐成为引领未来、驱动新一轮科技革命和产业变革的新兴战略性技术。全球各国和地区纷纷抢抓产业发展机遇,升级人工智能战略,目前已有 40 多个国家和地区将推动人工智能发展上升到国家战略高度。

二、人工智能发展历程

人工智能的发展是一个不断探索和创新的过程。人工智能自诞生以来,相关理论和技术就持续演进。近年来,深度学习算法突破、算力大幅提升以及数据的海量积累,推动了人工智能逐渐从实验室研究走向产业化实践。

1950 年,阿兰·图灵(Alan Turing)提出了著名的"图灵测试",即如果一台机器能够与人类开展对话而不能被辨别出机器身份,那么这台机器就具有智能。这是评估机器是否能够展现出与人类不可区分的智能行为的测试方法。

1956 年,约翰·麦卡锡(John McCarthy)首次提出"人工智能"一词。同年,在达特茅斯学院会议上确立了人工智能为研究学科,标志着人工智能学科的正式诞生。

20 世纪 80 年代,人工智能开始将知识表示为语义网络,使机器能够更好地理解和处理自然语言。

20 世纪 90 年代,机器学习算法取得显著进步,神经网络等深度学习算法开始受到重视。这一阶段的代表性事件是 1997 年超级计算机"深蓝"战胜了国际象棋冠军加里·卡斯帕罗夫(Garry Kasparov),展示了计算能力在特定应用领域的发展潜力。

进入 21 世纪以来,深度学习算法在图像识别、语音识别和自然语言处理等领域取得了突破性进展,人工智能在各个领域的应用越来越广泛。

2011 年,谷歌(Google)推出了采用人工智能技术的无人驾驶系统,它结合了感知、决策和行动等多个 AI 系统,成为人工智能在实际应用中的一个重要里程碑。

2016 年,DeepMind 开发的 AlphaGo 战胜了世界围棋冠军李世石,推动了人工智能的研究和应用,逐渐被世人瞩目。

2023 年,OpenAI 发布了 GPT-4 模型,成为深度学习领域的最新里程碑。GPT-4 可以接受图像和文本输入,产生文本输出,在创造力方面表现出色,显现出超越以往模型的强大推理能力。尽管 GPT(生成式预训练变换器)在许多现实场景中的能力不如人类,但在各种专业和学术基准测试中展现出了接近人类水平的表现。

2024 年,OpenAI 发布 AI 视频生成模型 Sora,标志着人工智能在内容创作领域的重大飞跃。Sora 不仅是一个文本到视频生成模型,还可以创造出包含多个角色、特定动作类型以及与主题和背景相符的详细场景,展示了人工智能在理解真实世界场景并与之互动的能力,这是人类朝着实现通用人工智能(AGI)应用迈出的重要一步。

总之,人工智能从早期只学习文本数据,到联合学习文本和图像数据,再到如今可以处理文本、图像、语音三种模态数据,未来将朝着使用更多种图像编码、更多种语言以及更多类型数据的多模态模型方向发展。随着 AI 技术的不断成熟和应用的不断深入,人工智能将在未来的经济社会发展中扮演越来越重要的角色。

三、人工智能应用领域

从 AI 产业化的角度来看,技术迭代升级是人工智能发展的原动力,追求特定应用场景下的技术创新一直是人工智能的发展目标。

(一)自动驾驶

人工智能在自动驾驶领域的应用涵盖了从环境感知、决策规划到车辆控制等多个关键环节。AI 对多个传感器收集的数据进行融合,形成对环境的统一理解,实现对车辆周围环境的全面感知,包括交通法规、道路条件、其他车辆和行人的动态等,生成交通流预测和行为预测,用于 AI 决策支持,再通过控制算法和执行器转化为车辆的实际运动。

(二)医药医疗

人工智能在新药研发、临床试验和辅助诊疗等领域具有极高的应用价值。例如,通过 AI 对化合物的构效关系和预测药物晶型结构进行智能分析,可以加速新药的发现和开发过程,降低新药研发成本;通过 AI 分析历史数据预测临床试验结果,可以优化设计更有效的临床试验;通过 AI 可以分析健康数据,预测疾病风险,为预防医学提供支持;AI 辅助诊疗通过大量的医疗数据分析和医学影像分析,可以帮助医生进行疾病诊断,提高诊断的效率和准确性;AI 技术还被用于手术导航和机器人手术,提高手术的精准度和成功率。

(三)金融服务

AI 技术被广泛应用于金融服务行业创新,包括信用评估、财务规划、欺诈检测和预防、贷款处理、个人财务和投资组合管理等。例如,银行通过 AI 分析客户的风险偏好、收益目标和资产状况,提供智能投顾和个性化理财服务,以及用于信用评估、信贷审批、贷后催收等环节,实现智能风控和反欺诈;保险公司通过 AI 实现自助投保、业务办理、风险定价、图片定损等功能,能够更准确地评估风险,制定个性化的保险定价策略;证券公司通过 AI 技术分析市场趋势、历史数据,以及执行交易,提高交易的速度和决策的准确性,以及用于客户情绪分析和交易策略决策等;金融监管部门和金融机构通过 AI 技术实现智能与高效的市场监管及合规管理,提升风险研判预警能力和快速应急处置能力。

(四)交通运输

AI 被视为形成交通运输新质生产力的重要力量,为智慧交通的发展提供了全新的技术基础。例如,智能交通管理可以实现交通流量监控、事故检测、信号灯控制优化,以及通过实时数据分析来预测和缓解交通拥堵,提高出行效率。AI 在提高交通运输安全性方面发挥着重要作用,包括对驾驶员的行为监测、疲劳检测、事故预测和响应,以及通过车辆与道路基础设施之间的通信,提供及时的交通信息,以保障车辆运行的安全。

(五)生产制造

人工智能在生产经营领域的应用不仅提升了企业的运营效率,还为企业的创新发展和长期竞争力提供了支持。例如,AI 可以预测市场需求、优化库存水平和供应链流程,实现智能化供应链管理;在制造业中,AI 被用于优化生产流程,通过机器学习和数据分析提高生产线的效率与产品质量;利用图像识别和机器视觉技术,AI 能够检测产品制造过程中的缺陷,还可以分析设备数据,预测潜在的故障和维护需求,实现产品质量控制和预测性维护。另外,还可以通过 AI 监控及时发现和识别潜在的安全风险并采取预防措施,实现安全生产。

(六)智能家居

通过提高家居环境的便利性、舒适性、安全性和能源效率,AI 为用户创造了更加智能化和个性化的居住环境。例如,智能家居系统通过学习用户的行为习惯和喜好,自动调整家居设备的工作模式,提供个性化的服务和体验;用户可以远程控制智能家居设备,包括开启或关闭家用电器、监控家庭安防状况、调节室内温度和湿度等;通过自然语言处理技术,用户可以与智能家居设备进行自然而流畅的交互,实现语音指令识别和控制设备执行操作;AI 技术应用于智能锁,并允许用户远程控制和监测,及时识别并阻止异常活动,保障家庭安全;智能家居还可以通过智能调节照明和空调等设备的使用,实现智能化能源管理。

此外,人工智能还广泛应用于法律服务、智能客服、产品设计等行业场景,以及艺术创作、科学研究等应用领域。随着 AI 技术的不断进步,人工智能的应用将会更加广泛和深入,其潜力几乎覆盖了所有可以想象到的人类活动领域。

四、人工智能关键技术

(一)机器学习

机器学习是一种强大的人工智能技术,它通过算法让计算机系统利用数据进行学习,从而对未知数据进行分析和预测。机器学习专门研究计算机怎样模拟或实现人类的学习行为,以获取新的知识或技能,重新组织已有的知识结构,使之不断改善自身的性能,它能够使计算机系统具有自我学习和自我优化的能力,实现更高效、更准确的决策和预测。

机器学习被视为人工智能的核心,是使计算机具有智能的根本途径。机器学习的主要目标是使计算机系统能够通过对大量数据进行分析和学习,自动进行预测和决策。其核心思想是利用算法和统计学的方法来让计算机在没有人类干预的情况下从数据中"学习"到模式,并使用这些模式来进行自主的决策。

机器学习可以分为监督学习、无监督学习和强化学习三类。

1. 监督学习

监督学习是使用带有标签的数据集来训练模型,以便模型能够学习数据中的模式,并能够对新的、未见过的数据作出预测或分类。"标签"是指每个训练数据点所对应的结果,它们提供了数据点与其输出结果之间的直接关系。例如,图像识别中,输入数据集是各种物体或场景的图像,输出标签为图像所代表的类别(如猫、狗或汽车等);语音识别中,输入数据集是语音信号或其声学特征,输出标签为语音对应的文本。

在监督学习中,模型的目标是学习输入数据和其对应标签之间的关系。通过分析带有标签的训练数据集,模型可以学习到如何对新的、未见过的数据点作出准确的预测或分类。标签的质量、准确性和相关性对监督学习模型的性能有很大的影响。因此,高质量的标注数据是训练有效监督学习模型的关键。

2. 无监督学习

无监督学习用于处理没有标签的数据,其目的是让模型自行发现数据内在的结构和模式,而不需要事先知道数据的输出。例如,在社交网络中,聚类分析算法可以识别出紧密连接的用户群体,这有助于理解社交结构和传播模式;通过关联规则学习,超市分析顾客购买记录生成的数据,能够发现哪些商品经常一起被购买,从而优化商品摆放和促销策略。

无监督学习的关键优势在于它能够揭示数据中未知的模式和结构,这在数据探索、异常检测、数据压缩和特征学习等场景中非常有用。由于无监督学习不依赖预先定义的输出标签,因此它在许多实际应用中具有很高的灵活性和探索性。

3. 强化学习

强化学习是通过与环境的交互,来学习如何作出决策。在强化学习方法中,一个智能体通过执行一个动作,然后接收环境的反馈(奖励或惩罚),从中获得学习经验。也可以这样理解,强化学习是一种通过试错来进行学习的方法,模型根据当前的状态选择一个动作执行,然后根据执行后的结果来更新自己的策略。

强化学习的过程通常涉及观察环境、决策行动、奖惩反馈和学习更新几个步骤。例如,在使用强化学习来训练自动驾驶车辆的驾驶行为时,车辆首先通过传感器输入的数据观察环境,然后根据某种策略执行一个控制动作(如加速、减速或转向等),接着根据反馈结果(如是否安全、遵守交通规则、避免碰撞等),来调整、更新策略以获得最优的驾驶策略。

强化学习的目标是学习一个最优策略,其关键优势在于它能够在没有明确指示的情况下,通过试错来学习复杂的任务。强化学习适用于需要智能体自主作出决策并从经验中学习的应用场景,如自动驾驶、智能机器人等。

(二)深度学习

深度学习是一种可以自动学习数据特征的机器学习方法。它通过构建深层神经网络模型来自动学习样本数据的特征表示和模式识别,并实现对新数据的分类、识别、回归等任务。

深度学习的原理主要是基于人工神经网络的机器学习方法,它模仿人类大脑的工作原理,通过多层的神经网络实现对数据的自动学习和抽象表示。具体来说,深度学习的神经网络由大量的神经元(或节点)组成,这些神经元通过连接进行信息传递。每个神经元接收来自上一层神经元的输入,通过加权求和后经过激活函数得到输出,并传递给下一层神经元。这种层与层之间的连接方式使神经网络能够对输入数据进行非线性的建模和学习。

深度学习的关键特点包括多层结构、特征学习、大规模数据集和强大的计算能力。深度学习模型通常包括输入层、隐藏层和输出层。输入层接收外部输入的数据,中间的隐藏层进行特征抽象和表示,输出层给出最终的预测结果。整个学习过程通过迭代进行,不断调整神经元之间的连接权重和偏置,以使预测结果与实际结果之间的误差最小化。与传统的机器学习方法不同,深度学习能够自动学习数据的特征表示,而不需要手动特征工程。

深度学习还需要基于大量的训练数据和强大的计算资源,才能满足复杂的学习模式需求。

（三）生成式 AI 和多模态 AI

近年来,一些新的人工智能关键技术不断涌现,如生成式 AI(Generative AI)、多模态 AI(Multimodal AI)等。

生成式 AI 是一种新的人工智能技术,其核心目标是生成新的、原创的数据、图像、音频、视频或其他形式的内容。与传统的基于规则的程序或机器学习模型只能进行分类、识别或预测不同,生成式 AI 具有创造性,可以生成以前从未存在过的内容。生成式 AI 的工作原理是通过机器学习算法来学习和模拟现实世界中的数据分布,然后使用这些模型来生成新的、具有相似特征的数据。它可以基于给定的输入生成具有原创性的输出,这些输出可以是图像、文字、音乐等。

多模态 AI 是一种结合多种数据类型和智能处理算法的人工智能技术。在计算机领域,模态通常指的是数据类型,而多模态则意味着涉及多种数据类型。多模态 AI 旨在通过融合来自不同模态的信息,如文本、图像、音频、视频等,以实现更全面、准确的理解和分析。多模态 AI 的核心思想是对多种感官信息进行融合,模拟人与人之间的交互方式。这使多模态 AI 能够处理来自不同模态的信息,更好地理解场景,识别物体,理解语言和情感等,提高人机交互的效率和准确性。

生成式 AI 和多模态 AI 都是具有强大发展潜力与广泛应用前景的人工智能技术,随着技术的不断发展和完善,它们将在更多领域展现出其独特的优势和价值。

五、人工智能未来发展

人工智能的未来发展充满了无限的可能性和机遇。人工智能技术在未来可能会迎来一系列技术突破,这些突破将极大地推动 AI 的发展并拓展其应用领域。

深度学习技术将进一步成熟,实现更高效、更精准的模型训练和推理,推动 AI 在更多领域的创新应用,如自动驾驶、智能制造等。

随着深度学习技术的不断进步和数据量的增长,通用人工智能有望初步实现。通用人工智能是指具有人类智能水平的智能体,能够完成各种复杂的任务。AGI 将极大地推动机器人产业的快速发展,给智能客服、智能家居等领域带来巨大的商业价值。

生成式 AI 将在内容创作、虚拟现实、游戏设计等领域发挥引领性作用。例如,通过生成式 AI 技术,可以创建出逼真的虚拟角色和游戏场景,给用户带来沉浸式的体验。

多模态 AI 将得到进一步发展,可以实现更全面的理解和更准确的响应,这将在医疗、教育、社交、娱乐等领域产生深远的影响。

未来,AI 与生物技术的融合可能带来新的突破。AI 用于基因编辑、药物研发等领域,可以提高生物技术的效率和准确性。同时,生物技术也可以为 AI 提供新的数据来源和灵感。

当然,未来 AI 的发展也可能带来一系列问题和挑战,包括但不限于就业和劳动力结构变化、伦理和道德问题以及技术滥用问题等,这些问题需要未来社会制定更适当的政策和法规来引导与规范人工智能的发展。例如,制定积极政策鼓励企业创造新的就业机会,为失业工人提供再培训和职业转型的支持,以应对 AI 带来的劳动力结构变化;建立独立监管机构来监督 AI 的发展,明确 AI 决策过程应具有透明、可解释且公平特性,确保 AI 应用符合社会伦理和道德标准;制定相关法规来打击 AI 技术滥用行为,包括加强网络安全法规、打击网络攻击和自动化欺诈等行为,同时对滥用 AI 技术的行为进行严厉惩罚。

总之,未来人工智能技术的发展将呈现多元化、深度化和广泛化的趋势。技术突破将推动 AI 在更多领域的创新应用,给人类带来更多的便利和可能性。同时,也需要加强对 AI 技术的监管和治理,确保其健康发展并造福人类社会。

第六节 区 块 链

一、区块链基本概念

区块链是一种分布式账本技术,它通过去中心化的方式来记录和保存数据。每个数据块包含一组交易记录,并通过加密的方式与前一个数据块连接起来,形成一条难以篡改且透明的数据链。

从功能角度看,区块链技术是一种去中心化、使用密码学保证数据传输和访问安全、能够实现数据一致存储、难以篡改和伪造、防止抵赖的分布式账本技术。

从技术角度看,区块链是一种把多个数据块以链状方式组合在一起的数据结构。每一个数据块由区块体和区块头两部分组成,其中区块体用来存储当前一区块之后发生的交易记录,这些交易记录通过密码学算法进行加密和验证,确保数据的真实性和完整性;区块头包含时间戳和指向前一个区块的指针(哈希值),这样构建了一个从创始区块到当前区块的按时间顺序的区块链式结构,使得整条区块链的数据具有时序性和连续性。

从应用角度看,区块链被认为是新一代的价值互联网,它可能带来互联网的第二次革命。传统的互联网处理的对象是信息,而区块链处理的对象是价值。区块链是实现数据价值化过程中"价值表示"和"价值交换"的关键技术之一,它不但是实现价值表示的加密数字货币(通证)的最底层技术,而且构建了一个去中心化的可信任价值交换平台。

区块链的特点主要体现在以下多个方面。

(1) 去中心化。区块链不依赖于中央管理机构或第三方信任中介来维护系统的运行和数据的完整性,网络中的每一个节点都可以独立地验证和存储数据。

(2) 分布式特性。区块链是一个分布式的数据库,网络中的每个节点都是对等的,都可以创建、记录、验证和交换数据,而且所有的数据是分布式保存在各个节点上的,每个节点都拥有相同的数据副本,确保了数据的一致性和可靠性。

(3) 可追溯性。区块链中每一个数据块都包含一定数量的交易记录,以及指向前一个区块的哈希值,保证数据的完整性和可追溯性。

(4) 难以篡改性。一旦数据被写入区块链,由于区块链的共识算法和数据结构,篡改或伪造数据几乎是不可能的,从而保证了数据的真实性和完整性。

(5) 匿名性。区块链允许用户在一定程度上匿名参与交易,保护了用户的隐私。节点间的身份信息不需要公开,交易双方可以通过地址传递信息而保持匿名。

（6）透明性。区块链的数据对所有参与者公开,除了交易各方的私有信息被加密外,整个系统信息高度透明,任何人都可以通过公开的接口查询区块链数据。

（7）安全性。区块链的分布式特性和加密技术保证了区块链数据传输与访问的安全性。

（8）智能合约。智能合约是一种自动执行的合约,它可以在满足一定条件时自动执行预设的操作,如转账、验证交易等。智能合约提高了交易的自动化程度和效率,降低了交易成本和时间成本,使得区块链技术能够支持更复杂的业务流程和商业模式。

二、区块链架构与关键技术

（一）区块链架构

区块链架构通常指的是构成区块链系统的不同技术层次和组件,它们共同工作以确保区块链的运行和维护。一个典型的区块链架构包括数据层、网络层、共识层、激励层、合约层和应用层六个层次。

数据层是区块链的基础,封装了底层数据区块的链式结构,以及相关的非对称加密（RSA）技术和时间戳技术,实现区块管理、时间戳和哈希函数等具体功能。

网络层负责节点间的通信,包括 P2P 网络协议、数据传播机制和数据验证机制。这个层次保证了区块链网络中的节点可以独立且安全地交换信息。

共识层是区块链的核心,主要封装网络节点的各类共识机制算法,解决分布式环境下的信任和对数据的一致性达成共识。

激励层主要在公有链中出现,其目的是将经济因素集成到区块链技术体系中,鼓励节点参与到维护区块链系统安全运行中来,其功能是实现区块链的激励/奖罚机制,包括数字货币的发行和分配。

合约层封装了各类自动执行的脚本或程序,即智能合约。合约层将区块链系统的业务流程和逻辑规则以代码的形式实现,完成既定规则的条件触发和自动执行。智能合约层和激励层的功能同属于区块链可编程特性的实现,也可以统一定义为扩展层。

应用层是区块链技术在不同行业领域中各类应用场景的直接体现,主要分为价值交换、电子存证和授权管理三个大类,具体的应用场景包括数字货币、跨境支付、供应链金融、能源交易、电子发票、电子存证、防伪溯源、版权确权、社会征信等。

需要提醒的是,在不同的区块链平台和应用中,区块链的架构模型可能会有所简化或扩展,以适应不同的应用需求。上述六层模型提供了一个通用的参考框架,体现了去中心化、分布式账本、加密安全、共识机制等区块链核心特性。区块链技术通过这些特性,为各种应用场景提供了可靠、透明、安全的数据存储和传输解决方案。

（二）区块链关键技术

区块链主要依赖 P2P 网络技术、加密技术和共识机制等关键技术来实现其独特的架构和核心功能。

P2P 网络技术是区块链分布式架构的核心组成部分,它允许网络中的每个节点直接相互通信,而无须通过中心服务器。P2P 网络为区块链提供了去中心化的特性,增强了区块链的抗攻击能力和数据的安全性。

加密技术是确保区块链数据安全性和完整性的关键组成部分。常用的区块链加密技术包括哈希算法(Hash algorithm)、对称加密技术、非对称加密技术和数字签名技术等。

区块链利用哈希算法来确保交易的安全性。哈希算法可以将任意长度的数据压缩成一个固定长度的散列值,且这个散列值是唯一的。在区块链中,每一个数据块中的数据生成唯一的哈希值,用以确保数据块内容的完整性和不可篡改性。如果数据块中的任意一条交易记录被更改,该数据块的哈希值将发生改变,则表明该数据块已被篡改。常用的哈希算法包括消息摘要算法(MDA)和安全散列算法(SHA)。

对称加密技术是一种使用相同的加密密钥和解密密钥的加密方法,即通信的双方都需要使用相同的密钥进行加密和解密。对称加密技术的原理是通过对数据进行按位异或、替换等运算,将明文转换为密文。在解密时,使用相同的密钥对密文进行逆向运算,将密文恢复为明文。对称加密方法具有速度快、计算量小、加密效率高的优点,适合于对大量数据进行快速加密和解密。对称加密技术的安全性完全取决于密钥的保密性,一旦密钥泄露,加密的数据保护就会失效。因此,密钥的安全分发和管理是对称加密技术的关键问题。密钥分发问题是指如何安全地将密钥传递给通信双方,如果密钥在传输过程中被截获,则加密安全性就会受到威胁。密钥管理问题是指随着用户数量的增加,每个通信对都需要唯一的密钥,因此管理大量的密钥变得复杂且容易出错。区块链中,对称加密可以用于加密存储在节点上的数据,以防止未授权访问。常见的对称加密算法包括 AES(高级加密标准)算法、DES(数据加密标准)算法等。

非对称加密技术是指在加密和解密过程中使用公钥与私钥两个不同的密钥,公钥用于加密数据,私钥用于解密数据。公钥和私钥在数学上是相关联的,但即使知道公钥,也无法推导出私钥,因此具有较高的安全性。非对称加密的缺点是加密和解密都需要进行大量的数学运算,因此计算量较大、速度较慢。区块链中,非对称加密可以用来实现数字签名和验证签名,以及在加密货币中保证交易的安全性。RSA 算法是使用最广泛的非对称加密算法之一。

数字签名技术是一种用于验证数据传输过程中的完整性、非抵赖性和身份验证的密码学机制。数字签名确保了数据的发送者不能否认其发送的数据,因为签名是使用发送者的私钥生成的,只有发送者拥有对应的私钥。数字签名还可以验证数据在传输过程中是否被篡改,如果数据的任何部分被更改,签名验证将失败。数字签名技术的工作原理主要包括非对称加密算法和哈希函数。首先,发送方使用私钥对文档进行签名,而接收方则使用发送方的公钥来验证该文档是否被篡改过。其次,哈希函数的过程是单向的、不可逆的,文档的任何改动都会使其哈希值发生变化。通过将文档的哈希值与数字签名一起传输,接收方在得到数字签名后,对文档计算哈希值,并与发送的哈希值进行比较。如果两个哈希值相等,则表明文档完整无误。在区块链中,每一笔交易都包含一个数字签名,证明了交易是由拥有相应私钥的账户发起的,这增加了交易的可信度,并防止了欺诈行为。

共识机制是确定达成某种共识和维护共识的方式,它是区块链系统在不同节点间建立信任、达成共识、实现去中心化的核心技术。这种机制基于竞争式或投票式数学原理,通过共识协议实现安全的记账规则,从而保证了合规数据最终被全部诚实节点确认,实现了分布式账本数据记录的一致性和活性。在区块链系统中,由于没有像银行一样的中心化机构,所以在进行传输信息、价值转移时,共识机制解决并保证每一笔交易在所有记账节点上的一致性和正确性问题。常见的共识机制有 PoW(工作量证明)、PoS(权益证明)、DPoS(委托权益证明)、PBFT(实用拜占庭容错)等多种类型。

工作量证明是一种基于工作量来验证和确认交易的方式,通过竞争计算难题,只有成功计算出特定哈希值的节点,才能获得新区块的创建权和奖励。

权益证明是一种基于持有代币的数量和时间来确定节点权益的机制,权益越大的节点,获得新区块创建权的机会也越大。在区块链中,持有代币的节点可以通过质押一定数量的代币来获得成为验证节点的权利,验证节点负责验证和确认交易,并创建新区块。当新区块被成功添加到区块链中时,验证节点会获得一定数量的代币奖励。其中,PoS 代币是基于权益证明机制的数字货币。

委托权益证明是一种基于投票选举的共识机制,持有代币的节点可以将自己的投票权委托给信任的节点,由这些节点来代表他们进行新区块的创建和验证。

实用拜占庭容错是一种用于解决分布式系统中容错问题的共识机制。在这种算法中,每个节点都可以向其他节点发送一个消息,然后其他节点都会投票来决定是否接受该消息,如果超过半数的节点投票通过,则消息被认为是正确的,否则消息被拒绝。实用型拜占庭容错允许系统在存在一定数量的恶意节点(即拜占庭节点)的情况下,整个系统仍然能够正常运行并最终达成共识。

此外,还有权威证明、容量证明、重要性证明等其他的共识机制,这些共识机制在不同的区块链系统中得到应用,以满足不同的需求和场景。

三、区块链应用场景

区块链的架构设计确保了系统的去中心化、安全性和透明度,使其在金融、供应链、身份验证等多个领域或应用场景中得到广泛应用。

在金融服务中,各类金融资产如股权、债券、票据、仓单、基金份额等可以利用区块链技术形成数字资产,并在区块链上进行存储、转移、交易和结算,提高金融交易的透明度和安全性,降低交易成本。

在公共服务中,区块链技术可以提高公共服务的透明度和效率,如用于电子证照、不动产登记、数字身份管理、行政审批等政府和公共服务应用场景。

在医疗行业,区块链技术可以提高药品供应链的透明性和追溯性,通过记录药品的生产、流通和销售信息,可以实现对药品的全程追踪。其还可以用于电子健康病例的存储和管理,提高医疗数据的安全性和完整性。

物联网应用中,每个物联网设备都可以拥有一个独特的身份,区块链的不可篡改特性为物联网中的数据提供了安全保障,确保数据在传输过程中不被非法篡改。还可以利用智能合约实现设备间的交易和协议自动化执行,提高物联网系统的效率和可靠性。

供应链管理中,区块链可以帮助企业实时监控产品从生产到交付的整个过程,有效提高供应链的追踪溯源、协同效率和透明度。

网络游戏中,区块链允许玩家拥有游戏内资产的真正所有权,这些资产可以在区块链上自由交易,给游戏行业带来全新的商业模式。

此外,区块链还可以用于记录和追踪慈善捐款的使用情况,增强公益项目的透明度;可以提供版权登记、交易、维权等知识产权保护服务;可以用于学历证书的真实性验证,防止学历造假;可以对电子数据进行存证,确保电子证据的完整性和真实性等。

这些应用场景充分体现了区块链技术的多样性和灵活性,随着技术的进步和创新,未来的区块链技术可能会在更多领域展现其独特的应用价值和潜力。

第七节 物 联 网

一、物联网基本概念

(一)物联网的定义与特征

物联网(Internet of Things)是指通过信息传感设备将任何物体与网络相连接,按约定的协议,实现物体的互联互通和数据交换。物联网体现为物与物、物与人的泛在连接,实现对物体或过程的智能化识别、定位、跟踪、监控、管理等功能。

整体感知、可靠传输和智能处理是物联网的基本特点。整体感知是指利用智能传感器、射频识别技术、全球定位系统、红外感应器等传感设备实现感知、获取物体或过程的实时数据。可靠传输是指通过互联网(IPv6)、移动网络(5G)或无线网络(Wi-Fi),将感知数据实时、准确地传输给其他物理设备或云平台。智能处理是指通过云计算、大数据和人工智能等技术对感知或接收到的数据进行分析处理,实现智能化监测与控制。

物联网被视为继电信网、互联网之后信息科技产业的第三次革命,它把所有能够被独立寻址的普通物理对象构造成一个万物互联的网络。物联网的构造可以分为普通对象设备化、自治终端互联化和普适服务智能化三项主要内容,或者说这也是物联网的三个重要特征。

普通对象设备化是物联网实现万物互联的基础,它将普通物理对象通过内置或附加的智能设备(如传感器、微控制器、通信模块等)转变为能够收集数据、与外界通信并执行特定功能的智能对象。普通对象设备化包括下列多个关键功能。

(1)传感器集成。在普通物体中嵌入各种类型的传感器,如温度、湿度、压力、光线、运动等传感器,用于收集环境或物体状态的数据。

(2)数据处理。智能设备能够对收集到的原始数据进行初步分析和处理。

(3)通信能力。设备化的对象能够通过有线或无线网络与互联网或其他设备进行数据交换。

(4)智能控制。集成了控制算法的设备可以根据预设的条件或通过远程指令自动执行任务,如开关电器、调节温度等。

(5)唯一标识。每个设备化的对象通常拥有唯一的标识符[如 IP 地址或 MAC(媒体访问控制)地址],使其能够在网络中被准确寻址和识别。

(6)软件支持。设备化的对象通常需要软件系统的支持,包括嵌入式操作系统或固化应用程序等,以实现复杂的功能和用户界面。

（7）云服务集成。每个设备化的对象可以连接到云服务平台，利用云计算的强大能力进行数据存储、分析和远程管理。

（8）用户交互。设备化的对象可以通过智能手机 App、网页 GUI（图形用户界面）或其他应用程序与用户进行交互，实现对智能设备的有效控制和管理。

自治终端互联化是指物联网设备（终端）具备独立地与其他设备或系统进行通信和数据交换的能力。其中，自治终端指的是能够独立运行和作出决策的设备或系统，互联化意味着这些自治终端能够相互连接和通信，这种互联可以是设备之间的直接通信，也可以是通过云平台进行的间接通信。自治终端互联化通常包括自主通信、标准化协议、智能路由、自适应能力、去中心化、安全通信、设备发现、协同工作等功能和特点，以支持物联网实现智能化管理和服务。

普适服务智能化是物联网发展的重要方向。它是一个涵盖技术和服务的综合性概念，旨在通过技术方法提供更加智能的普适服务，以满足用户在各种场景下的个性化需求。它通过无处不在的感知与识别技术，将智能应用融入各种普遍存在的服务中，使得这些服务能够更加自动化、个性化，并能够根据用户的具体需求和行为模式进行自我调整与优化。其典型特征包括个性化定制、自动化处理、预测性分析和智能推荐、自适应学习、上下文感知、自然交互、集成智能等。例如，智能音箱不仅结合了语音识别、自然语言处理、人工智能等多项技术，还将网络访问、音频娱乐、信息查询、家居控制等多项功能集成于一体，为用户提供了全新的智能化生活体验。

物联网推动了数字化、网络化和智能化发展趋势。通过物联网，我们可以预见到一个万物互联和智能化的世界，无处不在的传感设备能够与智能化服务无缝协作，为人类提供前所未有的体验和价值。

（二）物联网的重要性

物联网技术有效推动了传统产业的智能化升级，带动了整体经济结构的变化，成为当前重塑生产方式和产业结构的重要基础设施与关键因素。物联网在智能制造、智慧农业和智能家居等领域的深度融合应用，深刻改变了传统产业形态和人们的生活方式。

物联网是建设智慧城市的重要途径。通过物联网连接城市中的各种设备和基础设施，对城市运行状态的实时监控和管理，可以为管理者提供实时、准确的数据和预测性分析报告，尤其在公共安全、城市管理、交通管理和社区建设等场景中，物联网能够显著提升社会治理的效率和智能化水平。

此外，物联网技术在科学研究、能源管理和环境监测等领域也发挥着重要的作用。科学研究中，可以利用物联网设备来监测和记录各种实验数据，有助于加速科研进程，提升实验的可重复性和精确性。通过物联网技术构建的智慧能源管理系统，可以通过实时数据采集、数据分析和智能控制，对能源供应与使用情况进行动态调整和分配，实现能源的优化利用。通过物联网还可以实时监测空气质量、水质等环境指标，为环境保护部门提供重要数据支持，帮助发现和解决环境问题。

总之，物联网的重要性体现在通过物与物、物与人之间的泛在连接实现智能化控制和管理，全面推动了社会、经济、环境以及人们生活的进步和发展。随着物联网的应用领域进一步扩大，其价值和意义也将更加凸显。

二、物联网技术架构

物联网技术架构通常指的是物联网系统中不同层次的组织和功能划分。物联网是一个复杂的分层系统,每个层次都有其特定的职责和功能。典型的物联网架构分为感知层、网络层、平台层和应用层。

感知层是物联网架构的底层,主要负责环境感知和数据采集。感知层设备多种多样,包括 RFID(射频识别)、红外感应器、全球定位系统、激光扫描器、摄像头、智能手机以及各种传感器设备等。这些设备能够实时感知和采集温度、湿度、压力、光照、声音、图像等环境数据以及物体、人体等各种数据。

网络层是物联网架构的中间层,负责数据的传输和通信,主要包括接入网络和互联网。网络层通过统一的通信协议,实现不同实体间的信息交互。由于物联网是一个异构网络,不同实体间的协议规范可能存在差异,物联网网关是连接无线传感网络与传统通信网络的纽带,用于实现不同类型网络之间的协议转换以及节点的远程控制。

平台层是物联网架构的核心层,负责连接物联网中的所有设备和应用,实现数据管理、设备管理、应用管理和安全管理等功能。数据管理负责对物联网中的数据进行存储、处理和分析,包括数据的清洗、整合、挖掘和分析。设备管理负责对物联网设备进行远程管理和控制,包括设备的注册、状态监测、固件升级等。应用管理负责对物联网应用进行管理,包括应用的部署、调度和监测等。安全管理负责保证物联网中的数据和设备的安全性,包括身份认证和访问控制等。平台层的本质是一种独立的平台系统或平台服务程序,对各种可以公用的能力进行统一封装,为物联网应用层提供中间件服务。

应用层是物联网架构的顶层,主要提供丰富的基于物联网的应用,涵盖了物联网的各种应用场景,如智能电网、智慧城市、智能医疗、智慧物流、智能家居等。物联网应用层将数据与各行业应用相结合,通过对数据进行的计算、处理和知识挖掘,实现对物理世界的实时控制、精确管理和科学决策,以满足具体的业务需求和提供应用服务。

此外,"云管边端"架构也是一种常用的物联网应用体系,它包括感知层、边缘计算层、网络层和云平台层。在这种架构中,感知层负责采集物理世界的数据,边缘计算层负责数据的预处理和分析,网络层负责数据的传输,云平台层负责为各种物联网应用提供云服务。

总之,物联网技术架构是一个多层次的、复杂的系统,它通过各个功能层之间的协同工作,构建了一个泛在智能的物联感知体系和普适服务的智能化应用。

三、物联网应用场景

(一)智能家居

物联网技术为智能家居提供了无限可能。例如,智能照明可以设置定时开关、亮度调节等功能,根据室内光线自动调整灯光;智能安防系统通过摄像头、门窗传感器、烟雾探测器等智能设备实时监控家中的安全状况,及时发现异常并自动发出警报;智能空调可以"学习"用户的生活习惯,自动调节室内温度和湿度,为用户提供更舒适的居住环境。

（二）智能交通

物联网技术用于交通监控和管理,可以优化交通流量、减少交通拥堵、提高道路安全。例如,智能红绿灯可以通过实时监测路口的行车数量、车距以及车速等信息,动态地调控交通灯的信号,提高路口车辆通行率;智慧停车可以实现停车资源的智能分配和管理,提高车位或充电桩利用率等。

（三）智能制造

物联网是智能制造的重要基础设施,在智能化生产、产品跟踪追溯、安全管理和能源管理等方面发挥重要作用。利用物联网可以实现对生产过程的各个环节进行监控和数据分析,优化生产流程,提高生产效率。同时,还可以通过记录、监测和分析设备数据,实时监测设备的状态,并在设备出现异常时,及时发现并预警,避免事故发生。

（四）智能医疗

智能医疗体系利用各种传感设备,可以实现患者信息的实时监控、查询和医疗安全控制,还可以构建以患者为中心的远程会诊和持续监护服务体系。例如,在家庭及社区环境中,可以通过配置生命体征监测仪器等智能穿戴装备,对患者进行生命体征信息的实时跟踪和采集,数据自动上传至物联网云平台,为医生提供实时的医疗信息和紧急救治措施服务。

（五）智慧城市

物联网是智慧城市建设中最重要的基础设施。在公用事业领域,可以实时监控公共服务设施的使用情况和维护需求,如垃圾箱满溢检测和智能垃圾回收、公共交通调度和共享单车管理、智慧路灯照明管理等。在公共安全领域,通过智慧警务云平台可以及时发现犯罪和实现警务快速响应,保证公民人身安全和财产安全。物联网技术还可以用于智能消防系统,实现火灾的早期发现和快速响应。

（六）智慧农业

物联网技术在农业领域的应用非常广泛,包括温室种植、水肥一体化、土壤墒情监测、气象监测和农产品溯源等方面。例如,利用物联网设备监测和采集农作物生长环境数据,如温度变化、降水量、叶片水分状况等,帮助农民全方位了解农作物生长状况,精准估算最优的水、肥料和农药用量,实施精准农业;温室大棚通过各种传感器实时监控温室内的环境条件,如光照、温度、土壤湿度等,并自动调节,以适应农作物生长的需要。此外,通过安装在农业现场的物联网设备和传感器,还可以进行远程农场监控和智能化农场管理。

（七）智能电网

在电力能源领域,物联网技术不仅支持实时监控电网的运行状态、优化电力分配,还可以实时监测和分析用户的用电行为,并通过需求响应机制平衡电网负荷。用户可以通过智能传感器监测能源消耗和分析能源使用模式,如智能照明控制。通过物联网技术,还可以将分散的能源资源如分布式发电、储能设备、可控负荷等聚合起来,形成一个统一管理和调度的虚拟电厂,支持分布式新能源的并网消纳和用户的多元化用能方式。

(八) 智慧物流

物联网技术可以用于物流跟踪和监控,优化库存管理,实现物流过程的自动化、智能化和透明化。例如,通过在货物上安装射频识别标签和传感器等设备,可以实时追踪货物的位置和状态;通过传感器和自动化设备可以实现智能仓储管理,包括货物的自动存取、分类和盘点;对于需要特定温度控制的商品,物联网设备可以提供全程的温度监控,使商品在运输过程中保持在适宜的温度范围内。

四、车联网

车联网是物联网在智能交通系统领域的一个典型应用,它是指利用传感技术感知车辆的状态信息,并通过无线通信技术、云计算技术和人工智能技术等,实现车辆内部、车与车、车与人、车与交通基础设施、车与云平台之间的网络连接和信息交换,以及车辆的智能化控制、交通的智能化管理和交通信息服务的智能辅助决策。

车联网实现了车内物联网、车际无线通信网、车载移动互联网和智能交通云平台之间的融合应用。车辆内部各设备之间的物联网连接,用于对各设备状态的实时监测与运行控制;车与车之间通过无线通信网络实现数据交换与信息共享,包括车辆位置、行驶速度等车辆状态信息等;车与人之间通过移动互联网络连接,使用户能够利用车载终端设备监测和控制车辆;车与交通基础设施之间通过智慧路灯等固定通信设施实现数据交换和信息交流,用于监测道路状况、实时交通指挥和自动导航等;车与云平台之间通过移动互联网或卫星网络进行通信,实时共享车辆状态信息或接受平台控制指令等。

车联网通常具有实时性、互联性和智能化的特征。实时性是指车联网能够通过传感技术实时收集、传输和处理车辆数据,为驾驶员提供准确、及时的信息;互联性是指车联网通过无线通信网和云平台将车辆、基础设施、云端服务等连接成一个整体,实现信息共享和协同工作;智能化是指通过云计算和人工智能技术,对海量数据进行实时处理和分析,进而实现自动驾驶、智能决策和智能交通管理等智能化应用。

车联网的主要应用场景包括自动导航和地图服务、智能驾驶辅助系统、远程监控和控制、车辆健康状态监测、能源管理和充电桩导航等。

第八节　工业互联网

一、工业互联网基本概念

(一) 工业互联网的定义与特征

工业互联网是新一代信息通信技术与工业经济深度融合的新型基础设施、应用模式和工业生态。它通过对人、机、物、系统等的全面连接,构建起覆盖全产业链和价值链的全新制造与服务体系,为工业产业的数字化、网络化、智能化发展提供了实现途径,是第四次工业革命的重要基石。

工业互联网不仅仅是互联网在工业的简单应用,而是具有更为丰富的内涵和外延。它以网络为基础、平台为中枢、数据为要素、安全为保障,既是工业数字化、网络化、智能化转型升级的基础设施,也是云计算、大数据、人工智能与实体经济深度融合的应用模式,同时还是一种重塑现代化工业体系供应链、产业链的新形态、新业态。

工业互联网的本质是通过开放的、全球化的工业级网络平台,把设备、生产线、工厂、供应商、产品和客户紧密地连接与融合起来,实现工业经济中各种要素资源的高效共享,进而通过自动化、智能化的生产方式,实现降低成本、提高效率目标,帮助生产制造业延长产业链,推动生产制造业的转型升级。

工业互联网的典型特征是数字化、网络化和智能化。数字化是指工业互联网将生产过程中的各种参数、数据、状态等通过数字化技术手段采集、传输、处理和存储,实现生产过程的数字化管理和实施;网络化是指将各种生产设备、工具、原料等通过工业互联网实现互联互通,形成一个高效的数据交换和信息共享平台,实现生产全过程、全要素、全系统的网络化连接;智能化是指工业互联网融合应用人工智能、大数据、云计算等数字技术,对生产过程中的各种数据进行分析、处理和优化,实现生产过程的智能化、自动化控制。

当前,全球经济发展面临着一系列新的挑战与机遇。一方面,传统经济发展遇到瓶颈,经济增长内部动力不足,需要通过新的技术与模式来推动产业升级和转型。另一方面,大数据和人工智能等新一代信息通信技术与传统工业相结合,可以提高生产效率、降低综合成本,帮助企业适应市场竞争环境的快速变化。基于这样的背景,工业互联网深度融合工业经济与新一代信息通信技术,通过构建全新的生产制造和服务体系,实现工业领域的数字化、网络化、智能化转型升级。

(二)工业互联网的重要性

工业互联网是推动工业经济持续繁荣和发展的重要基础设施。它在提升生产效率、促进产业升级、优化供应链管理、加速技术创新以及促进可持续发展等方面发挥着重要作用。

工业互联网通过实现设备、系统、人员之间的全面连接和协同,能够实时监控生产过程中的各项数据,优化生产流程,提高生产效率。同时,通过精准的数据分析和预测,企业能够降低库存成本、能源消耗和运营成本,提高经济效益。

工业互联网推动传统工业向数字化、网络化、智能化方向转型,促进了制造业与服务业的深度融合,催生了新的业态和商业模式,为产业升级提供了强大的动力。通过工业互联网,企业能够更快地适应市场变化,满足消费者个性化需求,提升企业竞争力。

工业互联网使得供应链中的各个环节能够实现实时信息共享和协同工作,提高了供应链的透明度和响应速度。企业可以更加准确地预测市场需求和供应链风险,优化库存管理和物流配送,降低库存积压和运输成本,提高供应链效率和可靠性。

工业互联网为技术创新提供了强大的支撑。通过收集和分析大量数据,企业可以发现新的市场需求和机会,推动产品和服务的创新。同时,工业互联网也促进了新技术和新应用的研发与应用,如物联网、云计算、人工智能等,为工业领域的发展提供了强大的技术支撑。

　　工业互联网有助于实现工业领域的可持续发展。通过优化生产流程和资源配置，降低能源消耗和排放，减小对环境的影响，工业互联网可以推动绿色制造和循环经济等创新模式，促进工业领域向绿色、环保、可持续方向发展。

　　总之，工业互联网正在改变着传统的工业生产和服务模式，推动着工业经济向数字化、网络化、智能化方向转型。未来，工业互联网将成为推动全球经济持续繁荣的重要力量，为工业领域的创新和发展提供强大的技术平台支撑。

二、工业互联网体系框架

　　工业互联网的体系框架包括网络层、平台层、安全层等多个层面。各个层面相互关联、相辅相成，共同构成了一个完整的工业互联网生态系统。

（一）网络层

　　网络层是实现工业互联网全系统、全产业链深度互联互通的基础，包括网络互联体系、标识解析体系和信息互通体系等关键组成部分。

　　网络互联体系用于实现工业系统中各要素之间的数据传输和交换，包括企业外网和企业内网。企业外网主要用于连接企业各地机构、上下游企业和用户，企业内网主要用于连接内部的人员、设备、环境、系统等。

　　标识解析体系用于实现设备、产品、系统之间的识别和定位。它通过给每一个设备或产品分配唯一的标识码，使得在工业互联网中能够准确地识别和定位这些设备或产品。标识解析体系包括国家顶级节点、二级节点、企业节点等多个层级，通过这些节点的协同工作，实现跨企业、跨行业、跨地域的信息交换和资源共享。

　　信息互通体系通过建立统一的数据格式、传输协议和接口标准，使得不同设备、系统、平台之间的数据能够相互理解和交换。

　　此外，网络层还包括一系列的网络技术和设备，如工业总线、工业以太网、5G网络，以及交换机、路由器、服务器等，这些网络基础设施为工业互联网提供了高效、可靠的网络连接和数据传输能力。

（二）平台层

　　平台层是工业互联网的核心，具体包括数据采集、数据预处理、数据存储、数据分析、应用开发框架、中间件等组件，这些组件共同为上层业务应用提供服务，使得企业能够快速开发、部署各种工业互联网应用。

　　在工业互联网体系中，平台层发挥了承上启下的作用。它向下对接海量工业装备、仪器和产品，通过数据采集和预处理等技术手段获取设备运行数据与生产数据；向上支撑工业智能化应用，通过数据分析、应用开发框架等技术手段为企业提供各种工业应用系统的快速开发部署。

　　此外，平台层还具备强大的资源管理能力，能够实现资源的优化配置和高效利用，推动制造能力和工业知识的标准化、软件化、模块化与服务化。

（三）安全层

安全层是工业互联网安全、稳定运行的重要保障，它通过对设备控制、网络平台、工业App、业务数据等各方面的安全问题采取多层次、多手段的安全防护措施，确保系统的可靠性、保密性、完整性、可用性等数据安全保护功能的实现。

通常，安全层包括建立安全管理制度和流程，以及采用先进的网络安全技术和设备，如防火墙、入侵检测系统（IDS）、数据加密技术等，以明确安全责任和权限，并保证系统的网络安全。此外，安全层还包括数据备份和恢复机制来加强数据保护，确保数据的可靠性和完整性。

三、工业互联网应用场景

工业互联网的应用场景主要涵盖生产、管理等多个方面。

（一）生产应用

工业互联网可以实现生产过程的数字化和智能化改造，通过工业机器人、自动化生产线等实现全面监测和控制。在智能制造领域，工业互联网平台可以帮助企业开发智慧工厂、数字孪生车间等数字化应用。

工业互联网可以通过传感器对生产过程各个环节进行实时监测和控制，及时发现产品质量问题，提高产品质量和稳定性。还可以利用传感器监测设备运行状态，实现预测性维修，提高设备的稳定性和可靠性，避免因设备故障导致的生产损失。

（二）管理应用

工业互联网可以对生产过程进行全面的监测、管理和控制，实现生产过程的智能调度和优化，还可以通过监测和分析生产过程，得出最优的生产计划，提高生产效率和灵活性。

通过工业互联网，还可以实现智能仓储管理和智能物流。例如，对仓库管理进行监测和控制，实时掌握货物的数量和位置，实现物流仓储过程的全面数字化和智能化管理。

（三）其他应用场景

工业互联网在能源管理方面也有广泛应用，如实时监测和控制能源设备的运行状态，对能源消耗进行实时分析和节约管理。在智慧城市建设中，工业互联网技术可以连接各个城市管理部门和公共设施，实现智慧交通、智能照明、环境监测等系统的无缝连接和集中管理。工业互联网还可以通过在生产与物流过程中记录和存储产品信息，实现对产品的全程溯源和智能监管。总之，工业互联网的应用场景丰富多样，充分体现了工业互联网在提高生产效率、降低成本、改善产品质量和实现智能制造等方面的巨大潜力。

思考题

1. 区块链和数字货币有什么关系？
2. 北斗系统的国家战略意义是什么？

3．人工智能技术将会给人类社会带来哪些风险与挑战？

即测即练

第三章

数据要素与数据价值化

本章学习目标

1. 掌握数据、数据资源、数字资产的相关概念及区别；
2. 掌握数据要素的定义、特点；
3. 深刻理解数据要素价值化的内涵及其实现路径；
4. 了解我国数据要素市场化的发展现状。

导言

数字经济时代背景下，数据要素成为国家基础性战略资源和关键生产要素。数据要素价值化作为促进数字经济与实体经济深度融合的核心环节，蕴含着巨大的价值潜力。

本章从数据相关的基础概念出发，明确了数据要素的定义及特点，阐述了数据要素对推进高质量发展、形成新质生产力具有重要作用，并对数据价值化的实现路径、数据要素市场化所面临的问题与解决思路进行了梳理和总结。

第一节　数据及其相关概念

数据要素的价值，在于它所蕴含的丰富信息与潜在知识，而实现这些价值，就需要对数据进行深度的挖掘和智能分析。因此，数据不仅仅是学习和理解数据要素的基础，更是激活和释放其潜在价值的载体。

一、数据的定义与特性

在不同的领域和文献中，对数据的定义可能有所差异，其中普遍认可的是《辞海》（第七版）中将数据定义为"描述事物的数字、字符、图形、声音等的表示形式"。

在《中华人民共和国数据安全法》（以下简称《数据安全法》）中，数据是指任何以电子或者其他方式对信息的记录。例如个人身份信息、个人浏览网页记录、消费记录等。

在计算机科学中，数据是对客观事物的属性、状态以及其相互关系等信息的抽象描述或表示。数据具有丰富的表示形式，不仅是数字、文字、字母、符号组合，也可以是图形、图像、视频、音频等。

从上述定义看,数据通常具有客观性、多样性和价值性等基本特性。客观性是指数据能够真实反映客观事物的特征和状态变化,具备很大程度的真实性。多样性是指数据的表现形式丰富多样,包括数值型、字符型、图像、音频等多种数据类型。价值性是指数据中蕴含的大量信息和知识,通过加工处理可以形成数据产品和服务,从而创造价值。

中国信息通信研究院认为,数据本身是无意义的原始事实记录,只有经过主体使用、分析和提炼,才会产生对人类有用的、具有特定功能的信息。数据能够承载信息,信息则是已经被加工为特定形式的数据。当今的技术和产业更强调数据作为原材料的独特价值,依靠数据驱动可以产生大量人类理性难以直接感知到的信息,这些信息是数据价值释放的一种结果。[①]

二、数据资源

当收集和存储数据的量达到一定规模之后,数据除了本身的记录信息功能,还具有了进一步挖掘其价值的潜力,这就是数据资源。

狭义的数据资源是指数据集合,主要包括政府公共数据、企业业务数据、外部市场数据、互联网生成数据、个人行为数据以及传感监测数据等。

广义的数据资源是指可以被识别、采集、加工、存储、管理和应用的原始数据及其衍生物,涉及数据的产生、处理、传输、交换的整个过程。

数据资源的特点是蕴含大量潜在的信息,可以通过加工处理后形成有价值的数据服务和产品,还可以长期保存和重复利用资源,实现数据价值递增。

因此,对数据资源的管理和应用,已经成为政府和企业数字化转型的重要工作内容,对促进我国数字经济发展、提升政府治理效率和企业竞争力具有显著的作用。

政府层面,数据资源是数字政府建设的核心要素,构建高效共享的数据资源体系是实现数字化赋能治理现代化目标的前提和基础。[②] 数据资源通过感知治理对象状态、分析潜在风险、挖掘知识和规律,为政府决策提供支持,提高政府决策的效率和精准度。通过数据资源的开放和共享,政府还能够提供更加便捷、高效的服务,实现一网通办、一网统管,增强政府工作的透明度和公信力。

企业层面,数据资源是企业进行市场分析、战略规划和运营决策的重要依据。有效管理和利用数据资源可以帮助企业获得竞争优势,给企业带来直接或间接的经济利益。数据资源还是技术创新和商业模式创新的重要源泉,数据资源的深入分析与应用可以促进产品和服务的创新,推动企业数字化转型和升级。

随着数据资源相关会计处理规定的出台,数据资源的管理和应用将更加规范化、系统化,进一步推动数据资产的价值实现和数据要素市场的健康发展。

---

① 中国信息通信研究院. 数据要素白皮书(2022 年)[EB/OL]. (2023-01-04). http://www.caict.ac.cn/kxyj/qwfb/bps/202301/t20230107_413788.htm.

② 创新管理机制,推动数据资源体系开放共享[EB/OL]. (2022-08-26). https://www.gov.cn/xinwen/2022-08/26/content_5706943.htm.

三、数据分类分级标准

2024年3月,国家标准GB/T 43697—2024《数据安全技术 数据分类分级规则》正式发布,该标准明确了数据分类与分级的基本原则。[①]

数据分类通常是根据业务特点和数据属性进行的。例如,按照行业领域,可将数据分为工业数据、电信数据、金融数据、能源数据、交通运输数据、自然资源数据、卫生健康数据、教育数据、科学数据等;从数据主体角度,可将数据分为公共数据、组织数据、个人信息三个类别,参考示例见表3-1;从数据描述对象角度,可将数据分为用户数据、业务数据、经营管理数据、系统运维数据四个类别,参考示例见表3-2。

表3-1　基于数据主体的数据分类参考示例

数据类别	类别定义	示例
公共数据	各级政务部门、具有公共管理和服务职能的组织及其技术支撑单位,在依法履行公共事务管理职责或提供公共服务过程中收集、产生的数据	如政务数据,在供水、供电、供气等公共服务运营过程中收集和产生的数据等
组织数据	组织在自身生产经营活动中收集、产生的不涉及个人信息和公共利益的数据	如不涉及个人信息和公共利益的业务数据、经营管理数据、系统运维数据等
个人信息	以电子或者其他方式记录的与已识别或者可识别的自然人有关的各种信息	如个人身份信息、个人生物识别信息、个人财产信息、个人通信信息、个人位置信息、个人健康生理信息等

表3-2　基于描述对象的数据分类参考示例

数据类别	类别定义	示例
用户数据	在开展业务服务过程中从个人用户或组织用户收集的数据,以及在业务服务过程中产生的归属于用户的数据	如个人信息、组织用户信息(如组织基本信息、组织账号信息、组织信用信息等)
业务数据	在业务的研发、生产、运营过程中收集和产生的非用户类数据	参考业务所属的行业数据分类分级,结合自身业务特点进行细分,如产品数据、合同协议等
经营管理数据	数据处理者在单位经营与内部管理过程中收集和产生的数据	如经营战略、财务数据、并购融资信息、人力资源数据、市场营销数据等
系统运维数据	网络和信息系统运行维护、日志记录及网络安全数据	如网络设备和信息系统的配置数据、日志数据、安全监测数据、安全漏洞数据、安全事件数据等

数据分级是根据数据在经济社会发展中的重要程度划分的。根据数据的影响对象和影响程度,其从高到低被划分为核心数据、重要数据、一般数据三个级别。

核心数据主要包括关系国家安全重点领域的数据,关系国民经济命脉、重要民生、重大公共利益的数据,经国家有关部门评估确定的其他数据。

---

① 国家市场监督管理总局,国家标准化管理委员会. 数据安全技术 数据分类分级规则:GB/T 43697—2024[S/OL].(2024-03-21). https://www.tc260.org.cn/front/postDetail.html? id=20240321201412.

重要数据是指可能直接危害国家安全、经济运行、社会稳定、公共健康和安全的数据。仅影响组织自身或公民个体的数据一般不作为重要数据。

一般数据是核心数据、重要数据之外的其他数据。

数据级别确定规则见表 3-3。

表 3-3 数据级别确定规则

影 响 对 象	影 响 程 度		
	特别严重危害	严重危害	一般危害
国家安全	核心数据	核心数据	重要数据
经济运行	核心数据	重要数据	一般数据
社会秩序	核心数据	重要数据	一般数据
公共利益	核心数据	重要数据	一般数据
组织权益、个人权益	一般数据	一般数据	一般数据

第二节 数 据 要 素

将数据作为生产要素,是我国首次提出的重大理论创新。继 2019 年党的十九届四中全会首次将数据纳入生产要素范畴后,2020 年 4 月,中共中央、国务院发布《中共中央 国务院关于构建更加完善的要素市场化配置体制机制的意见》提出加快培育数据要素市场,数据要素正式成为继土地、劳动力、资本、技术之后的第五大生产要素。

一、数据要素的定义与特点

"数据要素"一词是面向数字经济,在讨论生产力和生产关系的语境中对"数据"的指代,是对数据促进生产价值的强调,即数据要素指的是根据特定生产需求汇聚、整理、加工而成的计算机数据及其衍生形态。[1]

中国信息通信研究院认为,投入生产的原始数据集、标准化数据集、各类数据产品及以数据为基础产生的系统、信息和知识等,都属于数据要素讨论的范畴。其中,标准化数据集是指清洗、预处理之后的高质量数据集,数据产品是指分析、处理、加工后的数据商品和服务。

在数字经济时代,数据要素是与农业经济的土地和劳动、工业经济的资本和技术相等同的关键生产要素,已经成为推动我国经济高质量发展的重要力量。

与传统生产要素相比,数据要素具有一些显著的特点和优势。

数据首先作为独特的技术产物,具有虚拟性、低成本复制性和主体多元性。[1]数据是一种存储介质中的虚拟资源,主要表现为数据库或文件系统中的电子记录,因而可以在网络

---

① 中国信息通信研究院. 数据要素白皮书(2022 年)[EB/OL].(2023-01-04). http://www.caict.ac.cn/kxyj/qwfb/bps/202301/t20230107_413788.htm.

空间以相对较低的成本进行复制或复用,给数据要素带来了高效的流通性。同时,数据库中的每一条数据都记录了不同用户的信息,数据集的采集和汇聚规则又是由数据收集者设定的,数据的每个使用者都可能对所用数据进行一定程度的加工,因而数据的来源者、收集者和加工者,都是数据构建的参与主体。

数据的技术特性也影响着数据在经济活动中的性质。从经济学角度看,数据的使用具有非竞争性,相同的数据可以被多人同时使用而不会被损耗。在数据收集过程中,一个数据被某个主体收集之后,并不妨碍其他主体收集同样的数据,这意味着数据的使用具有潜在的非排他性。但是需要说明的是,在某种情况下,如数据所有权制度约束或者使用数据加密技术等,可以使数据具有一定程度的排他性,这主要取决于法律制度安排与数据自身的技术特征两个因素。[1] 非竞争性和非排他性是数据区别于土地、劳动和资本要素的最显著经济特征。

此外,数据还具有一定的社会公共属性。[2] 从单个用户获取的数据不仅涉及该特定个人的信息,还可能涉及相似用户群体信息,即采集、处理和共享一部分人的数据会影响其他更大范围人群的经济福利。因此,汇聚足够多的个人数据可以获得反映社会群体行为信息的集合数据,进而产生显著的经济外部性。如交通出行和平台评价数据等,这种具有社会公共属性的数据理应实现合理的所有权分配,至少不完全属于平台企业所有。

综上所述,数据要素的技术-经济特性及其无限增长的禀赋,打破了传统生产要素有限供给对经济增长的制约,为经济社会的可持续发展提供了基础与可能。

二、数据要素的重要作用

数字经济时代背景下,数据成为国家基础性战略资源和关键生产要素,对推进高质量发展、形成新质生产力具有重要作用。

(一)数据要素推动科技创新

数据要素正以其独特的方式重塑科技创新的路径,其影响力贯穿于知识技术创新、基础科学研究以及科研新范式的探索中。

数据要素通过其海量积累和深度分析,为知识技术创新提供了丰富的土壤。企业和研究机构可以利用大数据分析、机器学习等技术,从数据中识别模式、预测趋势,并据此开发新技术和产品。例如,在医疗领域,通过分析患者诊疗数据,可以开发个性化治疗方案和新药物。

数据要素为传统基础科学研究注入了新的活力。在物理学、生物学、天文学等领域,数据驱动的方法论促进了跨学科的融合,为解决复杂科学问题提供了新的视角和工具。例如,生物信息学就是利用数据分析技术来解析生物大数据,推动了基因组学和蛋白质组学等领域的发展。

随着数据科学和人工智能技术的发展,科研工作正在经历从传统的假设驱动向数据驱

① 李勇坚.数据要素的经济学含义及相关政策建议[J].江西社会科学,2022,42(3):50-63.
② 冯哲,胡海洋.新技术带来的传统生产要素权利保护与数据权利构建问题[J].上海法学研究,2021(1):14-30.

动科研范式的变革。科研人员利用大数据资源和先进的计算模型,进行知识发现和理论构建,从而发现新的科学规律和原理。这种基于数据的科研范式,不仅加快了科学发现的速度,也提高了研究的精确性和可靠性。例如,通过建立和训练人工智能模型,可以在材料科学、创新药物等领域进行高通量筛选和模拟,从而快速找到有潜力的研究方向。

(二)数据要素推动生产要素创新性配置

数据要素通过大数据分析和人工智能算法,能够精准识别资源配置的最优解,大幅提升资源使用的效率和效益。

在生产过程中,数据的实时监控和分析可以指导原材料的采购、库存的管理以及生产计划的调整,实现更加灵活和高效的生产调度。数字技术与生产要素的深度融合,能够促进智能制造和工业互联网的发展,使得机器、设备和系统之间能够相互连接与交流,推动生产自动化和智能化,从而激发新的生产模式和商业模式。

数智化平台成为连接各种生产要素的新纽带。通过整合分散的要素资源和需求,数智化支持按需生产和个性化定制生产,促进了资源共享和优化配置,推动了价值链的重塑和产业生态的构建,不仅提升了生产效率和经济活力,也为应对复杂多变的市场环境提供了新的解决方案。

(三)数据要素推动产业深度转型升级

数据要素不仅改变了生产和经营的方式,也为产业创新和经济增长提供了新的动力,成为推动产业深度转型升级的重要力量。

数据要素的集成和分析能力使得生产流程更加智能化。通过实时收集和处理生产数据,企业能够优化操作参数、预测设备维护需求、减少停机时间,并实现更加精准的库存管理。这种智能化不仅提升了生产效率,也提高了产品质量和客户满意度。

利用数据要素,数据分析能够帮助企业细分市场,定制产品和服务,满足消费者的特定需求,使得企业更好地理解客户需求和把握市场趋势,从而提供更加个性化的产品和服务,增强市场竞争力。

数据要素的流动性和连接性促进了不同产业间的融合,催生了新的业态和价值链。数据要素通过提供全面的市场和运营信息,加强了产业链各环节之间的协同。尤其是优化供应链管理、提升需求预测准确性以及加快市场响应速度等,都得益于数据要素的深度应用。

(四)数据要素推动全要素生产率提升

数据要素提高了生产过程中各种要素的综合利用效率,从而推动全要素生产率的提升。

例如,通过数据分析和机器学习,生产设备能够自我优化,实现更加智能和自动化的生产操作;通过数据要素提供的深入洞察和实时反馈,可以帮助企业优化资源配置,提高运营效率;通过数据要素整合供应链,可以实现原材料采购、生产计划和物流配送的优化,提高整个生产系统中不同生产要素之间的协同效率;通过对大量数据的分析和挖掘,企业能够发现新的商业机会和创新点,加速研发流程,推出更具竞争力的产品和服务;基于数据的决策支持系统能够帮助管理层更快地响应市场变化,制定更加精准的战略规划和运营决策;数据要素还可以帮助企业更好地识别和管理风险,通过对市场趋势、供应链状况和经营数据的分析,企业能够及时调整策略,规避潜在风险。

三、我国数据要素相关政策

数据作为数字经济时代的基石,对于推动经济的高质量发展和构建新的发展格局具有重大意义。党中央和国务院高度重视数据要素市场的发展,自 2020 年起,连续出台了一系列关键政策文件,为数据要素市场提供了坚实的基础和明确的发展方向。

2020 年 4 月,中共中央、国务院发布《关于构建更加完善的要素市场化配置体制机制的意见》,明确了数据要素市场制度建设的方向及重点改革任务,并首次明确将数据要素列为五大生产要素之一。

2021 年 3 月,《中华人民共和国国民经济和社会发展第十四个五年规划和 2035 年远景目标纲要》中强调,将激活数据要素潜能作为发展数字经济、推进数字化转型的重要举措。

2022 年 1 月,国务院印发《"十四五"数字经济发展规划》,提出强化高质量数据要素供给、加快数据要素市场化流通、创新数据要素开发利用机制等重点任务举措。

2022 年 12 月,中共中央、国务院印发《关于构建数据基础制度更好发挥数据要素作用的意见》(以下简称"数据二十条"),提出了"充分实现数据要素价值"等 20 条政策措施,这是当前指导我国数据要素行业发展的顶层制度设计文件。

2023 年 2 月,《数字中国建设整体布局规划》发布,强调了畅通数据资源大循环、构建国家数据管理体制机制,推动公共数据汇聚利用、释放商业数据价值潜能、加快建立数据产权制度。

2023 年 3 月,中共中央、国务院印发《党和国家机构改革方案》,提出组建国家数据局,负责协调推进数据基础制度建设,统筹数据资源整合共享和开发利用,统筹推进数字中国、数字经济、数字社会规划和建设等。

2023 年 8 月,财政部发布《企业数据资源相关会计处理暂行规定》,明确数据资源的会计处理,推动数据资源入表,有利于提升企业的数据资产意识,激活数据市场供需主体的积极性,为推动数据要素资产化迈出了关键一步。

2023 年 12 月,国家数据局联合多部门印发《"数据要素×"三年行动计划(2024—2026年)》,强调以推动数据要素高水平应用为主线,促进多场景应用,推动在 12 个领域发挥数据要素的乘数效应,释放数据要素价值,实现经济规模和效率的倍增。

2024 年 4 月,国家发展改革委办公厅、国家数据局综合司发布《数字经济 2024 年工作要点》,把构建数据基础制度作为年度工作的重中之重。该文件旨在推动数字经济与实体经济的紧密结合,鼓励数字技术在各行业的广泛应用与创新,为形成新的发展格局和实现经济的高质量发展提供有力的支撑。

通过这一系列政策文件,中国展现了从理念到实践,从体系建设到行业应用,逐步推进数据要素价值化、市场化的部署和行动,体现了党和国家务实求真的执政理念与对数字经济发展的长远规划。

第三节 数据要素价值化

数字要素价值化是连接数据资源与经济社会发展的桥梁。数据要素价值化的过程能够将无形的数据资产转化为具体的经济价值和社会利益,这将对我国企业的资源配置效率、产业结构优化以及社会治理模式的变革产生深远的影响。

一、数据要素价值化的内涵与重要性

数据要素价值化是指将数据资源通过一系列的处理和转化过程,使其成为能够直接参与社会生产经营活动、给使用者或所有者带来经济效益的数据资产或数据产品。这一过程包括数据采集、加工、存储、流通、分析等多个环节,旨在使数据在流动中产生价值。

数据要素价值化是当前我国经济发展的核心驱动力,它代表着将数据资源转化为可量化经济价值的过程,对于释放数据资源的价值潜力、推动社会进步和实现可持续发展具有不可替代的重要作用。

数据要素价值化是实现经济高质量发展的关键抓手。[①] 在数字经济时代,数据作为新型生产要素,具有基础性战略资源和关键性生产要素的双重属性。一方面,数据资源的丰富程度和质量直接关系到国家决策的科学性、经济发展的可持续性以及社会治理的精准性。因此,将数据视为基础性战略资源,是国家战略层面的重要布局,旨在通过数据的有效管理和利用,为经济、社会发展提供坚实的支撑。另一方面,数据已经深度融入生产、分配、交换和消费等各个环节,成为驱动产业创新和经济转型的关键力量。企业通过深度分析数据,能够洞察市场变化,精准把握消费者需求,从而优化产品设计、提升生产效率、实现个性化定制和精准营销。这种基于数据决策的生产模式,不仅显著提升了企业的市场竞争力,还催生了大量新产业、新业态和新模式,为经济增长注入强劲的新动力。

数据要素价值化是政府高效利用公共数据资源、优化公共服务、解决财政问题并推动经济可持续发展的重要途径。政府可以通过创建数据交易平台,促进公共数据的流通和交易,从而激活数据市场。开放数据和透明的运营机制,不仅可以吸引投资,还可以创造新的税收来源,促进政府财政收入的增长。数据要素价值化在政府公共数据运营中扮演着双重角色。一方面,它开辟了新的财政收入渠道,直接为政府财政问题提供一个全新的解决方案;另一方面,它通过提高公共服务质量和效率,间接为地方经济的可持续增长注入动力。政府还可以利用公共数据运营为中小企业提供市场分析、信用评估等数据服务,助力中小企业成长,为地方财政收入增长提供坚实的税基。

此外,数据要素价值化还关系到社会公平问题。授权公共数据运营将有利于实现数据价值的普惠性,避免数据资源的垄断和不平等现象。通过合理的数据开放政策,授权公共数据运营可以促进教育、医疗等公共服务的均等化,缩小数字鸿沟,提高社会整体福祉。

---

① 孙克.数据要素价值化发展的问题与思考[J].信息通信技术与政策,2021,47(6):63-67.

二、数据要素价值化的实现路径

数据要素价值化的实现路径,是一个从潜在价值到现实生产力逐步释放的过程。这一过程不仅仅深刻影响着企业的运营模式,更对宏观经济的未来发展产生了深远的影响。

通常认为,数据要素价值化包括资源化、资产化和资本化三个关键阶段。

(一)数据资源化

数据资源化是指将原始数据转化为具有潜在价值、可再利用的数据资源的过程。这一过程通常包括数据的采集、整理、清洗、加工、资源形成与存储等多个环节,旨在提高数据的可用性、准确性和价值性。

1. 数据采集

数据资源化的第一步是广泛而精准地采集数据。数据来源可能包括企业内部数据库、社交媒体平台、公共数据授权、物联网设备、市场调研等。数据采集的技术手段或方法,可能包括使用 API(应用程序编程接口)自动抓取数据、通过爬虫技术从网页中提取数据,或者直接从数据提供方获取数据文件等。数据采集的目标是确保数据的丰富性、实时性和准确性。

2. 数据整理

采集到的原始数据往往是杂乱无章的,需要进行初步的整理和组织。这一阶段需要将数据按照一定的规则和逻辑进行分类、排序与初步的组织,形成有序的数据集合。同时,通过元数据管理系统,记录数据的来源、时间戳、格式等关键信息,用以数据质量的追踪和管理。数据整理的目标是使数据更加有序和易于管理。

3. 数据清洗

在这一阶段,数据需要被严格审查,识别并删除那些错误、不完整、重复或无关的数据,以减少或减小数据中的噪声和异常值。之后,需要对数据进行标准化处理,如统一数据格式、转换数据单位等,以确保数据的一致性和可用性。数据清洗的目标是提高数据的质量和准确性。

4. 数据加工

在数据清洗的基础上,需要进一步对数据进行加工处理。这一阶段,首先要对敏感数据进行脱敏处理,以保护个人隐私和商业秘密。然后利用数据聚合、关联分析、趋势预测等数据分析技术,对数据进行深入挖掘和分析,提取有价值的信息和规律。

5. 数据资源形成与存储

经过上述步骤处理后的数据,形成了具有一定规模、高质量、可重用的数据集合,即数据资源。将数据资源存储在专门的数据库或云存储平台中,用以满足后续的数据检索、应用和共享需求。同时,还应建立必要的数据管理和维护机制,确保数据资源的持续更新和优化。

此外,数据安全保护也是数据资源化的重要组成部分。在资源化过程中,需要采取适当的技术和管理措施,确保数据的安全性和合规性,防止数据泄露、滥用或未经授权的访问。

总之,数据资源化强调对数据的全面管理和深度利用,旨在挖掘、发现数据背后的潜在价值,为企业决策提供科学依据,为创新增长提供不竭动力。通过数据资源化,企业能够更精准地把握市场趋势、优化资源配置、提升运营效率。

数据资源化的最终目标是使数据成为企业的核心资产之一,推动业务创新和发展,提升市场竞争力。

(二)数据资产化

2023年8月,财政部印发《企业数据资源相关会计处理暂行规定》,为企业如何将数据资源纳入其财务报表提供了明确的规范。数据资源入表,标志着数据从资源到资产的转变,不仅仅提升了数据资源的经济价值,更为企业数据资源的合理估值、交易流通及收益分配奠定了坚实的制度基础。

数据资产是指由组织(政府机构、企事业单位等)合法拥有或控制的数据,以电子或其他方式记录,如文本、图像、语音、视频、网页、数据库、传感信号等结构化或非结构化数据,可进行计量或交易,能直接或间接带来经济效益和社会效益。[①]

数据资产化是一个将企业内部和外部的数据转化为具有商业价值的资产的过程。它通过将数据资源转化为数据资产,进一步提高了数据的价值密度,使数据资源的潜在价值得以充分释放。数据资产化将数据作为企业的重要资产,对其进行合理的配置、管理和使用,以实现企业的经济价值和社会价值。

在数字经济时代,数据资产化已经成为推动经济增长和创新的关键驱动力。数据资产化的核心在于将数据资源转化为具有经济价值的资产。这不仅仅涉及数据的收集、整理和存储,更包括数据的分析、应用和交易。数据资产化使数据的价值得以量化和货币化,从而在经济活动中发挥更大的作用。通过数据资产化,企业和组织能够充分释放数据的潜在价值,并利用市场机制实现价值的最大化,进而推动新产品、新服务和新业务模式的创新发展。

数据资产化的过程包括以下几个关键步骤。

1. 数据识别与评估

数据识别是在海量数据中发现并确认具有潜在经济价值的数据集。企业组织需要对数据的来源、类型、质量、规模和相关性进行细致的分析,并根据数据的独特性、稀有性以及与业务目标的一致性来确定哪些数据具有资产化的价值。

数据评估则进一步对识别出的数据集进行价值评估。数据的价值通常与它能够带来的洞察力、决策优势或新业务机会直接相关。评估方法包括成本法、市场法和收益法,这些方法有助于确定数据在交易或使用中可能产生的经济利益。

2. 数据清洗与加工

数据清洗是指去除数据集中的错误、重复或不完整的数据的过程。这一步骤对于提高数据的准确性和可靠性至关重要。数据加工则是对清洗后的数据进一步地转换和整合,以满足特定的业务需求或达到分析目的。

---

① CCSA TC601|数据资产管理实践白皮书(6.0版)[EB/OL].(2023-01-05).http://www.fjcio.cn/Item/8253.aspx.

通过有效的数据清洗与加工,企业组织可以将有价值的数据资源转化为高质量的数据资产,为数据分析、决策支持、客户洞察和产品创新提供坚实的基础。同时,高质量的数据资产也更容易在市场上获得认可和交易,实现数据的经济价值。

3. 数据确权与定价

数据确权指的是明确数据资产的所有权归属,包括数据的生成、收集、处理和使用者等各方的权益。确权的目的是解决数据的法律地位问题,确保数据资产的合法性、合规性和可交易性。数据定价则涉及对数据资产价值的量化评估,以确定其在市场上的交易价格。

数据确权与定价的有效实施,不仅能够促进数据资产的合理流通和充分利用,激发数据市场的活力,还能为数据资产的保护和监管提供保障,有助于维护数据资产所有者的权益和市场的公平竞争。

4. 数据流通与交易

数据流通指的是数据资产在不同主体之间的传递和交换。为了促进数据的有效流通,需要建立一个开放、透明、安全的环境,使得数据可以自由地在市场参与者之间转移。数据交易则是指数据资产作为商品在买卖双方之间进行的商业活动。

数据流通与交易的活跃度是衡量数据资产化成功与否的重要指标。一个健康的数据市场能够促进数据的创新应用,并为数据生产者和使用者创造一定的经济价值。

5. 数据资产管理

数据资产管理是一个综合性和系统性的过程,它涉及对数据资产进行全面的监控、维护和优化,以确保数据资产的价值最大化和风险最小化。良好的数据资产管理是释放数据要素价值、推动数据要素市场健康发展的前提与基础。[①]

数据资产管理主要包括资产登记、资产评估、资产维护、风险管理、合规性管理、数据治理等关键内容,其核心目标是创建一个持续的数据资产优化循环,通过不断的评估、维护和创新,使数据资产能够持续保持其价值和市场相关性。

(三)数据资本化

数据资本化作为将数据资源转化为可流通、可增值的资本的过程,正逐步成为释放数据潜力、提升数据价值的重要途径。

数据要素资本化是指通过市场化手段对数据要素进行投入、产出管理,将其转化为能够流通和增值的数据资本。简而言之,数据要素通过市场交易、金融创新,使数据形态和价值不断变化而实现价值增值时,数据要素成为数据资本。[②]

数据资本化是数据要素价值化的高级阶段。

在数据资源化阶段,企业通过对数据进行有效鉴别和标识,形成具有一定稀缺性的数据资源。数据资产化则进一步将数据资源转化为具有明确产权和价值性的数据资产。而在数据资本化阶段,数据资产通过市场交易、金融创新等方式实现价值的增值,进而成为数据资本。

---

① CCSA TC601|数据资产管理实践白皮书(6.0 版)[EB/OL].(2023-01-05). http://www.fjcio.cn/Item/8253.aspx.

② 杜庆昊.数据要素资本化的实现路径[J].中国金融,2020(22):34-36.

数据资本与数据资产既有区别又有联系。数据资本是能产生未来收益和现金流的数据资产,具有一般意义上的资本属性,即增值性。数据资产与数据资本的实体对象是相同的,但不同的是,只有能产生增值并实现收益分配的数据资产,才能称为数据资本。换句话说,数据资源转化为数据资产,进而通过市场化、证券化运营方式产生增值效益,就形成了可流通的数据资本。

数据资本化的具体实施主要包括下列步骤。

1. 数据资源盘点

企业需要对其拥有的数据资源进行全面盘点,包括数据的来源、类型、规模、质量等。还需要根据数据的敏感程度、价值大小等因素,对数据进行分类分级管理。不同等级的数据采取不同的保护措施和利用策略,以确保数据的安全性和可靠性。

2. 数据合规审查与确权

企业需要建立数据合规审查机制,对数据使用行为进行持续监控和评估,确保企业收集、处理、利用数据的行为符合相关法律法规的要求,如《数据安全法》《中华人民共和国个人信息保护法》(以下简称《个人信息保护法》)等。进而,企业需要明确数据的权属关系,包括数据的所有权、使用权、收益权等。通过数据确权,企业可以合法地利用数据资源,并为下一步的数据交易和资本化奠定基础。

3. 形成数据产品和资产

企业基于拥有的数据资源,开发具有市场需求的数据产品,这些产品可以是数据分析报告、数据 API、可视化数据图表等,并采用科学的方法对其数据资产进行评估,确定其市场价值和潜在收益。

4. 数据交易与流通

形成数据资产后,企业可以通过数据交易市场或交易平台,为数据买卖双方提供交易撮合、数据托管、安全保障等服务。数据交易市场需要制定明确的交易规则和流程,包括交易方式、交易价格、交易安全等方面,以确保数据交易的公平、公正和透明,维护数据市场的诚信和稳定运行。

5. 数据资本化

在数据交易市场,企业可以利用数据资产进行质押融资、股权投资等金融活动。同时,数据资产还可以作为投资标的物,吸引投资者进行投资,以获取数据资产带来的增值收益。

总而言之,数据资本化的核心在于激发数据资源的潜能,将其从静态的存储状态转变为动态的、能够创造收益的资产。数据资本化不仅仅是数据资产的一次性交易,更是一种长期的资产增值过程。通过持续的数据维护、更新和创新应用,确保数据资产的价值持续增长。

三、数据要素价值化的问题和挑战

在数字经济时代,数据要素价值化作为促进数字经济与实体经济深度融合的核心环节,蕴含着巨大的价值潜力,同时也面临着诸多复杂的问题与挑战。

(一)数据确权问题

数据产权的界定、保护和归属是实现数据要素价值化的基础,但目前尚缺乏统一的数据产权法律法规。数据产权不清、来源多样和管理复杂等问题使数据权利人的权益难以得到有效保障,进而影响数据的开放、共享和交易。

(二) 数据定价问题

数据价值的评估和定价是数据要素价值化的核心,但目前我国尚未建立统一的数据价值评估和定价体系。数据价值的内涵和外延难以界定,价值形成机制和影响因素复杂多变,衡量方法和标准不统一,这些都增加了数据价值化的难度。

(三) 数据流通问题

数据流通的规范和便利是实现数据要素价值化的关键,但目前我国尚缺乏统一的数据流通规则和平台。数据流通的主体和对象难以识别,过程和结果难以监管,效率和效益难以提升,"数据孤岛"现象严重,这些都限制了数据的流通和价值实现。

(四) 数据安全问题

数据安全是数据要素价值化的保障,但目前我国有关数据安全的法律法规尚不完善,责任和义务不明确,标准和技术不完善,监测和预警机制不健全。数据安全的保障不力可能导致数据泄露、滥用等风险,进而不仅损害个人隐私和企业声誉,还可能引发法律诉讼和经济损失。

此外,数据要素价值化所面临的挑战还包括诸如确保技术应用符合社会价值观和公共利益的伦理道德问题,以及加强数据科学和数字经济领域的人才培养等关键问题。

总而言之,数据要素价值化所面临的问题和挑战纷繁复杂,亟须政府、企业、科研机构等多方主体携手合作、共同努力,通过加快建立完善数据产权等相关法律法规、优化数据价值评估与定价机制、高效推进数据资源的共享与流通,以及强化数据安全保障等具体措施,才能有效应对挑战,加快数据要素市场化建设步伐。

第四节　数据要素市场

将数据纳入生产要素体系,建立数据要素市场,是实现数据价值化的关键步骤。通过市场机制的作用,可以实现数据要素的合理配置和高效利用。[①]

目前业内的主流观点认为,要推动数据要素市场的发展,首要任务是实现数据的"资源化、资产化、资本化"完整闭环。从数据资源到数据资产,需要面临的首要难题就是如何界定数据的权属关系。而从数据资产向资本的转化,则需要解决数据的定价问题。[②]

一、数据确权

数据确权是指确定数据的权利属性,主要涉及数据权利主体和权利内容两个层面。确

---

①　高富平,冉高苒.数据要素市场形成论——一种数据要素治理的机制框架[J].上海经济研究,2022(9):70-86.

②　侯鑫淼.数据确权解决"数据究竟归谁所有"难题,促进数据流通[EB/OL].(2024-05-10).https://mp.weixin.qq.com/s/KS169TD-_oKh7qyJiKlH5A.

定数据的权利主体,即明确谁对数据享有权利,这涉及数据的拥有者、生产者、使用者和管理者等角色,他们的身份和权限需要得到清晰的界定。确定权利的内容,即明确享有什么样的权利,包括数据的所有权、使用权、经营权、知情权、修改权、删除权等一系列权利的确认。

数据确权的目的是解决数据的法律地位问题,包括清晰界定数据资产的所有权,确定不同参与方对数据资产的使用权限,以及规定数据资产产生的经济利益如何在相关方之间分配,以确保数据资产的合法性、合规性和可交易性。

(一)数据确权的重要意义

从传统经济学角度来看,数据确权是实现数据流通和交易的重要前提。数据确权的核心是构建完善的数据产权制度,它在确保数据有序流通利用、保障数据安全、激励数据生产与供给等方面都将发挥积极作用。[①]

通过明确数据的权属关系和使用权限,数据确权为数据的有序流通利用提供了清晰的规则框架,这不仅能够促进数据在不同主体间的有效流动,还可以增强数据市场的透明度与信任度。在确权机制的保障下,企业和个人能够安心地参与数据交易与合作,共同推动数据的价值释放,激发数据作为新型生产要素的巨大潜力。

确立数据所有权、使用权等权益,可以明确数据责任主体,确保数据在处理、存储、传输过程中的安全可控。当数据权属清晰时,数据持有者会更加重视数据安全防护措施的实施,防止数据泄露、篡改或非法访问。同时,确权机制也为数据跨境流动提供了法律依据,有助于在全球化背景下构建更加稳固的数据安全防线。因此,数据确权是保障个人隐私、企业机密和国家数据安全的重要前提。

明确的权属界定保护了数据生产者的合法权益,使其从数据创造中获得应有的经济效益。无论是个人行为数据,还是企业运营数据,确权机制都为其价值的实现提供了可能。这极大地提升了数据生产者的积极性,同时促进了更多的数据创新,不断推动数据资源的丰富和高质量供给,满足多样化的数据市场需求,为数字经济的持续发展注入强劲的动力。

(二)数据确权的问题分析

数据确权问题长期以来是学术界争议的焦点,也是数据要素市场化的难点和堵点。

在理论层面,由于数据具有共同生产、多元主体以及使用上的非竞争性等特征,多个主体均能对同一数据主张不同的权利,这使在特定数据上为特定主体确立排他性权利变得异常困难。例如,在数据的生产、流通和使用过程中,涉及个人、企业、社会、国家等多个相关主体,这些复杂共生、相互依存的主体对数据持有不同的利益诉求,导致数据的所有权、使用权与流通权难以明确界定和有效掌控。此外,数据应用场景实时多变,数据权属关系在流通和使用过程中也存在一定的动态变化性,这就要求数据确权必须实时跟踪和更新数据权属信息,进一步增加了确权的复杂性和成本。

由此可见,数据具有非竞争性和公共资源的特点,这些属性与传统的生产要素及财产

---

① 数据确权:必要性、复杂性与实现路径[EB/OL]. (2024-03-15). http://www.nopss.gov.cn/n1/2024/0315/c219544-40196659.html.

存在着本质差别,导致现有的确权规则难以直接适用于数据资产,既不能简单套用传统的物权制度,也不能过分强调数据财产权的排他性保护。因此,当前学术界普遍认同的一种数据确权策略是推动数据产权分置,主张减少对数据所有权的绝对保护,强调数据使用权的可操作性,旨在保护数据产权的同时,促进数据的自由流通,通过平衡数据的保护和流通,促进数据资源的有效利用。这种确权思路不仅符合数据特性,也能够满足数据要素市场化的需求,并为数据治理提供了新的视角和解决方案。

在实践层面,我国当前尚未形成一套界定数据权属关系的全国性法律或行政法规体系。2022年初,《上海市数据条例》《深圳经济特区数据条例》和《浙江省公共数据条例》等一系列地方性规范文件相继问世,标志着地方立法在数据确权领域正积极开展着一些探索与实践。同年12月,中共中央、国务院发布了数据二十条,其在构建数据产权制度、促进数据要素流通与交易、明确数据要素收益分配机制以及加强数据要素治理等方面,提出了全面且系统的指导性意见,对于加快我国数据要素市场化建设进程具有里程碑式的意义。

然而,值得注意的是,地方性条例与中央政策文件在推动数据权益保护方面发挥了积极作用,但它们并不能完全替代全国性立法的必要性和重要性。数据权属关系属于基本经济制度的范畴,是法律保留事项。只有通过国家法律的形式明确数据确权的相关规定,地方立法才能在此基础上进一步推进和细化。因此,当前从国家层面加快数据产权及数据权益保护的相关立法工作,对于推进我国数据要素市场化建设,促进我国数据要素市场健康、可持续发展,显得尤为迫切和关键。

(三)中国特色的数据产权制度

数据产权制度是建立数据要素市场的基础制度之一,目前在全球范围内尚未有成熟的方案可以借鉴。因此,有必要在理论与实践相结合的基础上,明确我国数据要素市场的发展目标,构建具有中国特色的数据产权制度。

2022年,数据二十条提出,"推动数据产权结构性分置和有序流通,推进数据分类分级确权授权使用和市场化流通交易,健全数据要素权益保护制度,逐步形成具有中国特色的数据产权制度体系",标志着我国在探索建立数据产权制度方面迈出了关键一步。

(1)数据二十条摒弃了传统的"所有权"概念,开创性地提出了数据产权结构性分置制度。该制度规定:根据数据来源和数据生成特征,分别界定数据生产、流通、使用过程中各参与方享有的合法权利,建立数据资源持有权、数据加工使用权、数据产品经营权等分置的产权运行机制。

(2)数据二十条提出建立公共数据、企业数据、个人数据的分类分级确权授权制度。公共数据确权授权机制要求对各级党政机关、企事业单位依法履职或提供公共服务过程中产生的公共数据,强化统筹授权使用和管理;企业数据确权授权机制强调对各类市场主体在生产经营活动中采集加工的不涉及个人信息和公共利益的数据,市场主体享有依法依规持有、使用、获取收益的权益;个人信息数据确权授权机制要求数据处理者按照个人授权范围依法依规采集、持有、托管和使用数据,规范对个人信息的处理活动,不得采取"一揽子授权"、强制同意等方式过度收集个人信息。

(3)数据二十条提出了数据要素各参与方合法权益保护制度。其具体包括三个方面:一是推动基于知情同意或存在法定事由的数据流通使用模式,保障数据来源者享有获取或复制转移由其促成产生数据的权益;二是在保护公共利益、数据安全、数据来源者合法权益的前提下,承认和保护依照法律规定或合同约定获取的数据加工使用权,充分保障数据处理者使用数据和获得收益的权利;三是保护经加工、分析等形成数据或数据衍生产品的经营权,依法依规规范数据处理者许可他人使用数据或数据衍生产品的权利。

总体而言,数据二十条为数据确权的方向和目标提供了明确的指引。在此基础上,后续研究应当逐渐转向更为具体的规范构建层面,转向多元主体对数据的权利、义务和社会责任,以及不同数据交易场景中的权利和义务等具体问题上。这种模块化、立体化的数据产权制度架构,不仅仅是我国数据产权理论上的突破,更能确保在实践中得到有效实施和应用,最终推动我国数据要素市场的健康、有序运行。

二、数据估值和定价

数据估值是指评估数据资产在特定情境下的价值的过程,通常包括分析数据的质量、可用性、相关性、独特性以及它对业务决策和运营的贡献。数据定价是指确定数据资产在市场交易中的货币价值的过程,涉及数据的需求、供给、稀缺性以及潜在用户的支付意愿。

数据估值和定价虽有一定内在联系,但不能完全混为一谈。数据估值是基于数据生产者或使用者的角度,根据数据本身的特点进行价值评估,为价格发现提供参照基准,是相对静态的行为。而数据定价讨论的是市场行为中数据最终按什么价格交割,是动态的行为,它是以市场需求和市场竞争为导向,利用市场的价格发现功能进行竞价匹配的过程。[1]

(一)数据估值和定价的重要性

科学、合理的数据估值和定价机制,是构建健康、可持续的数据要素市场的必然要求。

对于依赖数据驱动决策的企业来说,数据估值发挥着至关重要的作用。首先,数据价值评估为资源的优化配置提供了科学依据,从而指导资源的精准投放,确保每一分投入都能产生最大的效益。其次,通过准确评估数据的价值,企业能够更加清晰地认识到自身在市场中的定位与优势,从而制定出更具针对性的竞争策略,有助于提升企业竞争力。最后,通过数据价值评估,企业能够及时发现并量化潜在风险,有助于企业制定更加精准的风险应对策略,保障企业的稳健运营。

合理的数据定价在激励数据供给、促进数据消费、维护市场秩序以及推动数据创新等方面均发挥着不可替代的作用。一是能够激励数据生产者参与数据生产和共享的积极性,有助于提高数据市场的供给量,以及数据供给的质量和多样性。二是通过明确数据价格信号,消费者可以更加清晰地了解数据的价值和成本,从而引导数据消费者的理性消费。三是通过建立公平、透明的定价机制,可以减少市场中的信息不对称和价格垄断现象,有助于保障数据交易双方的合法权益,维护数据市场的秩序和稳定。四是合理的定价机制,将有力推动企业和个人挖掘、发现数据的创新价值与应用场景,激发数据资源的创新活力。

---

① 中国信息通信研究院. 数据要素白皮书(2022 年)[EB/OL]. (2023-01-04). http://www.caict.ac.cn/kxyj/qwfb/bps/202301/t20230107_413788.htm.

（二）数据估值和定价的问题分析

数据估值是数据资产评估中最具挑战性的部分，因为数据价值是潜在的、多维度的，包括数据的业务价值、战略价值、创新价值和市场价值等，难以用单一指标来衡量数据价值。

传统的资产评估方法不完全适用于数据要素。对数据的估值来说，应用成本法的问题在于数据生产涉及多元主体，成本不易区分，且贬值因素难以估算；应用收益法时，数据的时效性、使用期限评估又成为难点；应用市场法时，又受制于数据要素市场尚不活跃，缺乏足够的案例支持。

传统的商品定价理论同样也难以直接适用于数据要素市场。构建公平、合理的数据定价机制，不但需要考虑数据的稀缺性、使用范围、时效性、隐私保护要求等，还需要建立公平、高效的数据交易平台和监管机制，确保数据交易的透明性、安全性和合法性。如果按照传统商品定价理论，数据的定价应该遵循价值决定价格、市场供求影响价格的基本逻辑，但由于数据价值评估到目前为止尚未形成统一规则，数据交易主体难以衡量和确定统一、合理的价格标准。

面对数据估值和定价的难题，还是需要结合数据要素自身特点，坚持发挥市场的决定性作用，同时更好地发挥政府指导作用，不断探索科学、合理的数据价值评估方法和价格发现机制。

（1）要从理论上深入研究数据价值评估的理论依据，分类、分场景搭建数据价值评估指标体系和评估模型。

（2）要在实践中培育专业化的数据资产评估机构，不断完善数据资产价值评估指标体系，推动数据估值与定价的规范化和标准化。

（3）要建立健全数据价格监管体系，通过反数据垄断、价格异动与风险预警等制度建设，对数据要素市场进行有效监管和合理调控。

三、数据流通与交易

数据流通是指数据在不同主体间进行传输、共享、整合与利用的过程，这一过程涉及数据的收集、处理、存储、传输及应用等多个环节。数据交易则是数据流通的高级形态，特指在明确的数据权属基础上，通过市场机制实现数据产品或服务的买卖行为。

当前，我国的数据流通和交易市场正处于持续、快速增长的阶段，但仍然面临着众多迫切需要解决的阶段性难题。

（1）配套规则体系仍不明确。现阶段，我国数据资源化、资产化等过程尚未完成，数据作为资产或商品直接进行流通的理论基础不够扎实，数据要素权属界定、分类分级、估值定价、收益分配等配套规则缺乏系统的框架体系。这不仅增加了数据流通和交易的难度与成本，还可能引发产权纠纷和法律风险。

（2）法律法规和标准体系尚不完善。尽管我国已经出台一系列关于数据安全和个人信息保护等方面的法律法规，但尚未对数据流通市场的准入、监管规则等给出清晰的法律界定。这将导致在实际操作中可能存在法律法规的模糊地带和监管空白，难以对数据流通和交易中的违法违规行为进行及时、有效的监管和处罚，有碍数据交易市场的健康。

（3）数据安全流通技术尚未完全成熟。目前，我国在数据流通和交易领域的技术创新与应用还存在不足，隐私计算、区块链等前沿技术在数据流通和交易中的应用还不够广泛与深入，技术标准和规范也尚未统一与完善，还不能完全满足多元模式下的数据流通和交易场景的实际应用需求。

四、我国的数据要素市场发展现状

目前，在全球范围内，数据流通与交易已成为数字经济发展的重要趋势。欧美发达国家通过建立数据保护法律体系、构建数据交易平台、推动数据跨境流动等方式，积极促进数据资源的开发、利用。同时，国际组织如世界贸易组织（WTO）、经济合作与发展组织（OECD）等也在积极探索数据流通与交易的国际规则和标准，以促进全球数据交易市场的发展。

为了促进数据的高效流通与合规交易，我国政府也采取了一系列积极举措，包括构建数据基础制度体系、加速数据交易场所的建设以及推动多层次数据交易市场的形成。截至2024年5月，我国共计成立了49家数据交易机构，其中北京国际大数据交易所、上海数据交易所、广州数据交易所、深圳数据交易所、贵阳大数据交易所成为五大头部交易所。

在交易标的层面，五大交易所都是以数据产品和数据服务为主，数据产品主要包括数据API、数据包、数据报告等，数据服务主要包括数据分析服务、数据采集服务、数据安全服务等。

在制度建设层面，五大数据交易所通过一系列创新模式，不仅推动了数据的合规流通，还积极应对数据确权、估值定价及安全交易等核心挑战，引领我国数据要素交易市场的创新发展。

北京国际大数据交易所成立于2021年3月。北京国际大数据交易所推出了全国首个分级分类交易模式，并在数据资产确权、分级管理及机构分类审核等方面取得了显著进展。同年11月，该所首发基于区块链技术的数字交易合约，涵盖交易主体、服务报价、交割方式、存证码等信息，构建了数据交易连续、真实、可追溯的高可信"动态交易账本"。

上海数据交易所成立于2022年1月。上海数据交易所率先提出"数商"概念，即以数据作为业务活动的主要对象的经济主体。2022年8月，该所首创设立了数字资产板块，9月又发布金融数据交易板块，以支持各类金融行业数据要素对接。2024年6月，上海数据交易所数据资产交易系统正式上线，有效推动了数据要素市场与金融要素市场的联动发展。

广州数据交易所成立于2022年9月。广州数据交易所明确将自身定位为服务实体经济和制造业的省级数据交易场所，采用"一所多基地多平台"架构，搭建了"横向到地市、纵向到行业"的全方位交易体系。它以各基地产品、场景为基础，开发陶瓷、能源、农业等行业特色数据产品，构建区域服务的数据交易产业生态。2023年12月，该所发布了全国首个"可信AI样本行业数据平台"，提供了安全、合规的AI样本数据供需对接和安全训练环境，有效解决了样本数据泄露和滥用难题。

深圳数据交易所成立于2022年11月。深圳数据交易所在全国首创动态合规体系，引入"信用＋合规"评估模式，构筑了企业自证、第三方评估、平台审核、专家委员会审核的交易合规"四道防线"。2022年6月，该所在全国首推数据商分级分类，打造多样化数据交易服务体系。2023年6月,深圳数据交易所与珠海市携手推动全国首个"政所直连"公共数据产品上市,在探索跨区域数据融合应用、公共数据市场化流通的道路上实现全国首创。

贵阳大数据交易所成立于2015年4月。2022年5月,贵阳大数据交易所发布了全国首套数据交易规则体系,涵盖流通交易规则、合规审查、成本评估、价格评估、资产价值评估、平台运营管理、数据商准入七个方面内容。2023年2月,该所上线全国首个数据产品交易价格计算器,将价格计算与数据质量、使用场景等因素相结合,为数据流通和交易提供更为科学、合理、有效的定价依据。

总体来看,这五大数据交易所各具特色,优势也不尽相同,它们在规范数据流通与交易、保护数据安全和隐私等方面发挥了重要作用。然而,我国的数据要素市场还处于起步阶段,不仅仅需要通过散点式探索积累实践经验,更需要在数据权属关系、估值定价机制、流通交易规则、安全技术支撑等市场构成要件方面,大力推进前瞻性的理论研究和系统性的制度设计,以全面夯实市场基础,确保数据交易市场的公平性、透明性、安全性与可持续性。

展望未来,随着技术的创新进步和市场机制的不断完善,我国的数据要素市场即将步入加速成熟的快车道。数据产品和服务将呈现更加丰富多样的形态,满足市场日益增长的多元化需求。数据交易活动将更加频繁与活跃,给企业和个人带来前所未有的机遇与价值。不同领域、不同行业之间的数据也将实现更深层次的融合创新,促进传统产业的转型升级,为经济发展注入强劲动力。同时,随着人工智能技术的广泛应用,数据交易市场的监管体系将变得更加智能化和精准化,为我国数据要素市场的健康、可持续发展提供坚实保障。

思考题

1. 数字经济发展中,如何有效发挥数据要素的重要作用?
2. 如何应对数据要素价值化所面临的问题和挑战?

扩展阅读 3-1　中共中央 国务院关于构建数据基础制度 更好发挥数据要素作用的意见

即测即练

第 四 章

数字产业化与关键核心技术

本章学习目标

1. 了解数字产业化的主要领域、发展现状及趋势；
2. 理解数字产业化的重要性；
3. 理解我国关键核心技术攻关的重要意义和举措；
4. 掌握我国关键核心技术攻关的重点方向。

导 言

　　数字产业化是数字经济的重要内容，也是数字经济发展的重要基础和动力源泉。作为推动数字经济发展的先导产业，数字产业化的主要目标在于通过技术创新和产业升级，促进我国产业结构转型为以数字科技为核心的新兴产业。

　　加快推进数字产业化进程，不仅是适应数字经济时代发展的必然要求，也是抢占全球经济发展新高地、构建国际竞争新优势的战略性举措。

第一节　数字产业化概述

　　数字产业化是数字经济的核心组成部分，它涵盖了与数字技术直接相关的产业领域。通常认为，数字产业化即信息通信产业，主要包括为数字经济发展提供技术、产品、服务和解决方案的电子信息制造业、软件和信息技术服务业、电信服务业、互联网行业等相关产业。

一、主要领域

（一）电子信息制造业

　　电子信息制造业是数字经济中具有战略性、基础性、先导性的重要产业，涵盖了从电子材料和元器件制造，到计算机和通信设备制造，再到消费电子、汽车电子、军工电子等产业构成的完整的电子信息产业链。

　　产业链上游主要是用于电子元器件和电子设备的专用电子材料的制造，包括半导体材料、光电子材料、磁性材料等。其中，半导体是电子信息产业的核心和基础材料，其导电性能介于导体与绝缘体之间,且导电性能可控。这种特性使得半导体产业成为电子信息产业的命脉,对于数字经济发展和国家安全战略具有重要意义。近年来,碳化硅、氮化镓和石墨烯等新型半导体材料在特定领域展现出独特的优势与应用潜力,给半导体产业发展带来了新的机遇。

产业链中游主要由电子元件及组件的制造产业构成。电子元件通常指的是在电路中起基础性作用的单一功能部件,它们是构成电子电路的基本单元,常见的电子元件包括但不限于电阻、电容、电感、二极管、连接器等。电子元件通常指的是具有一定复杂功能的电路组件,能够执行特定的电子功能,如集成电路、微处理器、传感器等。其中,集成电路制造是现代电子信息产业的核心环节,对我国经济社会发展、国家信息安全以及国防装备快速发展具有极其重要的战略支撑作用。

产业链下游涉及多个领域的电子设备或电子产品的制造和应用。例如,计算机制造包括个人电脑、服务器、笔记本电脑等计算机设备和外围设备;通信设备制造包括交换机、路由器、基站以及光纤通信设备、卫星通信设备等现代通信网络的基础设施;消费电子包括智能手机、平板电脑、家用电器以及智能穿戴装备等消费型电子产品;汽车电子包括智能辅助驾驶、车载导航、车载娱乐系统等电子设备产品;军工电子包括雷达系统、电子对抗、导弹制导系统等军事应用领域中的电子装备。

从未来发展来看,电子信息制造业将聚焦于高性能、低功耗与智能化三个重点方向,通过技术创新,为数字经济的持续发展奠定坚实的技术基础。值得注意的是,产业链的安全性已成为当前制约我国电子信息制造业健康发展的关键因素。因此,必须通过强化自主创新和核心技术攻关,来提升我国电子信息产业链、供应链的韧性和安全水平,确保我国数字产业化的健康、可持续发展和国家战略安全。

(二)软件和信息技术服务业

软件和信息技术服务业是指利用计算机、通信网络等技术对信息进行生产、收集、处理、加工、存储、运输、检索和利用,并提供信息服务的业务活动。它具有技术更新快、产品附加值高、应用领域广、渗透能力强、资源消耗低等突出特点,对经济、社会发展具有重要的支撑和引领作用。

根据我国国家标准《国民经济行业分类》(GB/T 4754—2017),软件和信息技术服务业分为软件开发、集成电路设计、信息系统集成和物联网技术服务、运行维护服务、信息处理和存储支持服务、信息技术咨询服务、数字内容服务和其他信息技术服务共计八大类。

软件开发是软件和信息技术服务业的核心领域之一,它包括基础软件开发、支撑软件开发、应用软件开发三个分类。基础软件开发是指能够对硬件资源进行调度和管理、为应用软件提供运行支撑的软件,包括操作系统、数据库、中间件、各类固件等;支撑软件开发是指软件开发过程中使用到的支撑软件开发的工具和集成环境、测试工具软件等;应用软件开发是指面向应用需求的软件和解决方案软件等,包括通用软件、工业软件、行业软件、嵌入式应用软件等。

我国政府高度重视软件和信息技术服务业发展。近年来,在政策和人才优势的加持下,我国软件和信息技术产业规模效益快速增长,产业结构持续优化,国际竞争力明显增强。操作系统、数据库、中间件、办公软件等基础软件开发领域取得一系列标志性成果。然而，产业基础薄弱、核心技术短板，以及产业链和供应链脆弱等关键问题尚未得到根本性解决，亟须加强产业的原始创新和协同创新能力，以打破我国数字化产业发展进程的瓶颈。

在快速发展的软件和信息技术服务业中，一系列革命性的技术创新正重塑着行业的未来格局。

产业生态方面，开源软件已成为软件产业创新的重要源泉。开源软件的开放性和协作性促进了全球开发者的知识共享与合作，不断推动行业的技术创新与快速迭代。

技术趋势方面，人工智能和机器学习将在软件开发中发挥更加核心的作用。利用人工智能技术和大型语言模型，可以根据文本描述自动生成程序代码，大幅度提高软件开发的效率和能力，为低代码和无代码平台提供更加强大与灵活的开发能力，推动软件产品向更高智能化水平发展。

低代码平台和无代码平台是近年来软件开发领域的创新概念，它为开发者提供了一种快速开发应用的平台。低代码平台通过可视化的拖放组件和模型驱动逻辑来构建应用程序，允许用户在平台上使用预构建的模块和较少的程序代码进行应用开发。无代码平台甚至不需要编写代码，只需通过拖拽组件和配置参数即可完成程序编写工作。

另外，云计算的普及催生了边缘计算技术。边缘计算是一种分布式计算模型，它将数据处理和计算资源放置在接近数据源的边缘设备上，以提供更快速、实时的数据计算能力。这种计算模式不仅具有降低延迟、优化带宽的作用，还能够有效增强隐私数据的安全性和数据处理的可靠性。实际应用中，边缘计算与云计算构成互补的"边云"协同计算模式，云计算适合需要集中计算和大规模数据处理的任务，而边缘计算则通过在本地处理数据，适合需要实时处理的应用，如物联网、工业自动化、自动驾驶、智能交通和智能安防等场景。

（三）电信服务业

电信服务业是数字经济的基础设施提供者，为整个数字经济体系构建了稳定、高效的信息通信网络。

电信服务业是指利用有线、无线的电磁系统或光电系统等各类通信网络资源，为用户提供语音通话、数据传输、图像传送及增值信息服务的综合性行业。

传统的电信服务业主要提供基础电信服务、增值电信服务和数据通信服务。其中，基础电信服务是电信服务业的核心部分，主要通过固定电话网络和移动通信网络为用户提供语音通信服务。增值电信服务主要包括短信、彩铃、来电显示等丰富的用户体验服务，以及面向政企客户的呼叫中心服务等。数据通信服务主要包括互联网接入服务、数据中心服务和数字内容媒体服务等。

我国电信服务业市场竞争格局相对稳定，中国电信、中国移动、中国联通三大运营商均拥有强大的技术基础和丰富的用户数据资源。随着数字经济的快速发展和数字中国建设的需要，各大电信运营商都在不断推进技术创新引领战略和积极布局新兴数据业务市场。

5G是我国电信服务业引领技术创新的典型代表。随着5G商用的应用场景不断拓展，电信运营商正在引领和推动智慧家庭解决方案的应用创新。借助5G网络、云平台、大数据、物联网以及人工智能等前沿科技的深度融合与应用，智慧家庭正逐步构建起一个高度个性化与智能化的生活环境。智能家居能够精准捕捉并响应家庭用户的多样化需求，为我们提供更加高效、便捷、舒适、安全和健康的家庭生活服务。

数据中心和云计算是新兴数据业务的基础服务设施。当前,各大电信运营商正在全力推进数据中心的智能化转型升级与算力网络的广泛布局,以满足日益增长的数据处理和存储业务需求。通过智能化改造,数据中心提升了运算效率与能源利用效率,强化了安全防护能力,为云计算业务提供了更坚实、可靠的技术底座。同时,算力网的构建进一步打破了地域限制,实现了计算资源的灵活调度与优化配置。这些新兴业务的快速发展,不仅仅极大地推动了我国电信服务业的技术革新与产业升级,更为数字化转型的深入实施与数字经济的高质量发展注入了强劲动力。

数字化转型是我国电信服务业的重要发展方向。作为技术创新的领军者,电信运营商的任务和责任就是成为我国各行业数字化转型的推动者。通过与其他行业深度融合和协同创新,电信运营商不断拓展服务领域和应用场景,为政企客户提供更加丰富的数字产品和技术服务,推动我国数字化转型进程。例如,为政府部门量身打造的智慧城市、政务云等行业应用解决方案,有效提升了政府治理的智能化、精细化水平。

广义的电信服务业,还包括广播电视服务和卫星传输服务。

卫星传输服务是指利用卫星通信提供数据传输和广播电视传输服务,以及导航、定位、测绘、气象、地质勘查、空间信息等新兴数据服务。

中国卫通集团股份有限公司(以下简称"中国卫通")是我国从事卫星运营服务业的核心专业公司,具有国家基础电信业务经营许可证和增值电信业务经营许可证。它通过投资、建设和运营通信广播卫星及配套地面测控和监测系统,为国内外用户提供广播电视、通信、视频、数据等传输服务。其业务涵盖了卫星运营服务、网络系统集成服务、综合信息服务等多个方面。

中国卫通还凭借自主可控的卫星通信资源,与三大运营商实现资源的深度整合与优势互补,共同为用户提供更广泛、更高效的卫星互联网服务。在 6G 等未来通信技术的研究与部署中,双方将携手构建高速泛在、天地一体、云网融合的综合性数字信息基础设施,共同引领和推动我国电信服务业迈向新的高度。

(四) 互联网行业

互联网行业是数字产业化的重要组成部分。经过 20 多年的快速发展,我国互联网行业已经形成多元化的分类领域。根据服务类型的不同,互联网行业可以细分为基础服务类、商务应用类、社交娱乐类和内容服务类等多种不同功能的互联网平台。

基础服务类互联网平台是为用户提供新闻资讯、信息搜索、信息分类与聚合等基础性信息获取渠道的互联网平台,如人民网、新华网、百度、58 同城等。

商务应用类互联网平台包括电子商务、网络教育、互联网金融和企业信息化服务等通过信息化手段推动商业活动的互联网平台,如淘宝、京东、携程、前程无忧、阿里云等。

社交娱乐类互联网平台包括即时通信、社交网络、网络游戏等为用户提供丰富的社会交流和娱乐体验的互联网平台,如腾讯、网易、完美世界、巨人网络等。

内容服务类互联网平台包括网络文学、网络视频、网络直播等提供内容创作与分享服务的互联网平台,如起点中文网、抖音、快手、小红书等。

当前,我国互联网行业继续保持着技术和模式创新驱动的发展趋势。数字技术创新将逐步推动互联网行业向更深层次的数字化和智能化转型,产业互联网将成为互联网行业的重要发展方向。

产业互联网基于互联网技术和生态,对各个垂直产业的产业链和内部的价值链进行重塑与改造,从而形成新的互联网生态和形态。产业互联网的目标是通过数字化转型,实现资源的优化配置,提升产业链的协同效率,降低企业运营成本,增强企业竞争力,并推动整个产业的升级和发展。

例如,百度的产业互联网战略以"云智一体"为核心,将云计算与人工智能技术深度融合,赋能传统产业,推动传统产业的数字化、智能化升级,构建开放、协同、共赢的产业生态。百度智能云是百度产业互联网战略的重要载体,它提供了包括云计算、大数据、人工智能在内的一系列云服务,帮助企业构建智能化的 IT 基础设施和业务系统。

京东智慧供应链与智能物流是互联网公司升级产业互联网的典型案例。它通过数字化、智能化手段对供应链进行全链条的优化管理,包括实时分析市场需求、库存情况、物流状态等多维度数据,为商家提供精准的库存管理和销售策略建议。同时,京东智慧物流借助云计算、大数据、智能机器人、无人机等前沿技术,实现了从仓储、运输、分拣到配送的全链路数字化与智能化管理,进而顺利完成了从传统电商向智慧供应链综合服务商的转型升级。

此外,跨界融合应用也是未来互联网行业的重要发展方向之一,它将催生出更多的新模式、新业态。例如,网约车服务是一种基于移动互联网技术的新型交通出行方式,用户可以通过智能手机 App 预约车辆和司机,享受快速、便捷的出行服务,推动了公共交通领域的数字化转型。菜鸟网络通过互联网平台整合商家和物流公司等各方资源,然后利用大数据、云计算、物联网等技术手段,打造了一个高效、智能的物流生态系统,实现从订单处理、仓储管理、配送服务到售后支持的全链条优化。与京东智慧物流不同,菜鸟网络引领了互联网融合物流行业应用的另一种创新商业模式。

综上所述,我国互联网行业在分类领域上呈现出多元化的特点,并在数字化、智能化、产业化和跨界融合等方面展现出广阔的发展前景。

二、重要意义

在新一轮科技革命和产业变革中,数字产业化不仅是推动我国经济转型、升级的关键力量,还是提升国家核心竞争力的重要途径,对于确保我国经济社会的可持续发展具有重要意义。

(一)数字产业化是推动技术创新的重要载体和平台

数字产业化是技术创新的重要载体。通过不断研发新技术、新产品和新服务,数字产业化推动了数字经济的持续创新和发展。这些创新成果不仅提升了数字经济的核心竞争力,也为其他产业的数字化转型提供了有力的支撑。数字产业化通过其强大的赋能作用,为技术创新的边界拓展提供了无限可能,极大地激发了全社会的创新动力,形成了一批具有自主知识产权的核心技术和产品,为我国在全球科技竞争中赢得了先机。

（二）数字产业化是培育新兴经济增长点的关键引擎

数字技术的创新发展，不仅催生了大数据、云计算、人工智能等一系列新兴产业，还推动了共享经济、平台经济等新型商业模式的蓬勃兴起。这些新兴产业与商业模式，凭借其卓越的成长潜力和创新能力，培育了众多具有强竞争力的新兴经济增长点，为我国经济高质量发展持续注入新的活力与强劲动力。

（三）数字产业化助力构建数字经济新生态

数字产业化正以前所未有的力量，加速构建数字经济与实体经济深度融合的新发展格局，塑造我国充满活力的数字经济新生态。这一新兴经济生态的建立，不仅为我国传统产业的转型、升级开辟了新路径，引领其向高端化、智能化、绿色化方向迈进，还能够显著提升产业的附加值与国际竞争力。

（四）数字产业化助力提升国际竞争力

在数字化浪潮中，数字产业化已经成为世界各国竞相发展的战略高地。我国通过深度推进数字产业化，积极参与全球数字经济治理体系的建设，加强在数字技术、标准、规则等方面的国际交流与合作，力求提升在全球价值链中的地位和影响力。值得注意的是，这种国际竞争力的增强不仅局限于经济领域，还广泛渗透到科技研发、文化传播乃至国防军事等多个关键维度。

（五）数字产业化助力提升国家治理能力

借助数字化手段，政府可以更加高效地收集、处理和分析信息，为科学化、精准化的决策提供坚实的支撑。这一过程不仅推动了政府治理现代化进程，还促进了公共服务的智能化升级，极大地增强了我国的社会治理效能，直接惠及民生福祉。此外，数字产业化还促进了文化的广泛交流与传播，加速了社会文明的进步步伐，为构建更加繁荣、开放、和谐的社会环境贡献了重要力量。

第二节　我国数字产业化发展现状与挑战

在全球视角下，数字产业化规模持续扩大，已成为推动各国经济增长的重要力量。特别是在北美、欧洲及亚太地区，数字技术的应用和普及程度较高，催生了众多具有国际影响力的数字企业和产品。它们通过技术和模式创新，不断地开拓新的市场领域，推动全球经济向数字化、智能化方向发展。

同时，全球数字产业化的竞争格局也日益激烈。一方面，发达国家凭借其技术积累和先发优势，在高端技术领域占据领先地位；另一方面，新兴市场国家也在加快追赶步伐，通过政策扶持和市场培育，努力提升本国数字产业的国际竞争力。

总而言之，全球数字产业化正处于快速发展和深刻变革之中，竞争格局既充满了挑战，也孕育着前所未有的新机遇。因此，促进国际合作与交流，共同推动数字技术的创新与应用,以更加开放、包容的姿态迎接数字经济时代的到来,应当成为国际社会的共识与行动指南。

一、发展现状

近年来,我国的数字产业化进程呈现出强劲增长和创新引领的态势,主要体现在网络基础设施、数字技术创新、产业链建设、市场规模、产业融合以及国际合作等多个方面。

(一)网络基础设施

我国的网络基础设施进入提速升级新阶段。5G 网络覆盖已达到平均每万人拥有 24 个5G 基站,基础电信企业 IP 骨干网、城域网、接入网的 IPv6 改造全面完成。算力基础设施达到世界领先水平,居全球第二位,8 个国家算力枢纽节点进入落地应用阶段。低时延、高可靠、广覆盖的工业互联网网络基本建成,具有一定区域和行业影响力的综合型、特色型、专业型工业互联网平台数量大幅增加。

(二)数字技术创新

我国数字产业化领域保持较高的创新热度,基础数字技术能力不断增强,尤其在人工智能、先进计算、5G/6G 通信等关键技术领域实现了突破性进展。人工智能技术的创新势头极为迅猛,引领了无人驾驶等多个行业的深刻变革。同时,在量子计算机、脑机接口等前沿科技领域的研发上也在加速推进,不断收获新的成果,展现出我国在数字技术创新方面的强大实力和潜力。

(三)产业链建设

在数字产业化领域,我国涌现出一批具有全球竞争力的领军企业。这些企业在技术创新、产品研发、市场拓展等方面取得了显著成就,不仅促进了市场规模的扩大,还推动了我国数字产业链的完善与延伸。从上游的基础技术研发和硬件设备制造,到中游的平台建设和软件开发,再到下游的应用服务和市场拓展,我国的数字产业已经形成了一条完整而庞大的产业链,极大地提升了我国在全球数字经济领域的整体竞争力和影响力。

(四)市场规模

我国数字产业化领域的市场规模实现了飞跃式增长。随着大数据、云计算、人工智能等技术的不断成熟和应用场景的拓展,数字产业化产品和服务的需求急剧增加。从云计算服务、大数据解决方案到人工智能应用,各类数字产品和服务在市场上迅速普及,推动了市场规模的急剧扩大。相关统计数据显示,我国数字产业化领域的市场规模已经连续多年保持高速增长,预计未来几年仍将保持这一趋势。

(五)产业融合

我国数字产业化领域的产业融合正处于蓬勃发展的阶段。目前,我国已建成全球规模最大、技术领先的 5G 通信网络和光纤网络,为推动数字产业与实体经济的深度融合奠定了坚实的基础。工业互联网、大数据、云计算等新兴技术在各个产业领域得到广泛应用,推动了制造业、农业、服务业等传统产业的深刻变革。同时,数字技术在生产、消费、服务过程中的广泛应用,不仅提高了全要素生产率,还催生了许多新产业、新业态、新模式,形成了新的经济增长点。

(六) 国际合作

我国数字产业化的国际合作正在日益深化,呈现出多维度、深层次的合作态势。一是政府间合作机制不断完善,如通过签署双边或多边合作协议,明确合作领域、目标和措施,为数字产业合作提供政策支持和制度保障。二是企业的国际化进程日益活跃,积极参与与国际市场竞争与合作,一方面通过海外并购、设立分支机构等方式拓展国际市场;另一方面积极寻求国际合作机会,共同开展技术研发、项目实施、市场拓展等商务活动。三是积极参与国际数字产业标准体系的建设,推动形成具有广泛共识和影响力的国际标准,提升我国在数字产业国际规则制定中的话语权和影响力。四是在数字贸易和跨境支付领域,通过完善跨境电子商务综合试验区建设、推动跨境支付体系创新等举措,推动构建开放、安全、高效的国际数字贸易体系。

总体来看,我国数字产业化的发展现状和趋势呈现出一系列积极向前的特点。未来,随着数字技术的创新发展和应用场景的广泛拓展,数字产业化领域的产业规模有望继续保持快速增长态势。同时,我们也需要关注数字产业化领域面临的挑战和问题,并采取有效措施积极应对,以构建开放、协同、健康、可持续的数字经济新生态。

二、挑战与对策

当前,全球新一轮科技革命与产业变革加速演进。从国际形势看,全球数字化变革浪潮涌现,各国深入推进数字化发展战略,推动国际数字领域竞争日趋激烈,数字时代的国际格局正在加速重塑。

从国内形势看,数字中国建设扎实推进,同时我国数字产业化发展仍面临一些制约。一方面,数字关键核心技术短板问题严峻,高端芯片、工业控制软件、核心元器件、基础算法等与数字产业相关的关键技术对外依存度依然较高。另一方面,基础研究能力有待提高,原创性、颠覆性技术储备不足,生成式人工智能技术创新、数字生态构建能力与国际领先水平仍存在较大差距。这些问题构成了当前我国数字产业化面临的严峻挑战与潜在风险。

在国家层面,数字关键核心技术的依赖风险可能对国家经济安全和产业安全构成严重威胁。这种风险不仅削弱了我国在全球产业链中的竞争力和话语权,还极大地限制了我国的产业升级和经济结构优化进程。随着数字技术迅速渗透到经济社会的各个领域,数据安全问题也日益凸显,数据泄露或被非法利用可能对国家安全和社会公共利益造成重大危害。

在企业层面,过度依赖外部技术会严重削弱企业的自主创新能力。若企业长期依赖外部技术,将难以在日益激烈的市场竞争中保持领先地位。此外,技术依赖还增加了企业的经营风险,一旦外部技术供应出现中断或价格上涨,企业将面临生产成本上升、产品性能下降等严峻困境,直接影响其市场竞争力,甚至威胁到企业的生存与发展。

　　由此可见,数字关键核心技术堪称国之重器,对推动我国经济实现高质量发展、确保国家安全均具有深远且重大的意义。掌握数字关键核心技术,不仅仅是我国实现高水平科技自立、自强的内在要求,更是积极应对新一轮科技革命和产业变革挑战以及抵御外部风险的战略选择,决定了我国在未来国际竞争格局中的地位和影响力。

　　当今世界正经历百年未有之大变局,我国既面临赶超跨越的重大机遇,也面临差距拉大的严峻挑战,需在重要科技领域有所作为,实现更多"从 0 到 1"的突破,在国际竞争中赢得主动。在此背景下,深刻理解集中力量打好关键核心技术攻坚战的重要意义,进而深入研究面临的主要难题和应对之策,十分重要。

　　2022 年 9 月,中央全面深化改革委员会第二十七次会议审议通过了《关于健全社会主义市场经济条件下关键核心技术攻关新型举国体制的意见》。会议强调,要发挥我国社会主义制度能够集中力量办大事的显著优势,强化党和国家对重大科技创新的领导,充分发挥市场机制作用,围绕国家战略需求,优化配置创新资源,强化国家战略科技力量,大幅提升科技攻关体系化能力,在若干重要领域形成竞争优势、赢得战略主动。

　　关键核心技术具有高投入、长周期、复杂性、战略性和垄断性等突出特点,健全新型举国体制是打好、打赢关键核心技术攻坚战的重要举措和制度保障。

　　健全关键核心技术攻关新型举国体制,就是要把政府、市场、社会有机结合起来,科学统筹、集中力量、优化机制、协同攻关。要加强战略谋划和系统布局,坚持国家战略目标导向,瞄准事关我国产业、经济和国家安全的若干重点领域及重大任务,明确主攻方向和核心技术突破口,重点研发具有先发优势的关键技术和引领未来发展的基础前沿技术。

　　2024 年《政府工作报告》中明确提出了"充分发挥新型举国体制优势,全面提升自主创新能力"的对策与部署,具体包括以下几项重要举措:一是强化基础研究系统布局,以增强原始创新能力;二是集成国家战略科技力量与社会创新资源,推进关键核心技术协同攻关;三是完善国家实验室运行管理机制,充分发挥国际和区域科技创新中心的辐射带动作用;四是强化企业科技创新主体地位,激励企业加大创新投入;五是加快形成支持全面创新的基础制度,深化科技评价、科技奖励、科研项目及经费管理制度的改革;六是加强知识产权保护,制定促进科技成果转化应用的政策举措;七是广泛开展科学普及,积极培育创新文化,大力弘扬科学家精神;八是扩大国际科技交流与合作,营造具有全球竞争力的开放创新生态。

第三节　数字产业关键核心技术

　　《中华人民共和国国民经济和社会发展第十四个五年规划和 2035 年远景目标纲要》为我国数字关键核心技术攻关指明了方向,明确聚焦高端芯片、操作系统、人工智能关键算法与传感器等核心领域,以及前瞻布局量子计算、量子通信等前沿技术。

一、高端芯片

　　高端芯片,通常被定义为在性能、功能或技术上达到卓越水准的芯片产品。它们是集成电路技术进步的标志性成果,代表着当前该领域的最高技术水平,并广泛应用于那些对芯片性能要求极高的领域,如人工智能、通信、医疗及航空航天等。

在设计与制造流程中,高端芯片采用了更为先进的工艺技术、构建了更为复杂的电路设计,并选用了更高级别的材料和封装技术。这些芯片不仅集成了数量庞大的电子元器件和功能模块,还通过精心的优化设计和先进的算法,显著提升了计算能力、数据传输速度和功耗控制效率,全面超越了普通集成电路。

当前,全球高端芯片产业主要由美国、欧洲及韩国等国家和地区的领先企业所主导,这些企业在芯片设计、制造工艺及封装测试等方面均拥有先进的技术储备和丰富的实践经验。

我国的高端芯片产业近几年取得了长足的进步,在芯片设计、制造工艺及封装测试等多个关键环节均实现了重要突破,正逐步缩小与国际先进水平的差距。在芯片设计方面,国内企业已能成功研发出多款高性能、低功耗的芯片产品;在制造工艺方面,中芯国际等企业正不断在先进制程工艺上取得新的突破;在封装测试方面,国内企业也已展现出了强大的竞争力。这些环节的协同发展,极大提升了我国芯片产业的自主创新能力和市场竞争力,为我国芯片产业链的完善提供了有力支撑。

经过多年的努力,我国在中低端芯片领域已实现了较大规模的国产替代,这些芯片在消费电子、家电、汽车电子等多个领域得到了广泛应用。同时,在高端芯片领域,国产替代也在稳步推进,以华为海思为代表的国内企业,在智能手机芯片领域取得了显著成绩,其推出的麒麟系列芯片不仅在国内市场上占据重要地位,还赢得了国际市场的认可。

此外,我国在芯片材料研发方面也取得了重要进展,不仅掌握了硅基材料的生产技术,还在研发碳化硅、氮化镓等新型半导体材料,以满足未来更高性能芯片的需求。

这些成就不仅彰显了我国芯片产业的发展潜力和实力,也为我国在全球科技竞争中占据更加有利的位置奠定了坚实的基础。未来我们相信,随着关键核心技术攻关新型举国体制的逐步推进,我国高端芯片产业必将取得更加辉煌的成就。然而,我们也需要清醒地认识到,与国际先进水平相比,我们在工艺节点、架构设计、算法与芯片融合、供应链安全以及生态系统建设等方面仍存在一定的差距。因此,我国芯片产业仍需进一步加强基础研究,深化技术研发,以全面缩小与国际先进水平的差距,实现更高层次、更高质量的产业发展目标。

二、基础软件

基础软件是为计算机应用提供基本功能和服务的一类软件。它是计算机软件系统的重要组成部分,主要作用包括提供底层服务和功能、提高软件开发效率和质量以及为应用软件提供稳定的运行环境。

根据其功能和用途的不同,基础软件可以分为操作系统、数据库管理系统,以及编程语言和开发工具等。

操作系统领域,全球市场上是以微软 Windows、苹果 MacOS(操作系统)和 Linux 系列为代表的操作系统占据主导地位,拥有庞大的用户群体和丰富的生态系统。在我国,麒麟OS 和统信 UOS 是国产操作系统的典型代表,它们基于开源 Linux 内核进行定制和优化,在安全性、兼容性、性能优化等方面取得了显著进展。例如,麒麟OS在内核安全、虚拟化技术、云原生支持等方面进行了大量创新,提升了系统的整体安全性和灵活性。同时,麒麟OS还积极融入国产CPU、数据库等软硬件生态,推动我国信息产业的自主可控发展。近几年,国产OS被广泛应用于政府、国防、关键基础设施等领域,逐步实现了国产操作系统替代。但在全球市场份额、生态系统完善度、用户体验等方面仍与国外主流产品存在一定差距。

数据库管理系统领域,全球市场上是以Oracle、Sybase、MySQL等数据库管理系统占据主要市场地位,拥有广泛的应用基础和强大的技术支持。在我国,以武汉达梦、人大金仓为代表的国产DBMS(数据库管理系统)在分布式架构、AI优化、云原生支持等方面进行了技术创新,表现出极高的稳定性和可靠性,逐步打破了国外DBMS的垄断。此外,国产DBMS在确保数据的安全性和隐私性方面占有先天的优势,广泛应用于我国的金融、政府、电信、能源等关键领域。近年来,我国的云数据库在技术创新上取得了显著进展,使得中国云数据库在全球市场上具备了较强的竞争力。例如,阿里云PolarDB数据库采用计算-存储分离架构和软硬一体化设计,能够提供极致的弹性计算和高性能,不仅在国内市场上占据领先地位,还积极拓展到亚太、中东、欧洲和北美等地区海外市场。

在编程语言市场中,C、C++、Java、Python等语言凭借其深厚的技术底蕴和广泛的用户基础,牢牢地占据了全球市场的领导地位。国产编程语言在与这些成熟的编程语言竞争时,遭遇了多方面的巨大挑战。首先是技术门槛问题,编程语言的研发需要深厚的计算机科学基础,这涵盖了编译原理、操作系统、数据结构以及基本算法等多个领域的知识,而我国在基础研究能力上的不足,在一定程度上限制了国产编程语言的创新与发展。其次是用户习惯问题,用户长期形成的编程习惯和对特定语言的依赖,导致国产编程语言在推广过程中面临用户接受度低的难题。最后是生态系统建设问题,编程语言不仅仅是语法和语义的集合,更重要的是其背后的生态系统,包括开发工具、基础库、体系框架、社区支持等。构建一个强大的生态系统,不仅需要大量的资源投入,还需要从基础研究到应用开发的全方位技术和人才积累,以及对创新和持续改进的不懈追求,而这正是国产编程语言取得突破的关键所在。

2024年6月,华为技术有限公司(以下简称"华为")正式宣布其自主研发的仓颉编程语言。仓颉编程语言作为一种静态强类型、编译型的现代编程语言,在易用性、性能与安全性之间实现了巧妙的平衡,同时支持面向对象编程、函数式编程以及过程式编程等多种开发范式,极大地丰富了开发者的选择。仓颉编程语言还实现了自然语言与编程语言的有机融合,支持各类智能应用的开发,以及智能控制、物联网、云计算等行业应用。

三、华为鸿蒙生态系统

鸿蒙生态系统是以鸿蒙操作系统(HarmonyOS)为核心构建的一个开放、共赢的生态系统。它涵盖了包括芯片、操作系统、编程语言、开发工具、技术标准与协议等多个要素,以及围绕这些要素形成的丰富的应用和服务生态。

(一)鸿蒙操作系统

鸿蒙操作系统是华为面向万物互联时代自主研发的分布式操作系统。它具有分布式架构、微内核、生态共享三大特点,为鸿蒙生态系统的开放、发展提供了坚实的基础。鸿蒙操作系统是我国第一款真正意义上的国产移动终端系统,它采用分布式架构,能够支持智能手机、可穿戴装备、平板电脑、智能汽车、智能家电等多种智能终端设备的无缝连接和协同工作,提供一个将人、设备、场景有机地联系在一起的超级虚拟终端互联的世界。鸿蒙操作系统的目标不仅仅是替代安卓系统,而是致力于支撑万物互联的更高愿景。值得关注的是,2024 年 7 月,HarmonyOS 开发者官网的设计指南中首次出现了鸿蒙 PC 版操作系统的身影,这意味着华为又一次站在了技术创新的前沿,也代表着国产软件自主可控能力的又一次飞跃。

(二) 编程语言与开发工具

仓颉编程语言是鸿蒙生态系统建设的关键一环,通过提供高效、安全、易用的编程工具,助力开发者快速构建鸿蒙原生应用,推动了鸿蒙生态系统在不同场景下的广泛应用和深度发展,进一步丰富了鸿蒙生态系统的应用生态。

DevEco Studio 是为鸿蒙操作系统开发应用提供的官方集成开发环境(IDE)。它支持 JavaScript、Java、C/C++、Kotlin 等多种编程语言,为 OpenHarmony 平台的开发者提供了项目管理、可视化界面设计器、代码编辑器、调试工具和插件扩展等丰富的功能与工具支持,助力开发者高效地进行应用程序的开发和调试。

(三) 硬件设备商

麒麟芯片也是鸿蒙生态系统中的核心环节,是华为智能手机等硬件设备的核心竞争力之一。它采用了先进的制程工艺和架构设计,具有高性能、低功耗、多模兼容等特点,为鸿蒙 OS 的流畅运行提供了有力的支持。在鸿蒙生态系统中,麒麟芯片作为硬件基础,与鸿蒙操作系统紧密配合,共同为用户提供优质的体验。

"1+8+N"战略是鸿蒙生态系统的核心发展战略。"1"代表智能手机,"8"包括个人电脑、平板电脑、智慧屏、音箱、眼镜、手表、车机、耳机等八大智能终端,"N"则是摄像头、智能秤等泛 IoT(物联网)设备。华为和荣耀是鸿蒙设备制造商的核心成员,小米、OPPO、vivo 等品牌也在逐步加入鸿蒙生态圈,共同推动鸿蒙生态系统的发展壮大。

(四) 技术标准与协议

HiLink 协议是华为提供的一种智能家居通信协议,致力于解决各智能终端互联互通问题。在鸿蒙生态系统中,HiLink 协议为设备的互联互通提供了统一的标准,使得不同品牌、不同型号的设备之间能够实现高效的数据传输和交换。HiLink 协议支持多种设备和系统的接入,并可根据应用需求进行扩展和定制,形成开放、互通、共建的智能家居生态。

(五) 应用服务生态

鸿蒙生态系统秉持开放、合作的理念,积极邀请行业伙伴加入鸿蒙生态系统,共同推动生态圈的繁荣和发展。通过开放 API、提供技术支持等方式,降低开发者门槛,促进应用服务创新。

HMS(Huawei Mobile Services)是鸿蒙生态系统的重要组成部分。它提供了丰富的应用和服务，为鸿蒙生态系统的用户提供一站式的解决方案。随着鸿蒙生态系统的不断发展和完善，越来越多的应用和服务开始加入 HMS 生态，进一步丰富了鸿蒙生态系统的应用场景和服务类型。

（六）安全与隐私保护

鸿蒙生态系统在安全与隐私保护方面也表现出色。鸿蒙生态系统内置了多层次的安全机制，包括系统安全、应用安全、数据安全等多个方面，通过加密技术、安全沙箱、访问控制等手段，确保用户数据和个人信息的安全。同时，华为还制定了严格的隐私保护政策，充分尊重用户隐私，明确告知用户数据收集和使用情况，并提供用户控制权，让用户能够自主管理自己的隐私信息，确保用户在使用过程中的隐私权益得到充分保障。

四、人工智能算法

我国的人工智能算法领域近年来取得了显著的突破性进展，多家国内公司在基础算法和关键算法上展现了强大的技术创新能力。

基础算法方面，百度在深度学习算法优化方面取得了显著成果。其研发的飞桨深度学习平台，通过不断优化算法结构和训练策略，提高了模型的训练效率和泛化能力。此外，百度还在模型压缩和量化方面进行了深入研究，实现了在保证模型精度的同时降低计算资源消耗，推动了深度学习技术在边缘设备上的应用。百度利用飞桨平台在自动驾驶、智慧医疗等多个领域取得了显著成果，展现了国产深度学习算法的强大实力。

关键算法方面，科大讯飞在自然语言处理领域拥有深厚的技术积累，其智能语音技术已广泛应用于智能手机、智能家居、智能客服等多个领域。科大讯飞凭借自主研发的深度学习算法，实现了高精度的语音识别与语音合成，给用户带来了更加便捷和自然的交互体验。此外，科大讯飞还在机器翻译、文本分类等应用场景取得了显著进展，推动了自然语言处理技术的国产化进程。

商汤科技在计算机视觉领域取得了多项关键算法的突破性进展，其算法在人脸识别、物体检测、视频分析等方面展现出领先优势。商汤科技依托自主研发的核心技术，为智慧城市、智慧金融、智慧安防等多个领域提供了高效的解决方案。例如，在智慧城市构建中，商汤科技的人脸识别技术被广泛应用于公共安全、交通管理等关键领域，显著提升了城市的智能化管理水平。

在生成式 AI 模型领域，百度的文心大模型和腾讯的混元大模型在文本生成、图像生成、视频生成等多个任务上展现出了强大的能力。这些模型借助大规模预训练和知识增强技术，极大地提升了生成内容的多样性和准确性，给内容创作、广告营销等行业带来了新的发展机遇和解决方案。

华为盘古大模型，作为华为在人工智能领域的杰出成果，以其高性能、低能耗及广泛的多场景适应性而著称。盘古大模型 5.0 版本进一步强化了多模态处理能力，能够无缝融合文本、图像、语音等多种数据类型，显著提升了人机交互的流畅度、内容生成的丰富性以及数据分析的深度。同时，该模型在逻辑推理、情境理解及创造性思维方面实现了质的飞跃，更加贴近并模拟人类的思维过程，适用于决策支持、复杂问题解决及创新设计等高端任务。

通过精心构建复杂且精细的知识图谱网络,华为盘古大模型在中医药领域的应用充分展示了其深厚的技术底蕴与卓越的创新能力。该模型专为中医药领域定制,深度融合了中医经典文献、中药方剂、药材详尽信息及丰富临床案例等多源数据,构建了一个既庞大又全面的中医药知识库,为中医药的研究、开发与应用开辟了全新的路径和视角。例如,在新药研发方面,盘古大模型的综合分析能力有助于揭示中药与西药之间的相互作用和协同作用机制,为中西医结合治疗探索更大的可能性。

五、量子科技

量子(quantum)科技是新一轮科技革命和产业变革的前沿领域,是一项对传统技术体系产生冲击、进行重构的重大颠覆性技术创新。我国在量子计算和量子通信领域取得了多项突破性进展,不仅体现了我国在该领域的领先地位,也为未来的量子科技发展奠定了坚实的基础。

(一)量子计算

量子是现代物理学的重要概念,它指的是一个物理量如果存在最小的不可分割的基本单位,则这个物理量是量子化的,这个最小单位就被称为量子。

量子计算是一种遵循量子力学规律调控量子信息单元进行计算的新型计算模式。与经典计算不同,量子计算具有更高的计算速度和更强的计算能力。量子计算机是执行量子计算任务的设备,为解决某些经典计算机难以处理的复杂问题提供了新的可能性,如密码破译、材料设计、药物发现以及人工智能等领域。

目前,我国在量子计算领域已经进入世界第一方阵。北京玻色量子科技有限公司作为国内首家"相干光量子计算"方向的量子科技公司,其研发的相干光量子计算机在解决复杂问题、优化算法和 AI 神经网络结构优化等方面具有明显优势,"天工量子大脑550W"及开物 SDK 等核心研究成果,不仅仅彰显了公司在实用化量子科技领域的创新实力,更为我国在全球量子科技竞争中抢占先机、实现高质量量子科技发展作出贡献。

2024 年 1 月,我国自主研发的第三代超导量子计算机"本源悟空"正式上线,其搭载的芯片、操作系统及应用软件均实现了自主可控,国产化率超过80%,这一成就标志着我国超导量子计算机产业链已经初步构建完成。

(二)量子通信

随着信息安全需求的日益增长,量子通信因其卓越的安全性将成为未来通信的主流方式。量子密钥分发、量子直接通信等技术的持续突破,将进一步拓宽量子通信的应用场景,涵盖国防军事、政府公务、金融科技、能源电力等多个关键领域,并延伸至未来的电信网络、企业专网、个人与家庭通信以及云存储等多元化应用场景。

量子通信是利用量子叠加态和纠缠效应进行信息传递的新型通信方式。它利用量子比特作为信息载体来进行信息交互,具有突破经典信息技术极限的潜力,提供了无法被窃听和计算破解的绝对安全性保证。

我国在量子通信领域的研究和应用方面持续处于国际领先地位,已经建成了世界上规模最大、传输总距离最长、覆盖面积最广的量子通信网络。我国的量子通信网络是由基于光纤的城域量子通信网络、基于量子中继器的城际量子通信网络和量子科学卫星共同构成的,共集成了近千条地面光纤量子密钥分发链路和两个卫星对地自由空间高速量子密钥分发链路,不仅实现了地面与卫星之间的量子保密通信,而且成功构建了世界上第一个天地一体化的广域量子通信网络。

量子密钥分发是量子通信的核心技术之一,也称量子密码,它是借助量子叠加态的传输测量实现通信双方安全的量子密钥共享。量子密钥分发的原理是通过一次一密的对称加密机制,即通信双方均使用与明文等长的密码进行逐比特加解密操作,实现无条件绝对安全的保密通信。量子密钥分发作为最早实现实用化和产业化的量子信息技术,被视为未来保障网络信息安全的极具潜力的重要技术手段,并成为量子通信领域理论与应用研究的热点。

思考题

1. 我国关键核心技术攻关战略的重要意义有哪些?
2. 我国的数字产业化实现弯道超车的关键最可能是哪个领域?
3. 我国数字产业化所面临挑战与问题的根本原因是什么?

扩展阅读 4-1　电信业发展白皮书(2023 年)——新时代高质量发展探索

扩展阅读 4-2　量子信息技术发展与应用研究报告(2023 年)

扩展阅读 4-3　具身智能发展报告(2024 年)

即测即练

第 五 章

产业数字化与数字化转型

本章学习目标

1. 深刻理解产业数字化的内涵和重要性；
2. 了解我国产业数字化的发展机遇和趋势；
3. 理解数字化转型的定义、内涵和价值；
4. 掌握企业数字化转型的路径和策略；
5. 理解产业数字化和数字化转型的关系；
6. 深刻理解产业数字化的各种典型应用及意义。

导言

产业数字化的浪潮已经席卷而来，它正深刻地改变着制造业、农业、服务业等传统产业领域的面貌。它不仅仅是技术进步的必然产物，更是推动产业升级、优化经济结构、激发经济新动能的关键力量和重塑未来经济的重要引擎。

本章从产业数字化的相关概念出发，明确了我国产业数字化的发展机遇和趋势，阐述了数字化转型的定义、内涵和价值，并对企业数字化转型的路径和策略进行了梳理。最后分别介绍了智能制造、智慧农业、数字金融、数字贸易等产业数字化的典型应用。

第一节 产业数字化概述

产业数字化是指传统产业应用数字技术所带来的产出增加和效率提升，包括但不限于工业互联网、两化融合、智能制造、车联网、平台经济等融合型新产业、新模式、新业态。[①]

一、产业数字化的内涵及重要性

产业数字化的内涵丰富而深远，它代表了数字技术与传统产业深度融合的必然趋势，是推动中国经济转型升级、提升产业竞争力的关键力量。

从本质上看，产业数字化是利用数字技术对传统产业进行全方位、全角度、全链条的改

---

① 中国信息通信研究院. 中国数字经济发展研究报告（2024 年）[R/OL]. (2024-08-27). http://www.caict.ac.cn/kxyj/qwfb/bps/202408/P020240830315324580655.pdf.

造与升级,以提高产业的数字化、网络化、智能化水平,增强产业的创新能力,优化产业的资源配置,提升产业的竞争力。这一过程涉及数据的采集、分析和利用,以及人工智能、云计算、大数据等数字技术的融合应用。

从范围上看,产业数字化涵盖了工业、农业、服务业等各个领域的数字化转型和升级过程,通过数字技术创新和应用,推动传统产业向智能化、高效化、绿色化方向发展。产业数字化的目标是通过两化融合实现所有产业的数字化升级、转型与再造,提高产业效能和产业竞争力。

从价值上看,产业数字化的价值在于新型产业生态的构建。数字化不仅仅是单一企业或行业的变革,它需要构建一个开放、协同、共享的产业生态。在这个生态中,不同行业、不同领域、不同企业的数据和资源可以相互流通与整合,形成新的商业模式和价值链。同时,这个产业生态还能够提高产业的抗风险能力,通过灵活的供应链管理和敏捷的市场响应,应对未来全球市场各种不确定性和挑战。

产业数字化不仅是促进传统产业向更高层次转型升级的重要途径,还是推动中国经济高质量发展的关键因素。它对于激活数字经济新动能、促进社会进步和经济可持续发展具有深远而广泛的意义。

(1)推动产业升级。数字技术为传统产业提供了智能化转型的路径,推动了生产方式、组织方式和管理方式的深刻变革。产业数字化通过数字技术的融合应用,不仅能够实现生产过程的精准控制和智能决策,提升生产效率和智能化管理水平,还能够优化资源配置,降低生产成本,提高产品质量,进而推动传统产业向智能化、高效化、绿色化方向转型升级。

(2)优化经济结构。产业数字化在深化产业协同与重塑产业格局方面,为中国经济结构的优化升级提供了坚实的支撑与强有力的保障。通过先进的数字化工具和平台,助力实现产业链的横向延伸与纵向融合,促进信息在各个环节间的高效流通与共享。这一变革不仅显著提升了资源配置的精准度和效率,还使得供应链管理更加灵活与高效。同时,产业数字化引领下的产业布局,更加注重科学性与合理性,有力推动了经济结构的优化升级,并为解决传统经济的有效供给不足、供需错配以及产能过剩等问题提供了有效路径。

(3)激发经济新动能。产业数字化实现了数字技术与实体经济的融合发展,催生了新业态、新模式的不断涌现,成为激发中国经济新动能的重要引擎。产业数字化加速了技术创新的步伐,为企业提供了更多的创新机会和可能性。通过数字技术的应用,企业可以更快地推出新产品、新服务,满足市场的多样化需求,从而推动经济模式向创新驱动型转变。同时,数字技术的应用也促进了跨界融合和业态创新,如智能制造、智慧农业和数字金融等,为中国实现经济高质量发展提供了更多的增长点。

(4)促进社会进步和可持续发展。产业数字化推动了公共服务领域的数字化转型,提升了公共服务的便捷性和高效性。例如,在医疗、教育、交通等领域应用数字技术,建设智慧医疗、智慧教育和智能交通等项目,可以为人民群众提供更加优质、便捷的公共服务。此外,产业数字化还可以通过优化资源配置,有效降低资源消耗和减少环境污染,推动绿色发展和循环经济,实现经济、社会与自然环境的协调发展。

二、产业数字化的背景

在当今全球经济发展的版图中，产业数字化已成为不可逆转的潮流，其背后的核心驱动力正是被誉为"第四次工业革命"的科技浪潮。自 2011 年德国政府提出"工业 4.0"概念以来，这一轮工业革命便以其数字化、智能化和自动化的鲜明特征，深刻地影响着全球经济和人类社会的发展方向。

回顾人类历史，每一次工业革命都伴随着生产力的飞跃和生产方式的根本变革。从蒸汽时代到电气时代，再到信息时代，每一次跨越都极大地推动了人类社会的进步。

第一次工业革命被称为蒸汽时代，它是以蒸汽机的广泛应用为标志，开创了以机器代替手工劳动的新纪元。生产技术上，以蒸汽机作为动力推动了生产力的大幅提升，机械化逐渐取代了手工生产；生产关系上，工厂制度逐渐取代了手工工场，职业工人也逐渐取代了手工从业者；社会关系上，工业资产阶级和工业无产阶级逐渐形成并日益壮大。在这个时代，英国因此成为世界上第一工业强国。

第二次工业革命被称为电气时代，它是随着电磁理论的提出以及发电机、电动机的出现而兴起的，以电力的广泛应用为显著标志。电气化推动了工业重心逐渐由轻工业转向重工业，催生了电气、化工、石油等新兴工业部门，并使得美国逐渐超越英国，成为全球首屈一指的制造业大国。在生产关系方面，这个时代催生了所有权与管理权分离的现代制造企业，职业经理人的角色开始崭露头角。

第三次工业革命被称为信息时代，它是以计算机和互联网络的广泛应用为显著标志的信息产业革命。信息化极大地提高了劳动生产率，推动了航天、生物、材料等新型工业以及第三产业的迅猛发展。同时，信息共享也深刻改变了人们的生活方式、社交习惯以及思维方式，推动了知识经济时代的到来。在生产关系方面，平台型垄断企业开始崛起，程序员等信息工作者逐渐成为现代社会的重要职业角色。

第四次工业革命被称为智能时代，它是以智能制造为核心，以工业互联网和智能机器人为主要标志，深度融合了人工智能、大数据、云计算、物联网等新一代信息技术的一场全新工业革命。通过工业互联网，在人、设备、系统以及产品和服务之间构建了全方位、高效、实时的数字化、智能化连接，从而推动生产方式实现了从"制造"向"智造"的转型升级。智能化不仅仅是制造技术、生产方式的革命，更是对商业模式和社会结构的深刻变革。在智能化时代，数据、算力、算法成为至关重要的生产要素。那些具有强大科技实力和算法、平台垄断优势的巨头企业，逐渐掌握了全球市场的主导权，并成为时代的引领者和主宰者。同时，智能化也极大程度地解放了人力资源，并催生出各种不同类型、分散化的新型职业者。

在第四次工业革命的推动下，产业数字化正在全球范围内加速推进。制造业作为实体经济的主体，已率先踏上了数字化转型和智能化升级的道路，智慧工厂、虚拟工厂等概念的提出和实践已经取得了诸多显著成果。同时，一、二、三产业也分别探索出各自不同的转型升级路径，不断推进各个行业领域的产业结构优化进程。产业数字化发展已经成为当今世界经济发展的重要趋势。

三、产业数字化的发展现状与趋势

当前,随着新一代信息技术的飞速跃进,中国的产业数字化水平持续提高,数字技术应用领域不断扩大,数字化产业链建设日趋完善,逐渐形成了一个协同、高效的数字化供应链产业生态。

在未来的发展趋势中,数字化与智能化的深度融合、数字化产业链的持续优化以及推动产业向绿色循环经济发展模式的转变,将成为重塑全球经济格局与产业生态的重要力量。

数字化与智能化的融合将不再是简单的技术叠加,而是两者相互渗透、相互促进的深度融合。数字化通过大数据、云计算、物联网等先进手段,为智能化提供了强大的数据支撑和计算能力。同时,智能化则以其强大的学习、决策与优化能力,为数字化开辟了更广阔的应用空间。这种融合不仅仅提升了数据处理的速度与精度,更使得决策过程智能化、个性化,给传统产业带来了前所未有的创新发展机遇。

数字化产业链也将迎来更深刻的优化与重构。在这一过程中,传统产业链中存在的信息不对称、效率低下等问题得到了有效的解决。数字化技术使得产业链中各个环节之间的数据流动更加实时、有效,资源配置更加科学、合理。同时,数字化还促进了产业链上下游企业的紧密合作,构建了更加协同、高效的产业生态。这种优化不仅仅提升了产业链的整体竞争力,更为产业数字化的发展注入了强劲动力。

在全球绿色发展的共识下,中国的产业数字化进程将深度融入绿色与循环经济理念,旨在推动中国经济社会向更加科学、健康、可持续的方向迈进。通过智能制造系统和物联网技术的深度融入,不仅能够精准控制生产过程,还能实现全生命周期的跟踪管理,从而有效降低能源损耗,提升资源利用效率,显著减少资源浪费和环境污染。这一发展新理念不仅仅促进了中国传统产业的绿色转型,更为全球可持续发展贡献了宝贵的中国智慧和中国方案。

四、中国产业数字化的发展机遇

产业数字化不仅是第四次工业革命的重要标志,也是全球数字经济发展的重要趋势。在这一轮科技革命和产业变革的浪潮中,由数字技术创新驱动的新型产业生态,正不断推动着中国产业数字化进程向更深层次发展。

近年来,中国产业数字化规模持续扩大,在数字经济中的占比逐年上升,有效支撑了国民经济的稳增长。数据显示,中国数字经济占国内生产总值(GDP)的比重为 42.8%,对 GDP 增长的贡献率为 66.45%。其中,产业数字化规模为 43.84 万亿元,占数字经济的比重为 81.3%,占国内生产总值的比重为 34.77%。[①] 这一现状充分表明中国数字经济的赋能作用、融合能力得到了进一步发挥,产业数字化已成为经济发展新动能的支柱力量。

---

① 中国信息通信研究院.中国数字经济发展研究报告(2024 年)[R/OL].(2024-08-27). http://www.caict.ac.cn/kxyj/qwfb/bps/202408/P020240830315324580655.pdf.

从趋势上看,消费互联网市场在经历了高速发展之后,其增长速度开始逐渐放缓,市场竞争的激烈程度也日益加剧。单纯依赖消费端层面的创新发展,已经难以满足中国经济持续、健康、稳定发展的高层次需求。与此同时,产业互联网正以前所未有的蓬勃态势迅速崛起,成为未来中国数字经济发展的关键领域和推动产业数字化进程提挡加速的强劲引擎。

产业互联网是一种新兴的经济形态,它通过将数字化技术深度融合于传统产业之中,对各个垂直领域的产业链及其内部价值链进行全面重塑与改造,实现生产、供应、销售及经营管理等全流程的数字化、智能化转型升级。产业互联网是以企业为主要用户、以生产经营活动为核心内容、以提升产业效率和优化资源配置为首要目标的互联网创新应用,它与消费互联网在多个方面存在着明显的区别。

(1)主体不同。消费互联网主要针对个人用户,服务于消费者的日常生活。而产业互联网则以企业生产者为主要用户,更加关注企业的生产运营和产业链的整体优化。

(2)目标不同。消费互联网主要解决的是衣、食、住、行等日常生活需求问题,其目的在于通过提供便捷、高效、个性化的服务来增强用户体验。产业互联网则是以通过"数实融合"达到提升产业效率、优化资源配置以及重塑企业核心竞争力为目的。

(3)模式不同。消费互联网主要是通过提供信息内容来吸引用户眼球,进而实现流量变现的"眼球经济"模式。而产业互联网则是以"价值经济"为主,通过传统企业与数字经济的深度融合,创新生产、管理与服务模式,并创造出更高价值的产业形态。

(4)场景不同。消费互联网主要应用于电子商务、社交网络、网络游戏等互联网行业。产业互联网则广泛应用于制造业、农业、医疗、物流、金融等传统产业的各种行业场景。

总而言之,在当前消费互联网市场空间日趋饱和的背景下,产业互联网凭借其巨大的潜力和价值,成为中国应对世界经济大变局、实现经济创新转型的重要历史机遇。中国政府和企业正积极把握并推动产业互联网的发展,加速企业数字化转型进程,进而为中国实现经济高质量发展开辟一条新的道路。

第二节　数字化转型

数字化转型是新一代信息技术创新引发的企业生产经营活动的系统性变革。它不仅仅是企业应对数字化时代挑战的战略选择,更是推动业务创新、提升企业竞争力的关键途径。

对于企业而言,数字化转型过程实质上是技术创新与管理创新交织、协同推进的结果,同时也是生产力与生产关系双重变革相辅相成、共同演进的体现。数字化转型有助于企业构建一个更加灵活、高效、适应市场变化的生产运营体系,从而在激烈的市场角逐中保持竞争优势,推动企业可持续发展。

一、数字化转型的定义和内涵

数字化转型是指企业或组织利用数字技术来改造其业务模式和流程,以提高效率、创造新的收入来源和提升客户体验。这一过程通常从制定清晰的战略开始,包括确定数字化的目标、评估现有技术和流程以及规划所需的技术与人才投资等。随后的执行阶段,则涉及技术实施、流程优化、员工培训和文化变革,以确保数字化战略的成功落地和持续创新。

数字化转型不仅仅关乎技术升级,更涉及组织结构和思维方式的根本改变,目的是在快速变化的市场中保持竞争力和实现可持续发展。[①]

数字化转型的本质是在新一代信息通信技术驱动下,对企业业务、管理和商业模式的深度变革与重构。这一转型要求企业在战略、组织、文化等多个层面进行全面转型,以顺应数字经济的发展趋势。数字化转型并不是简单的技术升级换代,而是深刻触及企业组织结构的优化与重构、商业模式的探索与创新,以及管理者思维方式的根本性转变。

数字化转型的核心目标是实现技术与业务的深度融合,不仅强调技术的先进性与前沿性,而且注重技术如何深度嵌入并优化企业的业务运作。通过引入云计算、大数据、人工智能等新一代信息技术,企业能够顺利打通生产经营的各个环节,实现生产流程的智能化、自动化管理,以及资源的优化配置,促使企业构建起更加灵活、智能、高效的运营体系,显著提升生产效率和产品质量,从而在激烈的市场竞争中占据先机。

构建数据驱动的决策体系是企业数字化转型的关键环节和重要保障。实现数字化转型,既依赖技术的持续创新与迭代,又离不开企业对市场趋势的敏锐捕捉以及对内部资源的有效整合。为更好地应对日益激烈的市场竞争环境,企业不得不重新审视并精心设计其业务流程、产品服务以及市场策略。建立健全的数据采集、处理与分析机制,将有力支持实现企业决策的科学化、智能化,进而提升企业决策的精准度与效率。

利用数字技术构建全新的商业模式也是企业数字化转型的重要内容。这一过程将会触及企业发展战略的深度调整、组织架构的优化重构以及市场策略的更新重塑。数字化转型能够帮助企业打破传统行业界限,探索跨界合作与创新增值服务,实现价值创造的多元化模式。同时,数字技术应用还能够帮助企业精准地把握市场脉搏,灵活应对数字经济下市场需求的快速变化。

此外,数字化转型还包括企业组织文化的深层次变革。企业需要积极营造一种开放、创新、协作的文化氛围,鼓励员工不断提升自身的数字化技能,积极参与企业数字化转型进程,共同推动企业的创新发展。这样的组织文化将为数字化转型提供强大的内在动力,确保企业在复杂多变的环境中,持续保持战略定力,稳健前行。

中国政府一直在积极鼓励、扶持并推动企业进行数字化转型。随着数字经济的迅猛发展,数字化转型正以前所未有的态势推动着企业价值的持续增长,通过优化运营流程、创新商业模式和深化客户洞察,不断塑造着企业发展的新模式。数字化转型对企业的价值主要体现在以下几个方面。[②]

(1)提高效率。数字化转型推动企业业务流程的自动化以及专业工作的智能化,能够有效地提高企业工作效率和运行效率,达到降本增效的目的。

(2)优化管理。数据驱动的决策模式为企业管理提供了全面、客观的依据,帮助管理者

---

① 华为数字化转型与可持续发展洞察:构建智能世界的基石[EB/OL].(2024-09-11).https://mp.weixin.qq.com/s/criO6tmFa4KmXUA2nqj8bw.

② 从"十四五"规划看中国企业如何进行数字化转型[EB/OL].(2024-09-07).https://mp.weixin.qq.com/s/oHfP1fztKsKe0xOfJBp3gQ.

制定更加科学、合理的企业决策,提升管理能力和水平。

（3）创新价值。在数字化转型的进程中,技术与业务的深度融合将激发商业模式的创新与变革,助力企业探索和发现新的业务增值点。同时,数字化转型还能够帮助企业广泛触达并快速了解客户需求,为客户提供个性化和更优质的体验服务。

总而言之,数字化转型是一个长期且持续的过程,它要求企业从战略高度出发,进行长远规划和分阶段实施。转型过程中,企业需要不断迭代并优化自身的数字化能力,以持续推动业务模式的转型升级,进而适应外部市场环境的变化,并满足企业可持续发展的内在需求。

二、数字化转型与产业数字化的关系

数字化转型和产业数字化具有本质上的区别,同时也存在密切的联系和相互促进的关系。它们共同为经济的高质量发展与社会的全面进步提供了强大的动力和支持。

数字化转型本质上是业务转型,是在技术驱动下对业务、管理和商业模式的深度变革与重构。而产业数字化则是指整条产业链的数字化转型,它强调的是整条产业链上不同企业之间的协同发展。

具体来说,数字化转型与产业数字化的区别主要体现在以下四个方面。

（1）目标不同。数字化转型旨在实现企业的全面转型升级,涵盖业务、管理和商业模式的融合创新;而产业数字化则旨在推动整条产业链的数字化转型,以提升产业链的资源配置效率和产业竞争力。

（2）侧重点不同。数字化转型强调技术与业务的整合和应用,以及数字资产的积累;产业数字化则更注重产业链、供应链的数字化改造和升级,以及企业间的协同合作。

（3）范围不同。数字化转型局限于企业内部事项,涉及企业的所有业务领域;而产业数字化则是产业链层面的转型,涉及产业链上的所有企业和环节。

（4）影响不同。数字化转型主要影响企业的业务模式、管理方式和组织结构;而产业数字化则对产业链上的所有企业产生深远影响,推动整条产业链的数字化升级和协同发展。

同时,数字化转型和产业数字化之间也存在相互依存与促进的紧密关系。

一方面,数字化转型为产业数字化提供了必要的技术支撑和前提条件,是产业数字化的基础。数字化转型的深入实施,将有效推动数字技术在传统产业中的广泛应用和深度融合,进一步促进了产业数字化的进程。

另一方面,产业数字化促进和加速了企业数字化转型的深化进程。产业数字化要求整条产业链上的所有企业和环节都实现数字化,这促使企业不断深化自身的数字化转型进程,以适应产业链升级的整体需求。

综合分析可以看出,产业数字化和数字化转型的最终目标是一致的,即推动经济的高质量发展和社会的全面进步。二者在推动数字经济发展、促进经济转型升级、提升生产效率和服务质量等方面都发挥着不可或缺的作用。因此,在实际操作中,企业应结合自身的发展阶段和实际需求,合理规划产业数字化和数字化转型的路径与重点。

三、企业数字化转型的路径和策略

对企业来说,数字化转型不仅仅是技术的升级,更是企业文化和管理思维的转变,它要求企业不断地学习和适应新技术,并引领这一场全方位的变革。

企业数字化转型的路径和策略通常包括以下几个方面。

(一)制定数字化战略

企业需清晰界定数字化转型的愿景,明确数字化转型的目标、路径和关键任务,确保企业转型的有序进行。数字化转型不应是盲目跟风或零散的技术堆砌,而应是基于企业自身业务特点和发展需求的深度思考,结合行业趋势,制定既具前瞻性又切实可行的数字化战略。

(二)优化组织结构

组织结构是支撑企业发展战略的关键框架。为适应数字化转型的需要,企业应建立更加扁平化、灵活的组织结构,减少管理层级,加快决策速度,增强组织的敏捷性和响应能力。同时,鼓励创新和跨部门协作,打破"信息孤岛",促进知识共享与创意碰撞,激发组织内部员工的创新活力。

(三)提升技术能力

技术能力是企业数字化转型的基石。企业应加大对云计算、大数据、人工智能等前沿技术的投入,通过引入先进的技术和工具,提升企业的数据处理能力、分析效率和智能化决策水平。这不仅有助于优化内部管理流程、降低运营成本,还能为企业拓展新的业务模式和市场机会。同时,要充分注重技术自主可控,加强关键技术研发,构建企业的核心竞争力。

(四)培养数字化人才

数字化转型的成功离不开高素质的人才队伍。企业应实施全方位的人才培养计划,提升员工的数字化素养和技能水平。通过内部培训、外部引进、校企合作等多种方式,打造一支既懂业务又懂技术的复合型人才队伍。同时,应建立创新激励机制,鼓励员工学习新知识、掌握新技能,为企业的数字化转型提供源源不断的智力支持。

(五)强化数据治理

数据是企业最宝贵的资产之一。在数字化转型过程中,企业必须建立完善的数据治理体系,确保数据的质量、安全和合规性。通过制定数据标准、建立数据仓库、实施数据保护等必要措施,提升数据治理水平和效率。同时,企业还应加强数据安全意识教育,防范数据泄露和滥用风险,保障企业的信息安全和合法权益。

(六)深化业务融合

数字化转型的最终目的是推动信息技术与企业业务的深度融合,实现业务流程的优化和创新。企业应积极探索数字化技术在产品设计、生产、营销、服务等各个环节的应用场景，通过数据分析洞察市场需求变化，优化产品结构和服务流程。同时，利用数字化平台连接消费者、供应商、合作伙伴等各方资源，构建开放、共享的生态系统，实现价值共创和共赢发展。

　　总体上看，数字化转型的成功依赖硬件与软件的协同发展。硬件主要是指技术和设备，构成了企业实施数字化转型的技术基础设施。然而，在评估企业数字化转型所能达到的水平上限时，软件的作用显得尤为关键。这里的软件并非仅指计算机软件系统，而是涵盖了企业管理的理念、原理和方法，包括企业共同的价值观、组织结构、管理风格、员工的工作态度，以及管理过程中的方法和工具等。可以说，软件就是数字化转型的灵魂所在。因此，在数字化转型的过程中，企业应更加重视软环境、提升软实力，强化软件思维，这不仅是企业数字化转型最为核心的内容，也是实现技术和业务深度融合的重要保障。

　　从技术角度来看，数字化转型是一个分阶段进行的过程。[①] 从基础信息化阶段开始，企业致力于建立如企业资源计划（ERP）和客户关系管理等关键信息系统，为后续发展奠定坚实的基础。随后进入应用数字化阶段，企业通过利用大数据分析等先进技术，优化业务流程，提升决策效率。随着转型的深入，全面系统化阶段要求企业在整个组织范围内实现数字化，构建集成的数字化平台，实现资源的全面数字化管理和优化。最终，在智慧生态化阶段，企业不仅实现自身的数字化，还与外部生态系统深度互动，利用人工智能、物联网等前沿技术，推动智能化运营，形成紧密的生态系统协同。这一系列的阶段性目标和评价标准，共同构成了企业数字化转型的技术升级路径。

　　数据平台是数字化转型路径中最为关键的环节。数字化转型过程中，企业往往面临海量数据处理与应用的挑战，而数据平台正是解决这一问题的关键工具。数据平台通过集成先进的技术架构与算法模型，实现了数据的实时采集、高效存储与智能分析。它不仅能够帮助企业快速洞察市场趋势与消费者需求，还能够优化供应链管理、提升生产效率，进而实现业务模式的创新与升级。此外，数据平台还具备强大的可扩展性与灵活性，能够随着企业业务的发展不断迭代升级，满足企业日益增长的数据处理与应用需求。通过数据平台，企业能够构建以数据为核心的创新生态，推动跨部门、跨领域的协同合作，实现资源的优化配置与价值的最大化。这不仅有助于企业不断完善和优化数字化运营及业务创新，还能显著提升运营效率并升级客户价值，进而实现企业价值链的增值目标。

　　数字企业是企业数字化转型的高级阶段。它代表着现代企业在经营管理、产品设计与制造、原料采购与产品销售等各个业务环节深度融合数字技术的实践成果。与传统企业相比，数字企业具有一系列显著的特点：一是全局视角，数字企业超越了对单一环节数字化的关注，致力于构建全面的数字化能力，它们重视数据流与业务流程的无缝整合，以实现规模化的运营效应。二是前瞻性规划，数字企业将目光投向未来，以业务的持续增长和升级为核心目标，它们制定长远的数字化转型战略，关注业务转型、产品创新、市场潜力等关键指标，而不是将数字化作为解决短期问题的权宜之计。三是用户导向，数字企业以用户需求为中心，致力于创造和提供满足用户定制化与个性化需求的创新体验，这种以用户为中心的策略不仅提升了用户满意度，也驱动了企业内部资源的整合、跨部门的协作以及产品的

---

　　① 华为数字化转型与可持续发展洞察：构建智能世界的基石［EB/OL］.（2024-09-11）. https://mp. weixin. qq. com/s/criO6tmFa4KmXUA2nqj8bw.

持续创新。

华为在大量的行业数字化转型实践中,探索并积累了一套全面而深入的战略框架与战术工具集,对企业数字化创新发展的最佳实践做了总结。华为的数字化转型方法可以概括为"一个核心战略、两个保障条件、三个核心原则、四个关键行动"。[①]

一个核心战略是将数字化转型定位为企业级战略,进行全局谋划和顶层设计,确保转型工作与企业整体战略相协调。这意味着数字化转型不是局部的、临时的项目,而是企业长期发展的核心驱动力。

两个保障条件包括组织机制保障和文化氛围保障。组织机制保障是明确转型责任主体,制订合理的组织业务目标,配套考核和激励机制,优化组织间协作流程,在适当条件下,成立专门的数字化转型组织,协调业务和技术部门共同推进转型落地。文化氛围保障是培养转型文化理念,激发个体活力,在组织内部培育数字文化、变革文化和创新文化,形成数字化转型的动力源泉。

三个核心原则包括战略与执行并重、业务与技术双轮驱动、核心能力内化与外部合作并重。战略与执行并重,是指既从战略层面强调自上而下的顶层设计,又从执行层面注重自下而上的基层探索和创新,需要在推动数字化转型的过程中,统筹处理好远期与近期、总体与局部、宏观与微观等各方面的关系,确保转型工作的顺利推进。业务与技术双轮驱动,是指需要从业务视角主动思考转型的目标和路径,同时重视新技术给业务带来的巨大提升潜力,因此企业应该在新技术的探索上做适度超前投入,以推动业务的快速发展和创新。核心能力内化与外部合作并重,强调转型成功的关键在于企业自身,因此企业需要识别和聚焦核心能力,通过自我提升实现核心能力的内化;对于非核心能力,则应以开放模式充分利用外部力量,通过合作与共享资源来快速补齐能力短板,为自身能力发展构建互利共赢的生态体系。

四个关键行动包括顶层设计、平台赋能、生态落地、持续迭代。顶层设计行动,要求企业制订转型的总体框架与发展路标,明确长期目标和实施路径,这包括价值发现、蓝图制订和路径规划三个阶段。平台赋能行动,要求企业构建支撑数字化转型的云平台和应用系统,提供数字化装备和工具,这有助于实现企业全要素的连接和数据的集中管理,提高企业的运营效率和创新能力。生态落地行动,要求企业与合作伙伴共同打造数字化生态系统,通过生态合作共享资源、降低成本、提高效率,并与合作伙伴共同推动行业的产业变革和创新。持续迭代行动,要求企业根据市场变化和客户需求不断调整与完善转型方案,具有敏捷迭代和持续优化的能力,既能够快速响应市场变化,又能够持续保持创新文化氛围,确保企业在激烈的市场竞争中立于不败之地。

第三节　产业数字化典型应用

从外延上看,产业数字化涵盖了农业、工业和服务业等多个行业领域。其中,农业数字化包括精准农业、智慧农业等,通过物联网、遥感等技术监测农田环境,实现农作物生长过

---

① 华为公司数字化转型方法论[EB/OL]. (2024-07-30). https://baijiahao.baidu.com/s? id=1806000286950716030.

程的精准管理和资源高效利用。工业数字化即智能制造,通过数字化、网络化、智能化手段,实现生产过程的自动化、智能化和高效化,推动制造业向高端、智能、绿色方向发展。服务业数字化包括数字金融、数字贸易、数字营销等,通过数字化手段提升服务质量和效率,满足消费者多元化、个性化的需求。

一、智能制造

智能制造是重塑工业未来的创新力量,已经成为全球工业转型与升级的重要引擎。它不仅仅改变了传统制造业的生产方式,更推动了整条产业链的智能化、网络化和绿色化发展。

（一）智能制造的定义和内涵

智能制造是基于新一代信息通信技术与先进制造技术深度融合,贯穿设计、生产、管理、服务等制造活动的各个环节,具有自感知、自学习、自决策、自执行、自适应等功能的新型生产方式。

智能制造的内涵具体体现在以下几个方面。

1. 智能化设计

利用计算机辅助设计、计算机辅助工程（CAE）、计算机辅助制造（CAM）等技术,实现产品设计的数字化、三维化和协同化,提高设计效率和设计质量。

2. 智能化生产

通过物联网技术,将生产设备、物料、人员等生产要素连接起来,形成高度集成的生产系统。再利用传感器、机器视觉等技术,实现生产过程的实时监测和精准控制,提高生产效率和产品质量。

3. 智能化管理

运用大数据、云计算等技术,对生产数据进行深度挖掘和分析,实现生产计划的智能优化、库存管理的精准控制、供应链协同的高效运作。

4. 智能化服务

通过物联网、移动互联网等技术,实现产品远程监控、故障诊断、预测性维护等智能化服务,提升客户满意度和产品竞争力。

智能制造与工业互联网之间存在紧密且相辅相成的关系。

工业互联网是新一代信息技术与工业系统全方位深度融合所形成的产业和应用生态,它构成了智能制造的关键基础设施。智能制造的实现,离不开工业互联网为其打造的全新工业生态系统。智能制造主要侧重工业制造领域,而工业互联网则更侧重提供工业服务,但两者的本质都是推动智能制造与智能化服务的实现。智能制造是全球工业的终极发展目标,旨在让全球的工厂都能实现智能化、自动化生产。而工业互联网,则是实现这一宏伟目标的可行路径,它通过提供工业平台来为企业服务,助力智能制造的实现。

（二）智能制造的关键技术

智能制造是面向产品全生命周期,实现泛在感知条件下的数字化、网络化、智能化生产制造方式,主要包含智能制造系统和智能制造技术两大部分。

智能制造系统是一种由智能机器和人类专家共同组成的人机一体化智能系统,具有自组织、自律、自学习等特征。它在制造过程中能够借助计算机模拟人类专家,进行分析、推理、判断、构思和决策等智能活动,从而扩大、延伸和部分取代人类专家在制造过程中的脑力劳动。

信息物理系统(CPS)是实现智能制造的关键技术之一。CPS通过人机交互接口实现与物理进程的交互,使用网络空间以远程、可靠、实时、安全、协作的方式操控一个物理实体。CPS是由美国国家科学基金会(NSF)在2006年提出的,目标是引导新一代互联、高效、高性能的"全球虚拟(Internet)和局部物理(实体对象)"工程系统。CPS包含了将来无处不在的环境感知、嵌入式计算、网络通信和网络控制等系统工程,其意义在于将物理设备连接到互联网上,使物理设备具有计算、通信、精确控制、远程协同和自治五大系统功能。

信息物理生产系统(CPPS)是CPS在生产制造过程中的应用,它包含了虚拟设计分析、感测、控制、制程、设备、信息交换与生产管理系统等多个方面。CPPS的主要功能包括:通过传感器设备实时感知生产现场的状态,并进行监控;根据实时数据,对生产过程进行动态调整、控制和优化;实现不同系统的信息交换和集成,提高生产效率。

智能化工厂是应用CPPS理念精心打造的高度数字化、自动化、智能化的工厂,它在提升生产与管理效率的同时,极大地增强了企业的核心竞争力。在智能化工厂内部,CPPS与ERP、MES等信息系统通过数据的交换与集成,使生产过程变得更加透明、可控与高效。借助CPPS所提供的强大计算、通信与控制技术,智能化工厂实现了生产流程的自动化与智能化升级。同时,CPPS的实时感知与动态控制功能,让智能化工厂能够快速响应生产需求,动态优化生产指令,确保生产车间始终处于最优运行状态。总之,智能化工厂以智能制造为终极追求,通过智能优化生产流程,成功推动了制造业的数字化转型与智能化升级。

(三)智能制造的发展现状和趋势

近年来,全球主要经济体都在积极布局智能制造领域,推动制造业朝着智能化、绿色化、服务化的方向转型。作为全球制造业大国,中国也在大力推进智能制造的发展,将智能制造作为中国制造强国建设的主攻方向。

智能制造的发展水平将直接关系到中国未来在全球制造业中的地位。中国发展智能制造的总体路径是:立足制造的本质,紧密围绕智能特征,以工艺和装备为核心,以数据为基础,依托制造单元、车间、工厂及供应链等载体,构建一个虚实融合、知识驱动、动态优化、安全高效且绿色低碳的智能制造系统,从而推动制造业实现数字化转型、网络化协同和智能化变革。中国《"十四五"智能制造发展规划》设定了"两步走"目标:第一步,到2025年,要求大部分规模以上制造业企业实现数字化、网络化,重点行业的骨干企业初步应用智能化;第二步,到2035年,全面普及数字化、网络化在规模以上制造业企业中的应用,并确保重点行业的骨干企业基本实现智能化。

智能制造作为制造业的重要发展方向,正经历快速的技术革新与应用推广。随着数字化、网络化和智能化的深入推进,智能制造的未来发展趋势主要体现在以下几个方面。

1. 人工智能在智能制造中的进一步应用

人工智能正成为智能制造的核心驱动力之一。在智能制造的过程中，AI不仅能够实现预测性维护，还能够优化生产流程和提升产品质量。例如，AI可以通过分析设备运行数据，对可能出现的故障提前进行预测性维护，从而减少设备停机时间、提高生产效率。此外，AI在产品设计阶段的应用也日益增多。通过数据分析和仿真，AI能够帮助设计团队优化产品设计，缩短产品开发周期，从而满足市场对个性化和定制化产品的需求。

2. 绿色智能制造

绿色智能制造逐渐成为未来制造业发展的重要趋势。绿色智能制造强调在生产过程中减少资源消耗和环境污染，提高资源利用效率。在这一背景下，企业开始采用清洁生产技术、循环经济模式和可再生能源，努力降低生产过程中的碳排放和环境影响。例如，通过物联网技术，企业可以实时监控能源和资源的使用情况，确保资源的高效利用。同时，绿色智能制造还强调产品全生命周期的管理，包括设计、生产、使用和报废阶段，旨在实现资源的可持续利用和环境的有效保护。

3. 与可持续发展的结合

智能制造与可持续发展的结合将是未来制造业的重要方向。可持续发展要求在经济增长的同时，注重社会和环境的协调。智能制造通过引入先进的技术和管理理念，为实现可持续发展提供了新途径。例如，智能制造能够通过优化生产流程，减少生产废料和能源损耗。此外，企业在智能制造过程中通过供应链的优化管理，确保原材料的采购和产品的生产符合可持续发展的原则。这不仅有助于提升企业的社会责任形象，还能增强市场竞争力。

4. 全球制造业的转型升级

随着全球经济格局的变化和市场需求的多样化，全球制造业正面临转型升级的压力。智能制造的兴起为这一转型提供了新的动力。通过技术创新和模式转变，企业能够提高生产效率和市场响应速度，适应全球市场的变化。例如，许多企业开始采用数字孪生（Digital Twin）技术，通过虚拟模型实时监控和优化生产过程，实现生产的灵活性和智能化。同时，全球化的生产网络也促使企业在不同地区建立智能制造基地，实现资源的最优配置和产能的灵活调配。这种转型不仅有助于提升企业的竞争力，也将推动全球制造业的整体升级。

（四）智能制造典型案例研究

西门子，作为一家德国的全球性工业科技巨头，在电气工程、自动化和数字化解决方案等领域拥有深厚的技术积累与创新实力。在智能制造和数字化工厂的潮流中，西门子凭借其独特的数字化技术和理念，成功打造了全球首家原生数字化工厂。

1. 西门子智能工厂的背景与特点

随着全球数字化转型的加速，制造业正面临前所未有的变革。西门子深刻认识到，传统的生产模式已难以满足市场对高效、灵活和个性化产品的需求。因此，西门子决定通过引入数字化技术，打造原生数字化工厂，实现生产过程的全面数字化、自动化和智能化。

西门子智能工厂的特点在于其全方位应用了数字化技术，从需求分析、规划设计、施工实施到生产运营全过程都实现了数字化。同时，工厂还采用了原生数字孪生理念和技术，在虚拟世界中构建了工厂的数字孪生体，实现了对生产过程的精准模拟和优化。

2. 西门子智能工厂的实践与成果

（1）数字化制造解决方案。西门子智能工厂采用了先进的数字化制造解决方案，包括工业物联网（IIoT）、云计算和大数据分析等技术。这些技术使得工厂能够实时监测设备的运行状态、采集生产数据，并通过算法模型对生产数据进行挖掘和分析，优化生产流程和决策。

（2）自动化与智能化生产。在西门子智能工厂中，机器人、自动化设备和智能化系统得到了广泛应用。这些设备通过物联网技术紧密相连，实现了设备间的协同作业和高效生产。同时，工厂还采用人工智能技术，通过算法模型对生产数据进行训练和预测，实现了自动化决策和优化生产过程。

（3）柔性生产能力。西门子智能工厂具备卓越的柔性生产能力，能够迅速应对市场变化和客户需求。通过数字化技术和自动化设备的应用，工厂能够迅速调整生产计划和流程，灵活应对各类产品生产需求。这种柔性生产能力使得西门子能够在激烈的市场竞争中保持领先地位。

（4）高度协同的供应链管理。西门子智能工厂通过数字化技术和物联网技术，实现了供应链的高度协同与优化。工厂与供应商、物流服务商等合作伙伴实现了数据共享和协同作业，提升了供应链的透明度和响应速度。这不仅降低了库存成本和物流成本，还提高了供应链的可靠性和稳定性。

（5）可持续发展的环保理念。西门子智能工厂秉持可持续发展的环保理念，采用了节能技术和绿色生产方式等手段，实现了生产过程的低碳化和环保化。同时，工厂还积极探索循环经济和资源回收等模式，提高资源利用效率和环境保护水平。

3. 西门子智能工厂的影响与启示

西门子智能工厂的成功实践，不仅推动了西门子自身的转型升级，也为整个制造业的智能化发展提供了宝贵的经验。通过数字化技术、自动化和智能化技术的应用，西门子智能工厂实现了生产效率的大幅提升、成本的显著降低以及产品质量的稳步提升。同时，工厂还通过高度协同的供应链管理和可持续发展的环保理念，提升了企业的竞争力和社会责任感，实现了经济效益和社会效益的双赢。

二、智慧农业

（一）智慧农业的定义与必要性

智慧农业是通过将先进的信息技术与传统农业深度融合，实现农业生产的智能化、精准化和自动化的一种现代农业模式。智慧农业通过全面感知、实时监控、智能分析和决策支持，优化资源利用，提升作物产量和质量，减少生产过程中的人力、物力和自然资源的浪费，从而提高农业生产的效率和效益。

智慧农业的必要性主要体现在以下两个方面。

（1）智慧农业能够显著提高农业生产效率。通过传感器、无人机、智能设备等，农民可以实时掌握土壤湿度、气候条件、作物生长状态等关键数据，并通过智能化系统作出精准决策，如自动调节灌溉、施肥、除草等操作。这不仅减少了人为失误，还提升了生产的精度与速度,保障更高的作物产量和质量。

（2）智慧农业符合全球可持续发展的需求。在应对气候变化、资源短缺和环境污染的挑战下,智慧农业通过精确控制农药、化肥、水资源的使用,减小农业对环境的负面影响,降低生态破坏,实现绿色农业,促进农业的可持续发展与粮食安全的保障。

（二）智慧农业的关键技术

智慧农业利用现代信息技术手段,尤其是物联网、人工智能、大数据、遥感技术和自动化设备等,来提高农业生产的效率和可持续性。

物联网技术是智慧农业的基础。通过智能传感器在土壤、气候和作物监测中的应用,可以实现对农业生产环境的全面感知。例如,土壤传感器能够实时监测土壤的湿度、温度和养分含量,从而为农民提供精准的灌溉和施肥决策;气象传感器则用于收集气温、湿度和风速等气象数据,帮助农民掌握气候变化对作物生长的影响。这种实时数据的收集和分析使得农业设备的智能化成为可能,农民能够通过智能终端对设备进行远程控制和管理,还能够实现设备间的互联互通,形成一个完整的农业信息网络。

大数据分析技术在智慧农业中也具有重要意义。通过对海量数据的采集、管理与分析,农民可以全面了解农业生产的各个环节。农业数据不仅包括土壤和气候信息,还包括作物生长情况、市场需求和历史生产数据等。这些数据通过智能决策支持系统进行分析,能够帮助农民制订更为科学的种植方案和生产计划。例如,通过分析历史气象数据与作物生长的关系,农民可以预测不同气候条件下的作物产量,从而调整种植策略,最大限度地减少资源浪费和风险损失。

人工智能与机器学习技术在智慧农业中的应用日益广泛。AI 技术可以通过图像识别和模式识别来监测作物的健康状况,并预测病虫害的发生。通过高分辨率的图像分析,农民能够实时了解作物的生长情况,从而及时发现问题并采取相应的措施。例如,AI 技术可以分析作物叶片的颜色、形态等特征,判断是否存在病虫害,并向农民提供具体的防治建议。在农业生产中,AI 还可以帮助优化资源配置,如智能灌溉系统能够根据土壤湿度和天气预报自动调节水量,减少水资源的浪费。

卫星遥感与无人机技术为大规模农田监测提供了新手段。遥感技术通过卫星对广阔农田进行监测,获取土壤湿度、作物生长情况和病虫害分布等信息。农民可以通过这些数据分析,制订更加科学的施肥和灌溉计划,从而提高作物的产量和质量。无人机在农作物喷洒和田间管理中的作用同样显著。无人机能够快速、均匀地喷洒农药和肥料,降低人工成本和劳动强度,提高作业效率。同时,无人机还可以用于拍摄农田的高清图像,帮助农民了解作物的生长状态及其变化,支持精准农业决策。

区块链技术的应用给农业供应链管理带来了新的可能。区块链技术的溯源与供应链透明化使消费者能够更加信任农产品的质量。通过在区块链上记录农产品从田间到餐桌的全过程,消费者可以追踪农产品的来源,了解其生产和运输过程,从而增强对品牌的信任感。此外,区块链还能够实现农业交易的透明化,提高市场效率,降低交易成本。农产品的质量保证不仅仅依赖生产过程中的管理,更需要通过技术手段确保信息的真实和可靠,从而提升市场信任。

综合来看,智慧农业的关键技术相互关联、互为支撑,共同推动着农业的现代化进程。

未来,智慧农业将在中国提高农业生产效率、促进可持续发展和实现粮食安全等方面发挥越来越重要的作用。

(三)智慧农业的应用场景

智慧农业的应用场景主要包括智慧灌溉系统、精准农业、智慧温室与立体农业,以及畜牧养殖中的智能化管理。

在智慧灌溉系统中,自动化灌溉与水资源优化成为关键。传统的灌溉方式往往依赖农民的经验,存在着水资源浪费和作物生长不均的问题。而智慧灌溉系统利用物联网技术,通过土壤湿度传感器、气象数据和作物需水信息,实现对灌溉过程的智能化管理。传感器能够实时监测土壤的湿度和温度,将数据传输到云端,农民可通过智能手机进行远程监控与管理。当土壤湿度低于设定值时,系统自动启动灌溉设备,确保作物在生长过程中获得所需的水分。这种自动化灌溉的方式不仅提高了灌溉的效率,还能大幅度减少水资源的浪费,提高水的使用效率。

精准农业的应用是智慧农业的重要组成部分。土壤传感器和无人机技术,使得农民能够随时获取土壤的环境信息,包括 pH、湿度、温度、养分含量等。在作物生长监测方面,利用高分辨率图像识别和遥感技术,农民可以实时观察作物的生长状况,及时发现病虫害或营养缺乏等问题。通过对土壤和作物生长状态的实时监测,农民可以根据不同作物的需水和养分需求制订精准的施肥与灌溉计划。

例如,在精准施肥的应用中,利用土壤检测技术,能够实时获取土壤中的氮、磷、钾等养分含量数据,并结合作物生长阶段,计算出最优施肥量,避免了肥料的过量施用。这种精准施肥的方式不仅能提高作物的产量与品质,同时也减少了土壤的污染与资源的浪费。

此外,精准播种的应用使得农作物的种植效率和精准度大幅提高。传统播种通常采用固定行距和固定播种量的方法,无法适应不同作物和不同土壤的需求。通过精准播种技术,农民可以根据土壤特性、气候条件以及作物类型,制订个性化的播种方案,优化播种深度和间距,确保作物在最佳条件下生长。这种精准化的播种方法可以有效提高作物的发芽率和产量,给农民带来更高的经济效益。

智慧温室与立体农业是智慧农业的重要发展方向,特别是在城市化进程不断加速的今天,立体农业与空间利用效率的提升显得尤为重要。智慧温室利用传感器和自动化设备,实现对温度、湿度、光照等环境因素的智能调控。通过对环境参数的实时监测和分析,温室内的作物能够在最佳生长条件下生长,减少人为干预,降低管理成本。现代智慧温室不仅能够种植传统作物,还能够实现多种植物的立体种植,提升土地利用效率,增加单位面积的产出。

在立体农业中,空间利用的优化使得作物种植不再局限于传统的平面布局,而是通过多层次的空间设计,实现立体种植。这种模式在城市中尤为受欢迎,因为它能够在有限的土地资源上实现更高的产量。立体农业不仅能有效解决城市食品供应问题,还能改善城市环境,实现生态农业的可持续发展。

在畜牧养殖领域,牲畜健康监控与智能饲养是智能化养殖的两个重要方面。通过佩戴智能传感器的耳标,养殖户可以实时监测牲畜的健康状况,包括体温、心率、活动量等数据。这些数据可以通过云平台进行分析,及时发现牲畜的异常状况,预防疾病的发生。此外,智能饲养系统能够根据牲畜的健康状况和生长阶段,自动调整饲料的配方和喂养时间,确保牲畜获得均衡的营养,促进其健康成长。

自动化设施与监控技术在智能养殖场中的应用也使得养殖过程更加高效与安全。例如,自动化喂养设备可以按照设定的时间和数量,定时喂养牲畜,减少了人力投入,提高了工作效率。同时,自动化的清洁和消毒设备能够定期对养殖环境进行清洁,保持良好的卫生条件,降低病害传播的风险。

综上所述,智慧农业的应用场景丰富多样,涵盖了从灌溉、施肥到温室管理和畜牧养殖的各个方面。这些创新技术的结合,不仅提高了农业生产的效率与质量,也为实现可持续农业发展和粮食安全提供了有力的支持。随着中国数字化转型的逐渐推进,智慧农业必将迎来更加广阔的发展前景。

(四) 智慧农业的优势与挑战

智慧农业作为现代化农业发展的重要方向,本节将详细探讨智慧农业的优势与挑战,分析其对农业生产的影响以及未来发展的前景。

1. 智慧农业的优势

智慧农业的首要优势在于提高生产效率与作物产量。通过物联网、传感器和无人机等技术,农业生产过程中的各个环节得以实现智能化和自动化管理。智能灌溉系统能够根据实时监测的数据,精准控制水量的使用,确保作物在生长过程中获得适宜的水分。同时,精准农业技术使农民能够根据土壤条件、气候变化及作物生长状态,科学安排种植和施肥,从而有效提高作物的产量。

智慧农业还带来了资源利用的优化,推动了农业的可持续发展。传统农业往往存在资源浪费、环境污染等问题,而智慧农业通过数据监测与分析,帮助农民合理配置资源。通过土壤传感器,农民可以实时监测土壤的养分含量和湿度,并结合气象数据进行合理的灌溉和施肥,从而最大限度地减少水和肥料的使用。此外,智慧农业技术的应用还可以促进循环经济的发展,利用农业废弃物进行再利用和处理,降低对环境的影响。

智慧农业的另一个显著优势是减少农药和化肥的使用。通过病虫害监测与预警系统,农民能够及时获取有关病虫害的信息,并在最合适的时间采取防治措施,避免了随意施药的情况。精准施肥技术同样能够根据土壤养分和作物需求进行施肥,减少了化肥的过量使用,降低了土壤和水源的污染。通过实现精准防治和施肥,智慧农业不仅有助于提高作物的质量和安全性,也促进了生态环境的保护。

2. 智慧农业的挑战

(1) 智慧农业的技术实施成本相对较高。现代农业所需的传感器、无人机、智能设备和数据分析软件等技术设备,往往需要较高的初始投资。这对于一些小规模农户来说,可能会成为进入智慧农业领域的障碍。此外,随着技术的快速发展,设备的更新换代速度也加快,农民需要不断投入资金进行设备升级,这进一步增加了他们的经济负担。

(2) 农村地区技术的普及与培训不足。尽管智慧农业在城市和部分发达地区得到了广泛应用,但在偏远地区,尤其是小农户的普及程度仍然较低。许多农民对现代农业技术缺乏了解,无法有效利用这些新技术、新设备进行生产。

(3) 数据隐私与安全问题。在智慧农业中,数据的采集与分析是关键环节。通过传感器和智能设备获取的各种数据,不仅涉及生产信息,还包括个人隐私数据。这些数据一旦被泄露,可能导致农民的经济损失和个人隐私的侵犯,甚至影响国家农业安全。

3. 智慧农业的未来发展路径

数字农业生态系统的建设是中国农业数字化转型与发展的重要方向。它通过整合数字化平台与智慧农业的各种技术手段,为农业的可持续发展提供了新的思路和方法。数字农业不仅仅是技术的应用,更是一个综合性的生态系统,涉及农业生产、管理、销售和服务等多个环节。以下将探讨数字化平台与智慧农业的互联互通,以及农业生产中的生态效益与经济效益平衡问题。

(1)数字化平台是实现智慧农业的基础。通过数字化平台,农民能够实时获取土壤、气候、作物生长等信息,实现数据的实时监测与分析。这些信息通过物联网技术的传输,使得农民可以利用智能手机或计算机随时随地查看农业生产的动态。在这种互联互通的环境中,数字化平台不仅提供了精准的农业管理工具,还促进了农业生产的智能化。

在数字农业生态系统中,数据共享与协作也至关重要。不同的农业参与者,包括农民、科研机构、农业企业和政府部门,通过数字化平台可以实现信息的共享与交流。这种数据的互联互通,不仅提高了农业生产的透明度,也促进了农业产业链的协作。通过大数据分析,农民可以获得市场需求和价格走势的信息,帮助他们作出更明智的种植决策,降低市场风险。同时,农业企业也可以根据农民提供的实时数据,优化生产和供应链管理,提升整体效率。

(2)在农业生产中,生态效益与经济效益的平衡是数字农业生态系统建设的重要目标。传统农业往往侧重短期的经济利益,忽视了生态环境的保护,导致土壤退化、水资源污染等问题。而数字农业通过精准管理和科学决策,能够在提高经济效益的同时,保护生态环境。通过数字化平台,农民可以实时监测土壤的养分和水分情况,科学、合理地施肥与灌溉,减少化肥和农药的使用,降低对环境的影响。同时,数字农业还可以通过生态种植、轮作和多样化种植等方式,提升土壤的生物多样性和生态功能,实现农业的可持续发展。这种生态效益与经济效益的双重追求,不仅有助于提升农业生产的质量与效益,还能保障农业生态环境的健康与稳定。

(3)数字农业生态系统的建设还离不开政策的支持与引导。政府在推动数字农业发展方面,可以通过制定相关政策,鼓励农业数字化平台的建设与应用。例如,政府可以提供普惠金融支持,帮助农民购买智能设备与技术;同时,推动农民的培训与教育,提高他们对数字农业的认知能力。此外,政府还可以建立农业数据共享机制,促进不同农业主体的数据交流与合作,共同推动数字农业生态系统的建设和发展。

4. 国内外智慧农业典型案例

全球范围内,许多国家和地区在智慧农业方面都取得了显著成就,以色列和中国的实践探索尤为突出。以下详细分析这两个国家在智慧农业中的成功案例。

以色列作为智慧农业的先行者,以其高效的农业技术和创新的管理模式而闻名。

由于其地理环境的限制,以色列在水资源利用方面面临严峻挑战,因此发展了世界领先的灌溉技术。以色列的滴灌系统是智慧农业的典型代表。通过精准的水资源管理,滴灌系统可以在植物根部直接输送水分,极大地减少了水的浪费。与传统灌溉方式相比,滴灌系统的水使用效率可以达到90%以上。此外,以色列还通过先进的传感器和气象监测技术,实时监控土壤湿度和气候变化,及时调整灌溉策略,确保作物在生长过程中的水分需求。

除了灌溉技术外,以色列的农业科技公司也在智能温室和农业大数据方面取得了显著进展。以色列的一些智能温室配备了自动化控制系统,可以根据植物的生长需求调节温度、湿度和光照条件。这种智能管理模式不仅提高了作物的产量和质量,还减小了对人力资源的依赖。在农业大数据方面,以色列企业利用大数据分析和人工智能技术,帮助农民进行精准决策。通过收集和分析土壤、气候与市场数据,农民能够制订科学的种植计划和施肥方案,提高农业生产的整体效率。

中国的智慧农业发展同样取得了显著成效,尤其是在技术推广和应用方面。

中国的智慧农业实践主要集中在精准农业、智能温室以及农田管理等领域。以精准农业为例,中国许多地区引入无人机和传感器技术,实时监测土壤和作物的生长状态。例如,无人机能够快速获取农田的高清影像,通过图像处理技术分析土壤的湿度、养分分布和作物健康状况。这些数据为农民提供了精准的决策支持,使他们能够在适当的时间进行灌溉、施肥和喷药,从而有效提高产量和减少资源浪费。

在智能温室方面,中国一些高科技企业开始建立现代化的智能温室,集成了气候控制、灌溉管理和病虫害监测等多项功能。这些智能温室不仅能够提高作物的生长效率,还能够实现对环境的精细管理,降低生产成本。通过大数据分析,农民可以实时监控温室内的各种参数,确保作物生长在最优条件下。

在农田管理方面,中国的一些地方政府推动了农业信息化建设,鼓励农民使用数字化平台进行生产管理。通过手机应用和互联网平台,农民可以获取气象预警、市场行情、技术指导等信息,实现生产的智能化管理。同时,政府还积极推广智能设备的使用,帮助农民提升技术水平和生产能力。

中国的智慧农业实践还注重推广绿色农业和可持续发展。在一些地区,农民通过使用生物农药和有机肥料,结合智慧农业技术,推动生态农业的发展。这种生态友好的生产方式,不仅提高了作物的质量和安全性,也为可持续发展奠定了基础。

三、数字金融

数字金融作为金融科技领域的一项革命性创新,加速了金融业的数字化转型。通过数字化手段,金融机构能够更高效地处理金融业务,提升服务质量和效率。

(一)数字金融的定义和内涵

从互联网金融到金融科技,再到数字金融,我国对数字技术与金融业务融合创新的过程不断加深认识。[①]

2015 年 7 月,中国人民银行等十部门发布的《关于促进互联网金融健康发展的指导意见》界定:"互联网金融是传统金融机构与互联网企业利用互联网技术和信息通信技术实现

---

① 欧阳日辉,龚强:中国数字金融的内涵、特点及态势[EB/OL].(2024-04-03). https://news. qq. com/rain/a/20240403A07IA200.

资金融通、支付、投资和信息中介服务的新型金融业务模式。"

2017年5月,中国人民银行成立金融科技委员会,采用了金融稳定理事会(FSB)提出的定义,认为"金融科技是技术驱动的金融创新,核心是运用现代科技成果改造或创新金融产品、经营模式和业务流程等,推动金融发展提质增效"。

2022年1月,国务院印发《"十四五"数字经济发展规划》明确使用了"数字金融"概念,把数字金融看作一种金融业务形态。

数字金融的定义在学术界和业界有多种表述,但核心观点较为一致。学者们认为,数字金融泛指传统金融机构与互联网公司利用数字技术实现融资、支付、投资及其他服务的新型金融业务模式。与互联网金融和金融科技定义相比,互联网金融侧重于互联网公司从事的金融业务,金融科技更强调技术特性,而数字金融的概念则更加中性、范围更加广泛,既包括互联网金融各业态,也涵盖了金融科技的内容。可以说,数字金融是数字经济时代的金融形态。从定位上看,互联网金融与金融科技都强调技术革新对金融的赋能作用,两个概念大致相同。而数字金融则泛指金融机构,或者金融机构与金融科技公司合作,利用数字技术、深挖金融数据,创新金融产品和业务模式,完成支付、融资、投资、理财等金融业务新形态。

综上所述,数字金融是指利用互联网、移动通信、大数据、云计算、人工智能等现代信息技术,在金融业务中实现资金流动、支付、投资、融资、理财、风险管理等一系列服务的新型金融形态。它不仅涵盖传统金融业务的数字化升级,还包括基于技术创新而拓展的新型金融产品和服务。

(二)数字金融对我国经济和社会的影响

数字金融在全球范围内迅速崛起并给传统金融模式带来了深刻的变革。我国作为世界第二大经济体,在数字金融领域取得了显著成就,已经成为全球数字金融发展的引领者之一。

截至目前,我国的数字金融已形成较为完整的生态系统,涵盖移动支付、线上理财、网络借贷、众筹、互联网保险等多种业态。数字金融在促进我国经济发展和社会进步方面发挥了重要作用。

(1)数字金融显著提升了金融服务的普惠性,使得更多中小微企业和个人享受到便捷的金融服务,助力实体经济发展。通过互联网、移动通信、大数据等现代信息技术,数字金融突破了传统金融服务的时空限制,使金融服务能够覆盖到更广泛的地区和人群。例如,以支付宝和微信支付为代表的移动支付平台,不仅用户规模均已突破10亿人,而且应用场景日益丰富,几乎支持所有日常消费场景,极大地提升了金融服务的便捷性和普惠性。

(2)数字金融通过技术创新优化了资源配置,提高了金融市场的效率和透明度,减少了信息不对称的现象。区块链技术的应用增加了数据的不可篡改性和透明度,大数据分析则帮助金融机构更好地了解客户需求,提供更加精准的服务。人工智能技术在风险控制、客户服务等方面的应用,也大大提高了金融机构的运营效率。这些技术的应用不仅提升了金融服务的质量,还降低了交易成本、提高了社会信用水平。

(3)数字金融还推动了金融业的转型升级,促使传统金融机构加快数字化转型步伐,不断提升竞争力。面对数字金融的冲击,传统银行纷纷推出自己的手机银行应用,提升线上服务能力。保险公司也开始利用大数据进行精准定价和风险管理。证券公司则通过互联网平台提供在线开户、交易等服务,方便客户操作。这种数字化转型不仅提升了传统金融机构的服务能力和市场竞争力,也推动了整个金融行业的创新和发展。

(三)数字金融带来的风险与挑战

当前,数字金融已成为推动我国金融业高质量发展的重要力量。在国家政策的引导和支持下,数字金融在提升金融服务普惠性、促进实体经济发展等方面发挥了积极作用。然而,随着技术的高速发展,技术与安全风险、法规与监管困境、数据隐私与保护等问题也日益凸显。

1. 技术与安全风险

区块链、大数据、人工智能等技术在提高金融服务效率的同时,也带来了新的风险问题。例如,区块链技术虽然增加了数据的不可篡改性和透明度,但目前仍存在性能和安全性待提升的问题。大数据分析可能引发数据泄露和隐私侵害,而人工智能则面临算法公平性和责任界定的难题。因此,在新兴的技术领域如区块链和人工智能方面,既要鼓励创新,又要保持审慎,确保技术的发展服务于经济、社会的整体利益。

2. 法规与监管困境

数字金融的跨地域、跨市场特性给现有法律法规和监管体系带来巨大挑战。一方面,现行法律未能完全覆盖数字金融的新业务模式和新兴技术,导致部分活动处于监管真空状态;另一方面,过于严格的监管又可能抑制创新、阻碍行业发展。尤其是跨境支付、数字货币等领域,国际缺乏协同的监管标准和框架,容易引发监管套利和金融风险。未来的数字金融需要在保障安全与鼓励创新间找到平衡点,分级分类的监管机制、科技手段的应用以及国际合作的深化将是未来监管体系发展的重要方向。

3. 数据隐私与保护问题

数据的收集、使用和共享贯穿于各项金融服务中,可能引发严重的数据隐私与保护问题。个人信息的过度采集和滥用时有发生,用户对自己的数据权利缺乏足够的知情和控制权。为保障公民的数据隐私权不受侵犯,需要从法律和技术两个方面入手加大保护力度。一方面完善法律法规与监管体系,严厉打击违法滥用个人信息的行为;另一方面要求金融机构加强技术研发与安全管理,采用更先进的数据安全防护措施保护用户数据安全。

4. 区域发展与数字鸿沟

我国幅员辽阔,各地区数字金融发展水平存在显著差异。一线城市和发达地区的数字金融普及程度高、基础设施完善、应用广泛;而部分农村和偏远地区则面临网络基础设施不足、金融科技应用滞后等问题。这种区域间的发展不平衡导致了数字鸿沟的出现,不仅阻碍了整体数字金融的均衡发展,也加剧了社会的不公平性。政府应在政策层面加大扶持力度,推动欠发达地区网络基础设施的建设,并强化普惠金融服务,以便让更多人享受到数字金融带来的便捷优势。

5. 金融素养与消费者保护

随着数字金融产品的普及,消费者面临的金融风险变得更加复杂。许多消费者对新型金融产品和服务的认识不足,易受到虚假宣传和不法行为的侵害。一些数字金融产品涉及高风险投机行为,可能导致消费者的资产损失。因此,提升公众的金融素养,加强投资者教育,已成为保护消费者权益的重要任务。此外,还需要建立完善的消费者保护机制,强化信息披露和风险提示,提升消费者的辨别能力和风险意识。

(四)数字金融的发展趋势

当前,数字金融的发展趋势呈现出爆发式增长态势。从移动支付到区块链技术,从智能投顾到大数据风控,数字金融正不断拓宽服务边界、深化应用场景,给金融行业带来前所未有的变革与机遇。

1. 区块链与分布式账本技术的深入应用

区块链与分布式账本技术的深入应用是未来数字金融发展的重要趋势之一。区块链技术由于其去中心化、不可篡改、透明性强的特点,在金融交易、支付清算、金融供应链等方面具有巨大的应用潜力。在支付系统中,分布式账本可以极大地降低中介成本,提升跨境支付的效率和安全性;在金融产品创新中,区块链技术将推动智能合约的使用,使金融合约的自动执行变得更加高效、安全。尤其是在去中心化金融领域,区块链正在重塑传统的金融模式,允许用户在没有传统金融机构中介的情况下进行贷款、投资、交易等分布式操作。未来,区块链与数字金融的融合将继续加深,催生出更多的创新金融服务模式和业务模式。

2. 人工智能与大数据技术在金融服务中的普遍应用

人工智能与大数据技术的快速迭代正在重塑传统金融行业。AI可以通过机器学习、深度学习等算法,帮助金融机构在风险管理、客户服务、市场预测等方面实现智能化决策。大数据则为金融行业提供了更加全面的用户画像和市场洞察,通过分析海量数据,金融机构可以更好地了解客户需求、市场动态和风险点,从而优化金融服务流程,提升业务效率和精准服务水平。未来,随着人工智能和大数据技术的持续进步,智能投顾、智能风控、精准营销等金融创新服务模式将得到进一步发展,这一趋势将深刻地重塑传统金融服务的整体架构。

3. 数字货币与国际竞争

各国政府对数字货币的关注与探索,使得数字货币在未来金融体系中的地位日渐显著。众多国家正积极致力于央行数字货币的研发与试点工作。数字货币的问世,不仅能够优化数字支付体系,还能强化金融监管,提升货币政策的执行效能。以数字人民币为例,其发行不仅仅极大地提升了支付效率,降低了货币印制与流通成本,更在跨境支付与国际贸易领域展现出重要价值。

数字货币的推进将引发全球范围内的激烈竞争,各国可能在跨境支付、国际清算等领域通过数字货币展开较量,使得货币间的竞争关系趋于复杂化。同时,推广数字货币还需应对技术挑战、确保安全及加强隐私保护。欧洲中央银行正积极探索数字欧元,并尤为注重用户权益保护与合规性,旨在增强跨境支付的便捷性与安全性。因此,未来数字货币的发展不仅仅局限于技术创新,更关乎国家间的金融战略较量以及全球金融体系的重构。

4. 金融科技生态系统的完善与跨界融合

数字金融的不断发展将促使金融科技生态系统日益完善,跨界融合成为显著趋势。金融科技的影响不再局限于金融行业内部,而是与其他行业形成深度交融。金融与科技、互联网、通信等领域的跨界合作，正催生出新兴的业务模式。电商平台与社交媒体等数字平台，通过与金融服务的深度整合，正构建一个无缝对接的金融服务体系，使用户在购买商品、享受服务的同时，也能便捷地获取贷款、支付、投资等金融服务。

与此同时，金融科技初创公司、传统金融机构与科技巨头之间的合作和竞争态势将越发激烈。传统金融机构正通过技术升级与业务转型，积极拥抱数字化趋势；而科技公司则凭借技术创新与平台优势，迅速渗透进入金融领域。未来，金融科技领域的跨界融合将更为深化，各行业间的合作模式将更加多元化，共同推动数字金融生态系统实现全面优化升级。

5. 金融科技标准建设与全方位审慎监管进入新阶段[①]

随着金融机构和金融科技公司在金融科技领域的合作与创新力度不断加大，一些新兴技术在金融业务边界模糊化，信息安全、网络安全等问题也逐渐暴露出来，这些需要通过标准建设进行规范，并通过试点验证新兴技术的稳定性与安全性后，对标准进行完善，再面向行业推广，未来数字技术创新生态也将基于此逻辑迭代发展。

同时，处理好金融创新、金融监管与金融安全的关系是监管过程中的重要原则。随着我国金融监管体系改革的推进，金融科技审慎监管进入新的阶段。一是金融科技全生命周期风险的预判和处置能力不断提高；二是金融科技市场主体间的关系日益复杂，运用各类数字技术实施行为监管、功能监管、穿透式监管，成为规范市场主体行为、保护消费者合法权益的重要途径。

四、数字贸易

数字技术广泛渗透经济、社会各领域，推动了全球产业链、供应链、价值链的深刻变革。数字贸易正成为国际贸易发展的新趋势和经济的新增长点。

（一）数字贸易的基本概念

数字贸易是继货物贸易、服务贸易之后的新兴贸易形态。

狭义上，数字贸易专指数字化的服务贸易。中国商务部在《中国数字服务贸易发展报告 2019》中对其的定义是：数字贸易不同于电子商务，是采用数字技术进行研发、设计、生产，并通过互联网和现代信息技术手段为用户交付的产品及服务，是以数字服务为核心、数字交付为特征的贸易新形态。《中国数字贸易发展报告 2024》中给出进一步的定义：数字贸易是指以数据为关键生产要素、数字服务为核心、数据订购与交付为主要特征的贸易。

广义上，经济合作与发展组织、世界贸易组织和国际货币基金组织（IMF）联合发布的《数字贸易测度手册》将数字贸易定义为"所有通过数字订购和/或数字交付的贸易"。按照交易方式划分，数字贸易包括数字订购贸易和数字交付贸易两个部分。数字订购贸易引用OECD 关于电子商务的定义，强调通过专门用于接收或下达订单的方法在计算机网络上进行的交易；数字交付贸易引用联合国贸易与发展会议（UNCTAD）工作组提出的可数字化

---

① 中国金融科技和数字金融发展报告（2024）［R/OL］. http://czifi.org/newsinfo/6707007.html.

交付服务概念,强调通过 ICT 网络以电子可下载格式远程交付的所有跨境交易。数字中介平台为交易双方提供交易平台和中介服务,在数字订购贸易和数字交付贸易中发挥重要作用。[①]

与传统贸易相比,数字贸易的特点突出体现在三个方面。

(1) 贸易方式的数字化,是指数字技术的广泛应用,实现贸易全流程、全产业链的数字化转型。其转型催生出了行业新业态,如跨境电商、智慧物流、线上展会等。同时,通过在线交付促进各类服务贸易,特别是文化、教育、研发、咨询等实现跨境服务提供。

(2) 贸易对象的数字化,是指以数据形式存在的要素和服务成为国际贸易中的重要交易对象。其大体分为三类:一是信息通信技术服务贸易,包括电信服务、信息服务、软件复制和分发的许可证等;二是 ICT 赋能的服务贸易,包括数字金融、数字教育、数字医疗、工业互联网等;三是具有商业价值的数据要素跨境流动。

(3) 数字贸易的地理范围更广阔。这主要得益于数字贸易基础设施的完善和信息通信技术的进步,使企业进行经济活动的市场空间进一步打破国别和区域的局限,以信息流为核心的数字价值链开始出现,极大地促进了全球经济发展。

(二) 数字贸易的重要性

数字贸易通过数字技术和数字服务给各个领域带来创新,催生了大量贸易新业态、新模式,为全球经济增长注入新的动力,其具体影响可以从不同的角度来分析。

对于消费者而言,数字贸易可以提升消费者福利。在传统的贸易模式下,贸易产品主要是农产品、制造品、矿产等实物商品的跨国交易,以及交通运输、保险、金融、旅游等服务的国际交换。而数字贸易的产生和发展将催生出更多数字消费产品,在原有传统可贸易的商品和服务的基础上,互联网和数字技术不断与各行业深度融合,数字贸易将渗入几乎所有行业的诸多部门,并推动大多数传统贸易产品转型升级,增加了可贸易产品的种类,除此之外,数字贸易能使交易成本下降,促使贸易品价格下降,从而给消费者带来福利。

对于生产者而言,数字贸易能为全球价值链提供新的动力。近年来,国际化生产分工深化放缓,这主要是因为全球价值链越来越长,协调各方的成本不断提高,甚至有些成本已经超出了预期收益。在这种发展困境下,数字技术的广泛运用和数字贸易的快速发展解决了全球生产的发展难题,数字贸易不仅可以降低全球价值链的组织和协调成本,而且能提供一系列新的可贸易产品及相应的新产品全球价值链。数字贸易有望为全球价值链持续提供新动力,推动构建新型全球价值链体系,并且开辟新的发展路径,助力全球价值链转型升级。

对于市场而言,数字贸易能够提高市场生产效率。数字贸易发展所产生的直接效应就是增加市场信息,使得消费者能够借助互联网等平台及时发现和深入了解企业及产品的相关信息,也可以与商家和其他用户通过平台进行交流,促进了市场主体间互动,也有利于企业更及时地发现和挖掘消费者需求,有效地降低贸易生产端和消费端之间的信息不对称程度,增加对其产品和服务的信任及购买,在提升消费者自身满足程度的同时提高企业的收

---

① 中华人民共和国商务部服务贸易和商贸服务业司.中国数字贸易发展报告 2021[R/OL]. http://fms. mofcom. gov. cn/cms_files/oldfile/fms/202301/20230117111616854.pdf.

益,从而提高企业市场化生产效率。

对于国际贸易而言,数字贸易有利于推动平等的国际竞争。一方面,数字贸易的发展促使数据和信息等各种资源要素日益公开、透明,一定程度上打破了市场间的信息壁垒,不同规模及不同性质企业之间拥有同等的机会和渠道获取信息。另一方面,随着数字技术的发展,线上交易流程和模式日趋规范,显著降低物理距离对国际贸易的制约作用,将原本只能给大企业提供服务或只能服务于本国企业的情况,变成服务于全球市场,有助于更多企业进入市场并形成良性竞争的市场环境,从而让市场机制发挥更大作用。

(三)全球数字贸易发展情况

近年来,全球数字交付服务贸易高速增长。据世界贸易组织统计,2023 年,全球数字化交付服务出口额 4.25 万亿美元,同比增长 9%,占全球服务出口的 54.2%。在 2019 到 2023 年期间,全球数字化交付服务出口年均增速达 10.8%,高出同期服务出口增速 4.9 个百分点。[①]

2019—2023 年全球货物和服务出口规模及增速见表 5-1。

表 5-1　2019—2023 年全球货物和服务出口规模及增速

年　份	货　物　出　口		服　务　出　口		数字化交付服务出口	
	金额/亿美元	增速/%	金额/亿美元	增速/%	金额/亿美元	增速/%
2019	190 180	−2.7	62 372	3.3	28 193	5.0
2020	176 529	−7.2	51 898	−16.8	32 054	13.7
2021	223 190	26.4	62 507	20.4	37 623	17.4
2022	249 175	11.6	71 940	15.1	39 001	3.7
2023	237 835	−4.6	78 397	9.0	42 504	9.0

资料来源:WTO 数据库及《全球贸易展望与统计 2024》。

当前的全球数字贸易中,发达经济体占据主导地位,发展中经济体增长态势强劲。另据 2023 年全球数字化交付服务进出口数据,出口排名前 5 位的经济体占全球比重达 45.2%,排名前 10 位的经济体只有印度和中国两个发展中经济体;进口排名前 5 位的经济体合计占全球比重达 38.1%,中国是前 10 位经济体中唯一的发展中国家。但是发展中经济体数字贸易展现出巨大的发展潜力,2019—2023 年,全球数字化交付服务出口前 30 大经济体中,发展中经济体占比由 13.2%升至 16.3%;进口前 30 大经济体中,发展中经济体和新兴市场占比由 14.6%升至 16%。

同期全球数字订购贸易也保持强劲增长。全球线上购物用户数量快速增长,电子商务活动空前活跃,展现出巨大发展潜力。

全球数字贸易治理正在深入推进。各主要经济体高度重视数字贸易治理合作,全球范围内与数字贸易议题相关的贸易协定数量持续增加,议题范围从传统的电子商务、无纸化贸易、知识产权等领域逐渐延伸到消费者隐私保护、数据跨境流动、数字产品非歧视性待

---

① 中华人民共和国商务部. 中国数字贸易发展报告 2024[R/OL]. (2024-10-17). https://fms.mofcom.gov.cn/xxfb/art/2024/art_2af090f44fd44b16b4d281d55dd5a31c.html.

遇、数字技术治理、数字平台治理等新兴领域。2023 年 12 月,WTO 电子商务联合声明倡议(JSI)90 个参加方就 13 个议题达成基本共识,涉及数字贸易便利化、开放的数字环境以及企业和消费者信任等领域。截至 2023 年,全球超过 130 个双边及区域协定包含数字经贸规则。2012 年以来,超过 90% 的服务贸易协定中均包含数字贸易相关条款或专章。

(四) 中国数字贸易发展情况

面对全球化新趋势,中国通过进一步强化数字贸易顶层设计、积极推进数字领域高水平对外开放、加强数字贸易相关平台建设、拓展深化数字贸易国际合作等有效措施,力图将数字贸易打造为贸易强国新引擎,推动中国数字贸易改革创新发展。

近年来,中国数字贸易迅速发展,新动能、新优势不断壮大。商务部数据显示,2022 年,中国可数字化交付的服务进出口额为 3 727.1 亿美元,同比增长 3.4%;跨境电商进出口额达 2.11 万亿元人民币,同比增长 9.8%。[①] 2023 年,可数字化交付的服务进出口额达到 3 859 亿美元,同比增长 3.5%,跨境电商进出口总额 2.37 万亿元人民币,增长 15.3%,展现出对中国贸易高质量发展的强劲支撑力。[②]

政策实践方面,中国的数字贸易顶层设计不断完善,制度型开放政策稳步扩大。2023 年 6 月和 12 月,国务院先后印发《关于在有条件的自由贸易试验区和自由贸易港试点对接国际高标准推进制度型开放的若干措施》和《全面对接国际高标准经贸规则推进中国(上海)自由贸易试验区高水平制度型开放总体方案》,在自贸试验区对接国际高标准数字贸易规则,开展先行先试。同时,国内数字贸易开放平台建设稳步推进,着力提升数字贸易领域对外开放水平,推动北京、上海、海南等 12 个国家数字服务出口基地作为数字贸易集聚和高质量发展的重要平台,成为推动中国数字贸易发展的主阵地。

各地在数据跨境流动方面积极探索,不断推出创新措施。北京率先开展数据跨境流动安全管理试点,落地全国首个获批数据出境安全评估案例、全国首家通过订立标准合同实现个人信息合规出境企业案例。上海自贸区发布了全国首批数据跨境场景化一般数据清单,涵盖智能网联汽车、公募基金、生物医药等 11 个场景。天津市发布首个《中国(天津)自由贸易试验区数据出境管理清单(负面清单)》,该负面清单成为《促进和规范数据跨境流动规定》实施以来,全国首张发布的自贸试验区数据出境负面清单。

国际合作方面,中国持续推进落实 WTO 电子商务谈判、贸易便利化协定和服务贸易国内规制谈判,会同各方不断完善 WTO 数字贸易规则。2023 年 12 月,中国作为重要的参加方和提案方,推动 WTO 电子商务联合声明倡议,实质性结束部分全球数字贸易规则谈判,这些规则涵盖数字贸易便利化、开放的数字环境以及企业和消费者信任等领域。2024 年 5 月,WTO 对电子支付、关税、电信和审议等方面的内容进行了修订,下一步将继续推动电子传输免征关税、电子支付、电信服务等议题尽快达成共识,力争达成高水平规则。

中国不断释放《区域全面经济伙伴关系协定》(RCEP)政策红利,提升公共服务水平,并

---

① 中华人民共和国商务部. 中国数字贸易发展报告 2022[R/OL]. http://fms. mofcom. gov. cn/cms_files/oldfile/fms/202312/20231205112658867. pdf.

② 中华人民共和国商务部. 中国数字贸易发展报告 2024[R/OL]. (2024-10-17). https://fms. mofcom. gov. cn/xxfb/art/2024/art_2af090f44fd44b16b4d281d55dd5a31c. html.

推动成员国高水平履约,深入推进 RCEP 机制建设与合作。RCEP 有效降低了跨境电商企业出口商品在进口国的税费成本,削弱了交易壁垒,提升跨境电商物流的效率。2023 年以来,中国数字贸易"朋友圈"不断扩大,先后与 30 多个国家共同发布相关国际贸易合作框架倡议,围绕数字贸易相关议题展开深入研讨,携手推进数字贸易领域的务实合作,共同迎接数字经济的新浪潮。

思考题

1. 中国企业数字化转型面临的挑战和对策有哪些?
2. 智能制造如何与绿色发展理念深度融合发展?
3. 推进智慧农业深入农村、促进乡村振兴的主要障碍和解决之道是什么?

扩展阅读 5-1　新发展阶段工业绿色低碳发展路径研究报告(2023 年)

扩展阅读 5-2　中国工业互联网发展成效评估报告(2024 年)

扩展阅读 5-3　数字乡村发展实践白皮书(2024 年)

扩展阅读 5-4　全球数字经贸规则年度观察报告(2024 年)

扩展阅读 5-5　中国金融科技生态白皮书(2023 年)

即测即练

第六章

数字化治理与公共服务

本章学习目标

1. 了解数字治理的概念及分类；
2. 掌握数字化治理的定义与特点，理解数字化治理与数字政府的联系和区别；
3. 掌握数字政府的定义和特点，了解我国数字政府建设的主要内容；
4. 掌握数字化公共服务的定义和内涵，了解我国数字化公共服务的发展现状和趋势；
5. 了解智慧城市、智慧医疗、智慧教育、智能交通的定义及发展趋势。

导言

进入 21 世纪，人类社会正经历着信息技术飞速发展所带来的前所未有的变革。这场数字化浪潮不仅重塑了经济形态，也深刻影响了社会治理模式。作为这一变革的重要产物，数字化治理与数字政府正逐渐成为推动国家治理体系和治理能力现代化的关键力量。数字化治理不仅仅改变了政府的管理方式，更在公共服务领域产生了深远影响。

党的十九届五中全会着重指出，要加大数字社会与数字政府的建设力度，致力于提升公共服务和社会治理的数字化与智能化水平，以此推动国家治理效能实现新的提升。习近平总书记在党的二十大报告中进一步强调，要全面健全基本公共服务体系，着力提高公共服务的质量与水平，不断增强公共服务的均衡性和可及性，坚定不移地推进共同富裕的扎实进程。

第一节　数字化治理与数字政府

数字治理是数字时代全新的治理模式，其内容广泛且复杂，涵盖了经济、社会、技术等多个方面和层次。一般认为，数字治理既包括"基于数字化的治理"，也包括"对数字化的治理"。[①] 前者是指数字化被作为工具或手段应用于现有治理体系，其目的是提升政府治理效能，可以称为"数字化治理"；后者是数字生态下的经济、社会、文化发展中的问题和风险，以及数字技术及其运用产生的问题和风险，通常被专指为"数字治理"。

---

① 数字治理的概念辨析与善治逻辑 [EB/OL]．(2022-10-14)．https://www.cssn.cn/skwxsdt/gjhy/202210/t20221014_5549350.shtml.

　　根据治理的主体和对象不同,还可以将数字治理分为较为具体的四类,即数字政府治理、数字经济治理、数字社会治理和数字技术治理。数字政府治理主要体现为电子政务的升级和转型,包括政府行政流程的简化、公共服务的数字化、决策支持系统的智能化等。数字经济治理主要关注如何促进数字经济的健康发展,以确保公平、有序、可持续的经济发展。数字社会治理是指依托数字技术和数字平台,实现多元主体协同参与对社会事务的治理,旨在提高社会治理的效率和效果,增进公共利益和个人福祉。数字技术治理是针对数字技术和平台本身的管理与监管,确保数字技术应用的安全性、可靠性和合规性。

一、数字化治理的定义与特点

　　数字化治理,是指利用现代信息技术手段,如大数据、云计算、人工智能等,对公共事务进行高效、透明、智能的管理和服务。它强调以数据为驱动、以技术为支撑、以公众为中心,实现治理过程的智能化、精准化和协同化,为构建更加公平、公正、开放的社会治理体系提供了可能。

　　数字化治理的特点主要体现在以下几个方面:一是高效性。通过数字化手段,可以大幅提高治理效率,减少人为干预和决策失误。二是透明性。数字化治理要求信息公开、透明,加大公众对政府行为的监督力度。三是智能性。利用人工智能等技术,可以实现治理过程的智能化决策和自动化执行。四是协同性。数字化治理强调跨部门、跨领域的协同合作,形成治理合力。

　　与传统治理相比,数字化治理具有显著的优势和差异。首先,在治理理念上,传统治理往往以政府为中心,强调政府的权威性和控制力;而数字化治理则更加注重以公众为中心,强调公众的参与度和满意度。其次,在治理手段上,传统治理主要依赖人工操作和纸质文件;而数字化治理则充分利用现代信息技术手段,实现治理过程的智能化和自动化。再次,在治理效率上,传统治理往往存在决策周期长、执行效率低等问题;而数字化治理则通过数据驱动决策与智能响应机制,大幅压缩决策周期、显著加快执行响应速度。最后,在治理效果上,传统治理往往难以实现对治理过程的全面监控和精准评估;而数字化治理则可以通过数据分析等手段,实现对治理效果的实时评估和精准反馈。

二、数字化治理的理论基础与技术支撑

　　数字化治理的理论基础主要包括以下几个方面:一是新公共管理理论,该理论强调政府应以市场为导向,提高服务效率和公众满意度,而数字化治理正是通过引入市场竞争机制和技术创新手段,实现政府服务的优化和升级;二是治理理论,该理论强调政府、市场和社会的协同合作与共同治理,数字化治理则通过构建政府与社会的信息共享和互动交流,实现治理过程的协同化和智能化;三是数据治理理论,该理论强调数据在治理过程中的重要性和作用,数字化治理正是以数据为驱动,通过数据分析和挖掘等手段,实现治理过程的精准化和智能化。

　　数字化治理的技术支撑主要包括大数据、云计算、人工智能和物联网技术。技术支撑对数字化治理效能的影响主要体现在提高治理效率、增加治理精准度、提升治理透明度和

促进治理协同性四个方面。

例如,通过数字技术手段,可以大幅提升政府服务的处理速度和响应能力,减少人为干预和决策失误,同时助力政府能够更加精准地掌握社会动态和公众需求,为政府决策提供科学依据和智能支持。通过构建政府与社会的信息共享和互动交流平台,不仅可以实现政府信息的公开透明和互动交流,加大公众对政府行为的监督力度,还可以实现政府、市场和社会的协同合作与共同治理。

三、数字化治理与数字政府的联系和区别

(一)数字化治理与数字政府的联系

数字化治理与数字政府之间存在紧密且相辅相成的关系。

数字化治理的理念和方法论,为数字政府的建设提供了指导和方向。数字政府则是数字化治理在政府领域的深化和拓展,以及具体实践。数字政府的建设不仅推动了政府自身的数字化转型,还带动了社会治理、公共服务等领域的数字化变革。数字政府通过优化政府决策、提高公共服务水平、加强社会治理等,为数字化治理提供了更加具体、生动的实践案例和成功经验。

(二)数字化治理与数字政府的区别

数字化治理与数字政府之间也存在明显的区别,主要体现在概念范畴、侧重点以及实践三个层面。

在概念范畴层面,数字化治理是一个更广泛的概念,它不仅仅局限于政府领域,更涵盖了企业、社会组织等多元主体的治理活动。数字政府则是一个更具体、更聚焦于政府形态的概念,侧重数据要素在政府管理服务、经济社会各领域的应用。

在侧重点层面,数字化治理侧重治理方式的创新和效能提升,通过数字技术实现治理的智能化、精准化和高效化,它不仅关注政府内部的数字化转型,还关注政府与社会、企业等多元主体的数字互动和协同治理。数字政府则侧重政府自身的数字化转型和升级,通过构建数字平台、优化政务服务流程等方式提高政府服务效率和质量,它更强调政府数据的整合共享和开放利用,以数据驱动政府决策和治理创新。

在实践层面,数字化治理可以应用于各个领域和场景,如城市管理、环境保护、公共安全等,它通过数字技术实现信息的快速传递和共享,提升治理决策的科学性和准确性,同时还可以促进多元主体的协同合作,形成共建、共治、共享的社会治理格局。数字政府主要体现为政务服务的线上化和智能化,通过构建数字政务平台、推广电子证照、优化政务服务流程等方式,为公众提供更加便捷、高效的政务服务。

综上所述,数字化治理与数字政府,虽视角有异,却本质相通,可视为同一概念在不同维度上的展开。数字政府,作为狭义的理解,聚焦于政府机构如何利用数字技术重塑服务流程、提升行政效能、增强决策科学性,它强调的是政府在数字时代下的转型与革新。而数字化治理,则是一个更为宽泛的概念,它不仅涵盖数字政府在公共管理和公共服务中的应用,还扩展至社会治理的各个领域,旨在通过全面数字化转型,推动数字社会整体治理体系

和治理能力的现代化。

第二节 中国数字政府建设

加强数字政府建设是适应新一轮科技革命和产业变革趋势、引领驱动数字经济发展和数字社会建设、营造良好数字生态、加快数字化发展的必然要求,是建设网络强国、数字中国的基础性和先导性工程,是创新政府治理理念和方式、形成数字治理新格局、推进国家治理体系和治理能力现代化的重要举措,对加快转变政府职能,建设法治政府、廉洁政府和服务型政府意义重大。[①]

一、数字政府的定义和特点

对数字政府大致可有广义和狭义两种理解。广义上,数字政府内涵极广,包括政府信息化、电子政务、"互联网＋政务服务"以及数字化治理方式演变的全过程。狭义上,数字政府更加强调数字技术在政府治理中的应用广度和深度,突出智能化、泛在化、主动化的特征,是政府对数字技术应用的高阶形态。同时,数字政府关注数字技术对政府文化、制度、理念带来的转变,意图探讨数字时代政府呈现何种形态、扮演何种角色、如何开展治理,是政府对数字化转型作出的回应。

中国信息通信研究院认为,数字政府是国家治理现代化背景下,政府应用数字技术履行职能而展现的一种政府运行模式,本质上是政府治理的数字化转型。在内涵上,数字政府不仅属于技术变革和应用范畴,还涉及政府管理体制机制改革、行政文化变革等多方面;在外延上,数字政府包含数据驱动的政务服务,但更侧重社会治理、城市管理、经济调控、行业监管等政府职能履行的数字化、智慧化,以全方位提升数字化治理能力和水平。[②]

从理论和实践来看,数字政府呈现以下四大特点。

(1)以用户为中心。一方面,数字政府建设始终围绕解决群众需求,强调以客户需求为基础进行组织重构和流程再造,通过提升治理能力和治理水平,增加民众的获得感和满意度。另一方面,数字政府主张由群众评价建设效果,全面建成政务服务"好差评"制度体系,企业和群众的评价权利得到进一步增强,途径进一步扩展。

(2)数据驱动。数据是数字政府的基础性要素,数字政府主张"用数据对话、用数据决策、用数据服务、用数据创新",以数据引导各项变革。一方面,数字政府以数据流为牵引,推动业务流程再造和部门关系重塑,合并建立统一受理中心和综合受理系统,进行服务事项集中审批、统一办理。另一方面,数据作为一种新的生产要素参与市场流动已在国家层面确定,各主体数字化转型加快,数据汇聚整合、挖掘利用、分析研判将成为政府治理活动的重要内容。

---

① 国务院关于加强数字政府建设的指导意见[EB/OL].(2022-06-06).https://www.gov.cn/gongbao/content/2022/content_5699869.htm.

② 中国信息通信研究院.数字时代治理现代化研究报告——数字政府的实践与创新(2021年)[R/OL].http://www.caict.ac.cn/kxyj/qwfb/ztbg/202103/t20210302_370363.htm.

（3）整体协同。数字政府强调整体建设理念，要求通过机制设计，不断打通部门间壁垒，实现更高层次的协同。一方面，数字政府建设的一个重要目标就是打破以往条块分割模式，建成上接国家、下联市县、横向到边、纵向到底全覆盖的整体型政府，实现政府内部运作与对外服务一体化。另一方面，数字政府强调治理机制的协同推进，各地政府通过技术融合、业务融合、数据融合，实现跨层级、跨地域、跨部门、跨业务的协同管理和服务。

（4）泛在智能。未来的数字政府建设，必将极大地受到智能技术发展影响，走向泛在化、智能化。其具体表现为，政府将变得"无时不在、无处不在"。一方面，各省区市推动政务服务向移动端延伸，实现政务服务事项"掌上办""指尖办"，政务服务将变得无处不在、触手可及。另一方面，传统意义上的实体政府、服务大厅等将转变为"线上政府"等虚拟政府形式，政府提供服务不再局限于时间和空间。

二、数字政府建设的主要内容

建设数字政府的本质是一项以适应数字时代发展需要的政府管理服务方式深层次改革，是以系统观念、整体协同、应用牵引为主要特征，以支撑国家治理体系和治理能力现代化为目标，以满足人民对美好生活的向往为出发点和落脚点，通过技术创新、制度创新双轮驱动，强化数据赋能推动政府治理流程优化、模式创新和履职能力提升，提高政府决策科学化水平和管理服务效率的政府运行新形态，有助于更公平惠及全体人民，引领数字经济发展、促进数字社会建设、营造良好数字生态。[①]

《国务院关于加强数字政府建设的指导意见》给出了我国数字政府建设的主要内容。[②]

（1）构建协同、高效的政府数字化履职能力体系。全面推进政府履职和政务运行数字化转型，统筹推进各行业、各领域政务应用系统集约建设、互联互通、协同联动，创新行政管理和服务方式，全面提升政府履职效能。

（2）构建数字政府全方位安全保障体系。全面强化数字政府安全管理责任，落实安全管理制度，加快关键核心技术攻关，加强关键信息基础设施安全保障，强化安全防护技术应用，切实筑牢数字政府建设安全防线。

（3）构建科学、规范的数字政府建设制度规则体系。以数字化改革促进制度创新，保障数字政府建设和运行整体协同、智能高效、平稳有序，实现政府治理方式变革和治理能力提升。

（4）构建开放、共享的数据资源体系。加快推进全国一体化政务大数据体系建设，加强数据治理，依法依规促进数据高效共享和有序开发利用，充分释放数据要素价值，确保各类数据和个人信息安全。

（5）构建智能集约的平台支撑体系。强化安全可信的信息技术应用创新，充分利用现有政务信息平台，整合构建结构合理、智能集约的平台支撑体系，适度超前布局相关新型基

① 中国信息通信研究院.数字政府发展趋势与建设路径研究报告（2022年）[R/OL].http://www.caict.ac.cn/kxyj/qwfb/ztbg/202211/t20221123_411845.htm.
② 国务院关于加强数字政府建设的指导意见[EB/OL].（2022-06-06）.https://www.gov.cn/gongbao/content/2022/content_5699869.htm.

础设施,全面夯实数字政府建设根基。

(6) 以数字政府建设全面引领驱动数字化发展。围绕加快数字化发展、建设数字中国重大战略部署,持续增强数字政府效能,更好地激发数字经济活力,优化数字社会环境,营造良好数字生态。

(7) 加强党对数字政府建设工作的领导。以习近平总书记关于网络强国的重要思想为引领,始终把党的全面领导作为加强数字政府建设、提高政府管理服务能力、推进国家治理体系和治理能力现代化的根本保证,坚持正确政治方向,把党的政治优势、组织优势转化为数字政府建设的强大动力和坚强保障,确保数字政府建设重大决策部署贯彻落实。

三、数字政府建设的发展现状与问题

党的十八大以来,党中央、国务院从推进国家治理体系和治理能力现代化全局出发,准确把握全球数字化、网络化、智能化发展趋势和特点,围绕实施网络强国战略、大数据战略等作出了一系列重大部署。经过各方面共同努力,各级政府业务信息系统建设和应用成效显著,数据共享和开发利用取得积极进展,一体化政务服务和监管效能大幅提升,"最多跑一次""一网通办""一网统管""一网协同""接诉即办"等创新实践不断涌现,数字治理成效不断显现,为迈入数字政府建设新阶段打下了坚实基础。[①]

中国信息通信研究院在《数字政府一体化建设白皮书(2024年)》中指出,当前我国数字政府建设在政策、服务、数据、技术和底座等方面已全面呈现一体化发展态势。从政策沿革来看,数字政府建设正从宏观到微观推进一体化建设布局;从服务方式来看,政府数字履职应用日益趋向一体化协同联动;从数据资源来看,全国一体化政务大数据体系加快形成;从技术特征来看,数字技术全面赋能加速一体化融合;从底座建设来看,设施部署明显趋向一体化共用格局。数字政府顶层设计更加完善,体系框架更加成熟完备。[②]

此外,中国信息通信研究院在《数字政府发展趋势与建设路径研究报告(2022年)》中整理并总结了我国推进数字政府建设过程中的主要问题。[③]

(1) 体制机制不顺。一方面,各级数字政府牵头部门不同,其履职职责也往往差异较大,上级部署的数字政府工作要求,直属下级部门由于缺少相应职权往往"接不住",不利于形成省、地市、县区一体化统筹局面;另一方面,部分地区牵头部门职责权限不高,在横向统筹推进本地区数字政府建设时,难以在项目审批、资金分配、流程监管等方面有效协调管理各条线、各部门的建设需求,出现"小马拉大车"的现象,往往"心有余而力不足"。

(2) 建设运营脱节。政府信息化项目建设完成之后,缺乏专业的运营队伍,尚未形成从数据归集共享提升到数据分析、数据决策的匹配运营能力。即使有的地方成立数据平台公司,往往缺乏专业人才与技术能力,存在对政府业务流程缺乏理解的情况,与最了解流程

① 国务院关于加强数字政府建设的指导意见[EB/OL]. (2022-06-06). https://www.gov.cn/gongbao/content/2022/content_5699869.htm.

② 中国信息通信研究院. 数字政府一体化建设白皮书(2024)[EB/OL]. (2024-04-01). http://www.caict.ac.cn/kxyj/qwfb/bps/202402/t20240204_471663.htm.

③ 中国信息通信研究院. 数字政府发展趋势与建设路径研究报告(2022年)[R/OL]. http://www.caict.ac.cn/kxyj/qwfb/ztbg/202211/t20221123_411845.htm.

的业务部门和基层部门协同不足,很难做到利用信息化、数字化来优化政府服务流程和提升政府履职能力。另外,还存在对数字政府建设效果、运营效果缺乏绩效评估标准的问题。

（3）数据共享和应用协同。不少地方在数据资源建设过程中,缺乏全生命周期的数据治理规划与推进举措,大量政务原始数据质量不高,可读性、可用性不强。同时,基层数字化赋能水平较低,各种与本地民生密切相关、共享需求大的人口、教育、生育、婚姻等数据,都在垂直管理业务信息系统之中,与地方服务窗口无法有效对接、数据无法真正共享。另外,跨部门、跨区域的应用协同能力薄弱,导致系统整合困难,系统运行和业务流程没有紧密结合与无缝衔接,存在业务与系统"两张皮"问题,与线上和线下相结合的一体化政务服务要求存在一定差距。

（4）新应用缺乏落地性。地方建设投资过程中,存在一定"面子工程、盲目跟风"现象,盲目追求新技术、新应用,对于新技术的适用性、实用性缺乏有效评估衡量,许多新建应用的活跃度不高,部分应用未能有效满足政府履职需要,反而造成资源浪费、重复填报、日常工作负担重等问题。另外,部分项目前期论证调研不充分、不彻底,导致建成的应用体验差、数据更新慢、业务逻辑不合规等问题也大量存在。

（5）长效运营和维护。数字政府建设普遍重设计建设而轻运维,建设与运维缺乏统筹考虑。在建设过程中,资源配置重头轻尾,更多资源投在平台系统的设计、优化、整合上,运维资金往往不能及时到位,导致建设阶段与运维阶段过渡不畅、运维知识与技能传递不足等问题,构成运行和维护阶段的重要阻碍。另外,由于运维人员缺乏体系化保障、运维技术体系不够完善,因此运维工作以被动发现问题和处理问题为主,在日常运维、网络安全、数据安全等方面缺乏长效机制。

四、提升数字政府建设水平的对策建议

结合中国数字政府建设的主要问题与发展态势,借鉴发达国家数字政府先进经验,建议通过健全数字政府管理机制和长效运营机制,强化组织保障,深化运营保障,统筹推进数字政府规划、建设、管理、运营、评估等各方面工作,从而探索形成一条具有中国特色的数字政府建设道路。

（1）完善组织保障机制。一方面强化组织体系建设,坚持以省市县为主体,建立由党委领导的数字政府建设领导小组,构建统一领导、上下衔接、统筹有力的组织体系和协调机制。另一方面统筹安排推进计划,编制数字政府建设跨部门、跨层级任务清单,量化目标,明确要求,分工协作,形成统筹谋划、实施举措、解决问题、反馈激励的工作闭环。同时,建立定期议事和跨部门协调管理机制,对数字政府建设过程中遇到的难点问题进行有效沟通和及时解决。健全专家智库建议和咨询机制,为数字政府建设提供专业的知识和建议,为决策过程提供科学依据和智力保障。

（2）健全制度保障机制。一方面加强数字政府标准体系建设,根据相关标准规范,制定项目建设、政务服务、公共数据资源、信息安全等标准规范和制度规范,科学构建数字政府建设标准规范体系。另一方面建立健全项目质量管理和考评体系,加强数字政府建设项目全生命周期管理,健全项目立项、审批、实施、运维管理、质量管理和考核制度,对项目的建

设进度、质量、运行效果进行全面跟踪考核,形成常态化监督评价机制。此外,要强化落实安全管理制度,持续提升安全管理体系的有效性。

(3)强化数据标准和有效利用。一方面持续强化数据标准规范建设,实现数据资源清单化管理,提升数据的准确性、完整性、时效性,加快推进一体化政务大数据体系建设。另一方面充分利用技术优势,推动区域内跨部门数据高效流通,加强公共数据开放供需对接,提升开放数据的数量和质量。同时,有序推进国务院部门垂直管理业务系统与地方数据平台、业务系统数据双向共享,探索数据交易流通有效途径,实现各地政府系统内外互联互通和数据按需共享。

(4)探索运营管理创新模式。积极探索"政企研"合作运营管理模式,鼓励社会主体广泛参与数字政府创新应用建设,构建数字城市建设运营生态联盟。充分利用国内优秀数字产业化公司的技术优势、渠道优势和专业运营服务能力,推广政府购买服务模式。同时,积极引入第三方研究咨询机构专家资源,对数字政府建设中的重大决策和问题,提出建设性意见,确保科学决策。此外,要强化数字政府建设运营运维环节的资金保障和集约管理,规范项目预算和经费管理,注重项目建设实效,充分保障具有较高经济效益和社会效益的项目的运营与维护资金投入。

(5)加强数字政府管理人才队伍建设。将数字管理思维列入领导干部和各级政府相关工作人员学习培训计划,建立多样化、多层级数字政府建设专项人才培训体系。定期开展数字经济、数字政府相关管理和技术培训活动,通过专题讲座、短期培训、专题交流等多种形式提高政府工作人员的数字素养和数字化技能,培养业务精通、技术熟练、数字素养良好的复合型人才。此外,积极推动政府与高校的紧密合作,通过设立定向培养项目,专注于培养具有良好数字素养和技能的专业人才,为数字政府建设提供坚实的人才支撑和智力保障。

第三节　数字化公共服务

在这个信息化、数字化高速发展的时代,数字化公共服务已成为提升政府治理能力、优化公共服务供给的关键路径。

《"十四五"数字经济发展规划》中强调,要提升社会服务数字化普惠水平,加快推动文化教育、医疗健康、会展旅游、体育健身等领域公共服务资源数字化供给和网络化服务,促进优质资源共享复用。充分运用新型数字技术,强化就业、养老、儿童福利、托育、家政等民生领域供需对接,进一步优化资源配置。[①]

一、数字化公共服务的定义与内涵

数字化公共服务,简而言之,是利用现代信息技术手段,特别是互联网、大数据、人工智能等,对传统的公共服务进行数字化改造和创新,以提高服务质量和效率,满足公民多样

---

① "十四五"数字经济发展规划[EB/OL].(2021-12-12). https://www.gov.cn/gongbao/content/2022/content_5671108.htm.

化、个性化的需求。这一概念的提出,标志着公共服务从传统的"以政府为中心"向"以公民为中心"的转变,体现了数字政府治理理念的深刻变革。

（1）数字化公共服务是技术驱动的服务优化,数字化公共服务的核心在于技术的运用。例如,互联网技术使政府服务能够跨越地理界限,实现远程办理、在线交互,极大地提高了服务的便捷性和可及性;大数据技术则让政府能够基于海量数据进行深度分析,精准把握公民需求,实现服务的个性化定制;人工智能更是让服务过程实现了自动化、智能化,提高了服务的响应速度和准确性。

（2）数字化公共服务是数据驱动的服务创新。在数字化公共服务的背景下,数据成为政府决策和服务创新的重要依据。通过对数据的采集、整合、分析,政府能够及时发现服务中存在的问题和不足,提出针对性的改进措施。同时,数据还可以作为评估服务效果、优化服务流程的重要工具,推动政府提供服务的持续改进和创新。

（3）数字化公共服务是全生命周期的服务覆盖。数字化公共服务不仅仅限于某一特定领域或阶段,而是覆盖了公民从出生到死亡的全生命周期。无论是教育、医疗、社会保障、就业,还是养老、住房、交通等领域,数字化公共服务都能提供全面、连续的服务支持。这种全方位的服务覆盖,不仅提高了公民的生活质量,也增加了社会的整体福祉。

（4）数字化公共服务是跨部门协同的服务整合。数字化公共服务的另一个重要特征是跨部门、跨领域的协同合作。在传统模式下,各部门之间往往存在"信息孤岛"和壁垒,导致服务效率低下、资源浪费。而数字化公共服务则打破了这些壁垒,通过数据共享和流程整合,实现了公共资源的优化配置和高效利用。这种协同合作不仅提高了服务效率,也增强了政府的整体治理能力。

二、我国数字化公共服务的发展现状与趋势

近年来,我国数字化公共服务的发展取得了显著成效。

以教育为例,数字化教育资源的普及率不断提高,越来越多的学生能够通过在线课程、电子图书等方式获取优质教育资源。在医疗卫生领域,远程医疗、电子病历、在线预约挂号等服务的推广,使患者能够更加方便地获取医疗服务,减轻了医疗机构的压力,提高了医疗资源的利用效率。在社会保障、就业服务等方面,通过建设统一的社会保障信息平台,实现了社会保障信息的共享和交换,为公众提供了更加便捷、高效的社会保障服务。同时,数字化就业服务平台的建设,也为求职者提供了更加丰富的就业信息和更加精准的就业服务。

未来,数字化公共服务将继续向更高效、更智能、更人性化的方向发展。

随着技术的进步和应用场景的持续拓展,数字化公共服务将不断创新优化服务模式和方式。政府将借助数字化手段实现更加精准、高效、便捷的服务供给,满足公民多样化、个性化的需求。在未来的发展中,政府还需要继续加强技术创新和应用实践,不断完善和优化数字化公共服务的体系与模式。同时,政府还需要加强与公民、企业等各方面的合作和交流,共同推动数字化公共服务的创新和发展。

三、智慧城市

近年来,大数据、物联网、人工智能等数字技术深入城市数字化转型与城市治理,与智慧城市(Smart City)建设深度融合,不断扩展医疗、交通、能源、教育、金融、物流等多个应用场景,成为实现城市高效治理的重要支撑。

(一)智慧城市的定义与发展现状

智慧城市是全球城市发展的新理念和新模式。根据国家标准《智慧城市 术语》(GB/T 37043—2018)的定义,智慧城市是运用信息通信技术,有效整合各类城市管理系统,实现城市各系统间信息资源共享和业务协同,推动城市管理和服务智慧化,提升城市运行管理和公共服务水平,提高城市居民幸福感和满意度,实现可持续发展的一种创新型城市。

从实践上看,智慧城市是运用互联网、物联网、云计算、大数据、人工智能、区块链、空间地理信息集成等新一代信息通信技术,促进城市规划、建设、管理和服务智慧化的新理念与新模式,是集城市规划、产业发展、基础设施改造、城市管理创新、公共服务改善、政府职能转变等于一体的城市科学发展新实践。以智慧城市建设提升城市治理现代化水平已成为必由之路和战略抉择。[①]

近年来,新技术持续赋能智慧城市建设发展。基于新技术赋能的信息基础设施和融合基础设施,构成了为智慧城市提供数字转型、智能升级、融合创新等服务的基础设施体系。

数字孪生是一种集成多物理、多尺度、多学科属性,具有实时同步、忠实映射、高保真度特性,能够实现物理世界与信息世界交互和融合的技术手段。[②] 数字孪生作为实现数字化、智能化、服务化等先进理念的重要技术,打通了物理世界与数字世界的隔阂,实现了物理信息系统中的虚实融合,被广泛应用在新一代智慧城市建设领域。

雄安新区是我国利用数字孪生技术推动新型智慧城市建设的典范,覆盖了城市规划、设计、建设、运行与维护的全生命周期。雄安新区通过城市计算(超算云)中心与综合数据平台、物联网平台、视频一张网平台以及城市信息模型(CIM)平台共同构成了智慧城市中枢的"一中心四平台",对城市各领域的数据进行汇总集成,再筛选分类后加以利用,实现数字城市和物理城市同步规划、同步建设。[③] 一方面,物联网传感器遍布雄安新区所有的市政、道路、桥梁、水源等设施中,它们如同城市的神经末梢,24 小时不间断地捕捉着大气质量的微妙变化、水质的纯净度以及建筑结构的承压状态,确保数据准确可靠,为雄安新区绘制出一幅幅生动、细腻的生命体征图。另一方面,孪生的数字建筑早于物理建筑"竣工",排水系统、供电网络、综合管廊、智能感应系统等传统建设中可能面临的难题与挑战都能被巧妙地转化为数字世界中的模拟仿真实验,经过多次优化后得出最佳方案,不仅仅极大降低了人

---

① 以智慧城市建设提升城市治理现代化水平[EB/OL]. (2023-07-05). http://www.sic.gov.cn/sic/82/567/0705/11991_pc.html.

② 陶飞,刘蔚然,刘检华,等. 数字孪生及其应用探索[J].计算机集成制造系统,2018,24(1):1-18.

③ 从雄安读懂"数字孪生"[EB/OL]. (2024-01-17). https://www.mohurd.gov.cn/xinwen/dfxx/202402/20240207_776621.html.

工成本，更最低限度减少了资源浪费。① 雄安新区正以智能之名，重塑智慧城市的未来形态。

（二）智慧城市中的数字化治理与公共服务

数字化治理是公共服务创新的基础和保障，而公共服务创新则是数字化治理的重要体现。智慧城市通过数字化治理赋能公共服务，从需求端、政策端、供给端三个方面，将数字技术的潜力转化为公共服务高质量发展的持久动力。②

（1）双向赋能公共服务需求管理。一方面通过数字技术提升数据质量、提高数据处理效率、强化数据整合能力为公共服务需求管理赋能；另一方面通过推动需求涌现、关注特殊群体公共服务诉求，从而为公共服务需求的精准识别赋能。

（2）整体优化公共服务政策系统。一方面，通过数字化治理推动公共服务政策系统由政府主导转向政府、社会、技术等多元主体的协同合作；另一方面，推动公共服务决策的过程由封闭转向开放和透明，推动公共服务政策系统由迟滞转向灵活高效、由权责不清转向权责对等。

（3）全面革新公共服务供给结构。一方面，聚合政府、市场、社会等公共服务供给主体，实现公共服务供给由分散无序到集中系统的转变；另一方面，以更加平台化和智能化的供给手段提升公共服务满意度。此外，提升公共服务供给过程中政府内外监管能力，加快服务型政府转型进程。智慧城市数字化治理赋能公共服务的路线如图 6-1 所示。

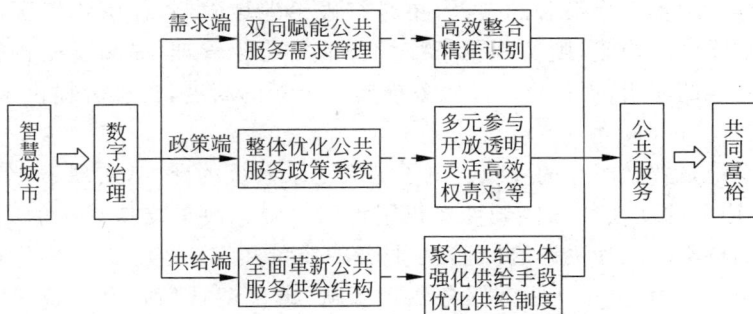

图 6-1　智慧城市数字化治理赋能公共服务的路线

在智慧城市建设中，数字化治理与公共服务的应用涵盖了教育、医疗、养老、住房、交通等领域，重点加强基础性、普惠性、兜底性民生保障建设，为城市管理和基本公共服务提供了更加普惠化、高效化和优质化的管理与服务。

四、智慧医疗

智慧医疗是利用新一代信息通信技术在医药卫生领域的深入应用和实践，实现患者与医护人员、医疗机构、医疗设备之间的互动，逐渐从疾病治疗走向健康预防，从传统医学到

---

① 陈建平.提效与赋能：数字孪生技术助推智慧城市现代化的双维逻辑[J].河南社会科学，2023,31(12)：96-104.
② 谭海波，叶玮.数字技术赋能公共服务：内在机制与主要途径[J].行政论坛，2024,31(2)：103-110.

数字医学,再到信息医学的转变,更大程度上满足了人们预防性、个性化的医疗需求。[①]

智慧医疗的产生,是时代发展的必然产物。随着人口老龄化的加剧、慢性病负担的加重以及医疗资源分布不均等问题的日益凸显,传统医疗服务模式已难以满足人民群众日益增长的医疗健康需求。而信息技术的飞速发展,特别是物联网、大数据、人工智能等技术的广泛应用,为智慧医疗的发展提供了强大的技术支撑和无限可能。

当前,智慧医疗已在全球范围内掀起了一场医疗健康的革命。从智能医疗设备的应用,到远程医疗服务的普及;从电子健康档案的建立,到临床决策支持系统的完善,智慧医疗正在深刻改变着医疗服务的形态和模式,为人类健康事业注入新的活力和动力。

(一)智慧医疗的核心要素

智慧医疗的快速发展,离不开数字技术基础、医疗设备与设施和医疗信息系统三大核心要素。

数字技术基础是智慧医疗的基石。物联网技术使医疗设备、患者、医护人员等医疗要素实现了互联互通,为数据的采集、传输和分析提供了可能。云计算和大数据技术则能够处理海量的医疗数据,挖掘其中的价值,为医疗决策提供支持。而人工智能和机器学习技术的应用,更是让医疗服务实现了从"经验判断"到"数据驱动"的转变,提高了医疗服务的精准性和效率。

医疗设备与设施是智慧医疗的重要组成部分。智能医疗设备的出现,使医疗服务的手段更加丰富多样。远程医疗设备的普及,更是打破了地域限制,让医疗资源得以更加高效地利用。医疗物联网的构建,则实现了医疗设备的智能化管理,提高了设备的利用率和安全性。医疗机器人的应用,更是将医疗服务推向一个新的高度,为患者提供了更加安全、精准的医疗服务。

医疗信息系统是智慧医疗的灵魂。电子健康记录系统的建立,实现了患者信息的数字化管理,为医疗服务的连续性和协调性提供了保障。临床决策支持系统的完善,则能够辅助医生作出更加科学的医疗决策,提高医疗服务的质量和安全性。医疗影像信息系统和患者数据管理系统的应用,更是让医疗服务实现了从"纸质记录"到"电子管理"的转变,提高了医疗服务的效率和便捷性。

(二)智慧医疗的主要应用场景

智慧医疗的应用场景广泛而多样,涵盖了临床诊疗、患者管理与服务、医疗资源优化与管理以及公共卫生与预防等多个方面。

在临床诊疗方面,智慧医疗的应用使医疗服务更加精准和个性化。通过精准医疗和个性化治疗,医生能够根据患者的个体差异,制订更加科学、有效的治疗方案。智能辅助诊断和决策系统的应用,则能够辅助医生作出更加准确的诊断,提高医疗服务的准确性。远程医疗和专家会诊的应用,更是打破了地域限制,让患者能够享受到更加优质的医疗资源。

在患者管理与服务方面,智慧医疗的应用使得医疗服务更加便捷和人性化。通过患者

---

① 我国智慧医疗建设现状、问题及对策研究[EB/OL].(2001-01-21).https://www.chima.org.cn/Html/News/Articles/8579.html.

健康监测和跟踪系统，医生能够实时了解患者的健康状况，为患者提供更加及时、有效的医疗服务。智能可穿戴设备的应用，则能够让患者随时随地监测自己的健康状况，提高健康意识。在线预约挂号和支付系统的应用，更是让医疗服务实现了从"线下排队"到"线上预约"的转变，提高了医疗服务的便捷性。

在医疗资源优化与管理方面，智慧医疗的应用能够实现对医疗资源的科学调度和配置。智慧医疗系统利用传感器、射频识别等技术，实现对医疗设备的智能化管理，包括设备的维护、保养、报废等全生命周期管理，提高设备的利用率。还可以对药品的采购、入库、出库、盘点等物流信息进行全程跟踪和管理，提高药品管理的效率和安全性。医疗废弃物管理系统则能够确保医疗废弃物的安全跟踪处理，降低环境污染。

在公共卫生与预防方面，智慧医疗的应用能够实现对传染病的实时监测和预警，为疫情防控提供有力的支持。同时，通过疫苗接种管理和追踪系统，能够确保疫苗的安全性和有效性。老年患者的慢性病管理和预防系统的应用，则能够实现对慢性病患者的长期跟踪和管理，降低疾病发生率。

（三）智慧医疗的未来展望

未来的智慧医疗将继续朝着更加智能化、个性化和协同化的方向发展。

在技术发展趋势方面，人工智能与医疗的深度融合将成为智慧医疗发展的重要方向。通过深度学习、自然语言处理等技术手段，实现对医疗数据的智能分析和挖掘，为医疗决策提供更加精准的支持。同时，区块链技术在医疗领域的应用也将逐步拓展，为医疗数据的安全性和隐私性提供更加有力的保障。

在服务模式创新方面，智慧医疗将更加注重以患者为中心的个性化医疗服务。通过智能医疗设备、移动健康应用等手段，实现对患者健康状况的实时监测和跟踪，为患者提供更加精准、个性化的健康管理服务。同时，跨区域、跨机构的医疗资源协同也将成为智慧医疗发展的重要趋势，通过远程医疗、专家会诊等手段，实现医疗资源的共享和优化配置。

在社会影响与效益方面，智慧医疗的发展将带来深远的社会影响和巨大的经济效益。通过提高医疗服务效率和质量，降低医疗成本，智慧医疗将有效缓解医疗资源紧张的问题，提升人民群众的健康水平和幸福感。同时，智慧医疗的发展也将推动医疗产业的转型升级和创新发展，为医疗健康事业的可持续发展注入新的动力和活力。

五、智慧教育

智慧教育作为教育信息化的高级阶段，是教育现代化的重要标志。它充分利用云计算、大数据、物联网、移动通信、人工智能等新一代信息通信技术手段，通过智能化的教育方式和资源配置，优化教育内容和教育方法，创新教育的形态和模式，提升教育的质量和效率，从而培养适应未来社会发展和需要的创新人才。

随着数字经济带来的前所未有的社会变革，传统的教育模式已经难以满足现代社会对人才的需求。智慧教育的出现，不仅仅代表了教育技术的革新，更体现了教育理念的转变。它强调以学生为中心，关注学生的个体差异和学习需求，通过智能化的教育手段，为学生提供个性化的学习资源和教学服务。这种教育模式的变革，有助于打破传统教育的时空限制,使教育资源得以更加高效地利用和共享。同时,它还能够激发学生的学习兴趣和积极性,培养他们的自主学习能力和创新能力。这对于提高教育质量、促进教育公平、培养创新人才等方面都具有重要意义。智慧教育不仅仅是教育现代化的重要标志,更是推动整个社会进步和发展的重要基础。

(一)智慧教育的特点与优势

智慧教育强调高度的个性化。通过精准捕捉每个学生的学习特点和需求,智慧教育能够为学生提供个性化的学习资源和路径。这种个性化的学习体验不仅仅满足了学生的差异化需求,更激发了他们的学习兴趣和动力,使得学习过程更加高效和有趣。每个学生都能根据自己的节奏和兴趣进行学习,从而在学习过程中获得更多的成就感和满足感。

智能化管理与服务是智慧教育的另一大特点。智慧教育引入智能管理系统,实现了对教育过程的实时监控和数据分析。这些系统能够自动收集学生的学习数据、教师的教学数据以及学校的运营数据,通过算法分析,为管理者提供决策支持。同时,智能系统还能为教师提供教学辅助,如智能备课、智能批改作业等,极大地减轻了教师的负担,提高了教学效率。这种智能化的管理与服务,使得教育过程更加高效、精准和人性化。

智慧教育还实现了线上线下教育的深度融合。通过在线平台,学生可以随时随地获取学习资源,参与在线课堂,与教师和其他学生进行互动。而线下课堂则可以利用智能设备和技术,如 AR/VR 技术、智能黑板等,丰富教学手段和形式,提升教学效果。这种深度融合的教育模式,打破了传统教育的时空限制,使得学习更加灵活和便捷。

数据驱动的教育决策是智慧教育的另一大亮点。通过收集和分析学生的学习数据、教师的教学数据以及学校的运营数据,智慧教育能够更加准确地评估教育效果,发现教育过程中的问题和不足。这些数据为教育决策者提供了有力支持,使他们能够制定更加科学、合理的教育政策和措施,从而推动教育的持续改进和优化。

智慧教育的优势还体现在提高教育质量、促进教育公平、培养创新能力和推动教育现代化等方面。通过提供个性化的学习资源和路径,以及智能化的教学辅助和管理服务,智慧教育能够显著提高教育质量。同时,它打破了地域、学校、家庭等因素对教育资源的限制,使得更多学生享受到优质的教育资源和服务,从而促进了教育公平。此外,智慧教育还注重培养学生的创新思维和创造能力,通过引入新技术和新方法,激发学生的创造力和想象力,培养他们的问题解决能力和团队协作能力。这些优势共同推动了教育事业的现代化进程。

综上所述,智慧教育以其高度的个性化、智能化管理与服务、线上线下教育的深度融合以及数据驱动的教育决策等特点,展现了其在提高教育质量、促进教育公平、培养创新能力和推动教育现代化等方面的显著优势。随着技术的不断进步和应用场景的不断拓展,智慧教育还将不断引入新的技术和理念,推动教育内容和方法的持续创新。

(二)智慧教育的实际应用

智慧课堂是智慧教育的重要组成部分。它利用智能设备和数字技术手段,实现了对传统课堂的颠覆性创新。例如,学生可以在课堂上通过平板电脑或智能手环等设备,实时接收教师推送的课件和学习资料。同时,这些设备还能记录学生的学习进度和答题情况,为教师提供精准的教学反馈。智慧课堂上,教师不再只是知识的传授者,还是学生学习过程的引导者和伙伴。他们利用大数据分析学生的学习行为,为每个学生制订个性化的学习计划,确保每个学生都能在适合自己的节奏下学习。此外,智慧课堂还引入虚拟实验室、在线互动等新型教学手段,使学习过程更加生动、有趣和高效。

智慧校园是智慧教育在校园层面的具体应用。它通过构建智能化的校园管理系统,实现了对教育资源的优化配置和高效利用。智慧校园系统涵盖了教学、科研、管理、服务等多个方面。学生可以通过手机 App 或校园网站,轻松查询课程信息、考试安排、图书馆资源等;教师可以通过系统实现教学资源的共享和在线备课;学校管理层则可以通过大数据分析,实时监控学校的运营情况,为决策提供科学依据。智慧校园的建设不仅提高了学校的管理效率和服务水平,还为学生和教师提供了更加便捷、舒适的学习和生活环境。

智慧教育在远程教育领域也取得了显著成果。以某在线教育平台为例,该平台利用人工智能技术,为广大学生提供了个性化的在线学习服务。平台会根据学生的学习情况和兴趣偏好,为其推荐合适的课程和学习资源。同时,平台还引入智能辅导系统,能够实时解答学生在学习过程中遇到的问题。这种个性化的在线学习服务,不仅满足了学生的差异化需求,还大大提升了学习效果和学习满意度。

此外,智慧教育在特殊教育领域同样发挥着重要作用。对于有特殊需求的学生,智慧教育提供了更加灵活、个性化的学习方案。例如,利用虚拟现实技术,可以为视障学生提供视觉上的辅助;利用语音识别技术,可以为听障学生提供语音上的支持。这些数字技术手段的引入,使得特殊教育更加人性化和包容性。

综上所述,智慧教育的应用实践涵盖了教育领域的多个方面,从智慧课堂到智慧校园,从远程教育到特殊教育,都展现了其强大的生命力和无限的可能性。这些案例不仅证明了智慧教育在教育创新中的重要作用,也为未来的教育发展提供了宝贵的经验和启示。

(三)人工智能在智慧教育中的应用

人工智能技术推动教育形态与教育模式进行改造和重构,成为智慧教育发展的必然趋势。

从理论来看,智能教育具有智能技术支持的教育、学习智能技术的教育和促进智能发展的教育三个方面的内涵。[①] 智能技术支持的教育强调的是利用先进的人工智能技术来优化和提升传统教育模式,包括但不限于通过智能教学系统实现个性化学习路径的规划,利用大数据分析技术精准评估学生的学习成效,以及借助虚拟现实、增强现实等前沿技术创造沉浸式学习体验,从而有效激发学生的学习兴趣和积极性。学习智能技术的教育则侧重培养学生掌握与智能技术相关的知识和技能,学生不仅要理解智能技术的基本原理和应用场景,还要具备在实际操作中运用这些技术的能力,通过系统的课程设置和实践训练,学生将能够在未来社会中更好地适应和引领智能技术的发展。促进智能发展的教育旨在通过智能教育的实施,全面提升学生的智力水平和创新能力,包括培养学生的逻辑思维能力、批判性思维能力以及解决复杂问题的能力等。通过智慧教育的引导和启发,学生将能够更加自主地探索未知领域,不断推动个人智能的全面发展,为社会进步和科技创新贡献自己的

---

① 祝智庭,彭红超,雷云鹤. 智能教育:智慧教育的实践路径[J]. 开放教育研究,2018,24(4):13-24,42.

力量。

从实践的角度来看,智慧教育正在重塑我国教育行业的整体风貌。2024年3月,教育部启动人工智能赋能教育行动,推出了四项具体行动,旨在通过人工智能推动教学的融合应用,提高全民数字教育素养与技能。四项行动内容包括:国家智慧教育公共服务平台当日上线"AI学习"专栏,邀请"大咖"谈 AI、组织名师教 AI、鼓励师生学 AI;推动国家智慧教育公共服务平台智能升级,支持全民个性化终身学习,上线智能工具增加课堂互动,促进就业、考试、留学等教育服务更加便捷畅通;实施教育系统人工智能大模型应用示范行动,推动大模型从课堂走向应用;将人工智能融入数字教育对外开放,搭建数字教育国际交流平台,提供人工智能教育的中国方案。[①]

我国的国家智慧教育公共服务平台自2022年正式启动以来,持续发挥着其重要作用。通过全面整合并优化各级各类的教育资源平台,显著扩大了优质教育资源的覆盖范围。平台致力于提供"一站式"服务,面向广大师生、家长、教育管理者及社会各界学习者,有效促进了教育资源的均衡分配,显著缩小了区域间、城乡间以及不同学校之间的教育差距,为我国教育的均衡发展注入强劲动力。近年来,平台历经五次重要的迭代升级,不断夯实其数字基础设施,现已构建起了包含"三平台、一大厅、一专栏、一专区"在内的完备架构体系。特别是"试点省份"专区的设立,标志着该平台在推动智慧教育落地实践方面迈出了坚实步伐。此外,国家智慧教育公共服务平台还开发并上线了"智慧教育"App,为广大用户提供了更加便捷、高效的学习途径,进一步推动了我国智慧教育事业的蓬勃发展。

六、智能交通

智慧城市的建设与发展对交通运输领域提出了新的要求,旨在加速构建一个集智能性、安全性、便捷性、高效性、绿色性以及经济性于一体的综合交通体系。

智能交通是通过先进的技术和信息化手段,以提高交通运输系统的效率、安全性、环保性和用户体验为目标的交通管理与服务模式。智能交通在传统交通系统基础之上广泛融合了通信技术、新兴技术以及传感技术等先进科学技术,形成一类集成性交通运输管理系统,通过大数据、云计算、物联网等技术手段,实时采集、分析和处理道路交通信息数据,优化交通流,减少拥堵和事故,为交通管理者提供科学决策依据。[②]

智能交通系统通常包括智能交通信号控制系统、智能交通导航系统、智能交通管理系统等多个子系统,它们共同协作,实现对交通资源的合理配置和交通流的优化控制。智能交通的重要性体现在以下五个方面。

(1)提高交通效率。智能交通系统通过实时获取和分析交通信息,能够智能调控交通信号,优化交通流,减少交通拥堵和等待时间,从而提升道路通行能力和交通效率。

(2)增强交通道路安全。智能交通设施能够实时监测交通状况,及时发现并预警潜在的安全隐患,如车辆超速、酒驾、疲劳驾驶等。同时,它还能提供紧急救援服务,最大限度地

---

① 教育部发布 4 项行动助推人工智能赋能教育[EB/OL].(2024-03-28).http://www.moe.gov.cn/jyb_xwfb/xw_zt/moe_357/2024/2024_zt05/mtbd/202403/t20240329_1123025.html.

② 曲喆,曲孟.智能交通发展现状及发展建设举措探析[J].北方交通,2024(5):92-94.

减少人员伤亡和财产损失,保障市民的出行安全。

（3）提升用户出行体验。智能交通系统能够为市民提供更加便捷、高效的出行体验。例如,智能公交系统可以提供实时公交到站信息,方便市民规划出行路线;智能导航系统可以根据实时路况为驾驶员提供最佳行驶路线,减少绕行和等待时间。

（4）促进节能减排。智能交通通过减少交通拥堵和优化路线,能够降低交通排放和能源消耗,从而提高空气质量和环境质量,实现节能减排的目标。

（5）推动城市发展。智能交通是构建智慧城市的重要一环。通过智能交通设施的应用,可以实现城市交通的智能化、信息化和绿色化发展,推动城市向更加智慧、高效、可持续的方向发展。

（一）智能交通系统的组成

智能交通系统是一个复杂的、多层面的系统,旨在通过集成先进的信息技术、通信技术、控制技术和交通工程,来提高交通系统的效率、安全性、环境可持续性和用户体验。智能交通系统的组成包括以下六个关键部分。

（1）信息采集与监控系统。信息采集与监控系统是智能交通系统的基础部分。通过部署各类交通传感器、雷达和视频摄像头,系统能够实时捕捉交通流量、速度、车辆类型及密度等关键数据。环境监测站则负责监测空气质量、噪声水平和天气条件,为交通管理提供必要的环境数据。

（2）信息传输与通信系统。信息传输与通信系统是智能交通系统的神经中枢。它依赖有线网络和无线网络,确保交通信息和控制指令的实时传输。数据中心与云平台作为数据存储和处理的中心,能够高效地处理和分析来自各种传感器与设备的海量数据,为交通管理、规划和服务提供决策支持。

（3）信息管理与服务系统。信息管理与服务系统是智能交通系统的核心组成部分。它集成了交通信息系统、交通管理系统和公共交通系统,利用大数据分析、云计算等技术,对海量交通数据进行挖掘和分析,预测交通趋势,优化交通管理策略。例如,为出行者提供实时、准确的交通信息,帮助规划最佳出行路线;通过实时分析交通流量和速度,自动调整信号灯配时,优化交通流量。公共交通管理系统通过优化公交、地铁等公共交通的运营,提高了服务质量和效率。物流管理系统则通过优化货物运输路径和调度,减少了空驶和等待时间,提高了物流效率。紧急救援管理系统则能够在交通事故和其他紧急情况下,迅速响应并提供救援服务,保障了交通参与者的安全。

（4）车辆与交通控制系统。车辆与交通控制系统是智能交通系统的重要组成部分。智能车辆系统涉及车辆辅助驾驶系统、自动驾驶技术等,通过车载传感器、摄像头等设备,实时感知周围环境,提供安全驾驶辅助。车联网系统通过车辆与车辆（V2V）、车辆与基础设施（V2I）、车辆与行人（V2P）之间的交通信息实时通信,实现数据共享和车路协同,提高道路安全性和通行效率,减少交通事故的发生。

（5）交通安全与执法系统。交通安全与执法系统是智能交通系统的重要保障。交通监控系统通过摄像头、雷达等设备,实时监测交通违法行为,提高了交通安全的水平。智能执法系统,如闯红灯抓拍和超速检测,能够自动记录违法行为,提高了执法的效率和准确性,不仅减少了交通事故的发生,还提升了交通参与者的守法意识,为构建安全、有序的交通环境提供了有力支持。

(6)基础设施管理和交通规划设计系统。基础设施管理和交通规划设计系统是智能交通系统的蓝图绘制者。交通基础设施管理系统承担着维护和管理道路、桥梁、隧道等交通基础设施的重任,确保其安全、可靠地运行。而交通规划设计系统则基于历史数据和预测模型,精心规划未来交通网络的发展路径,优化交通布局。这些系统的应用,不仅提升了交通基础设施的利用效率,还为城市交通的可持续发展描绘了清晰的蓝图。通过科学规划和有效管理,智能交通系统引领着城市交通向更加智能、高效和绿色的方向稳步前行。

(二)智能交通的发展趋势

智能交通系统正经历着前所未有的技术创新和升级。人工智能、大数据、云计算、物联网等前沿技术的融合应用,不仅提升了智能交通系统的预测和决策能力,还极大增强了实时性和可靠性。

例如,通过引入更先进的算法和模型,如深度学习、机器学习等,智能交通系统能够更准确地识别交通模式、预测交通流量,并作出更科学的决策;大数据技术使得智能交通系统处理和分析海量的交通数据,从而揭示出交通流量的规律和趋势;云计算技术为智能交通系统提供了强大的数据存储和处理能力,使得系统更高效地处理实时交通数据;物联网技术的应用使得交通设备和车辆实现互联互通,为智能交通系统提供了更丰富的数据源和更广阔的应用场景。

车路协同技术和自动驾驶技术是智能交通系统发展的两大重要方向。车路协同技术通过实现车辆与道路基础设施之间的信息交换和协同工作,显著提高了道路通行效率和安全性。例如,智能交通信号灯可以根据实时交通流量自动调整信号周期,从而减少交通拥堵;同时,车辆也可以通过接收道路基础设施的信息来作出更安全的驾驶决策。自动驾驶技术通过融合计算机视觉、机器学习、传感器技术等多种先进技术,使得车辆自主地完成驾驶任务,从而提高交通安全性和道路交通效率。

随着智能交通系统的广泛应用,相关标准和规范的制定与实施变得尤为重要。政府将出台更多政策鼓励智能交通技术的研发和应用,并推动相关标准和规范的完善,如设备接口规范、数据格式规范、安全性和可靠性规范等。

未来,智能交通系统将成为智慧城市的核心基础设施,有力支撑城市建设向智慧化、绿色化、可持续化方向发展。

思考题

1. 数字化治理和数字政府的区别与联系有哪些?
2. 当前我国数字政府建设中面临哪些问题与挑战?
3. 如何提升我国数字政府建设及数字化公共服务的水平?
4. 根据切身感受,谈一谈数字化公共服务的主要应用场景及其带来哪些好处。

扩展阅读 6-1　数字政府一体化建设白皮书（2024 年）

即测即练

第七章

数字经济学基础与前沿理论

本章学习目标

1. 掌握网络外部性的定义及网络效应的正反馈机制；
2. 掌握数字经济四大规律的内容及含义；
3. 掌握共享经济、平台经济的定义和特点；
4. 理解数字经济中规模经济的挑战与局限；
5. 理解内生增长理论的基本概念及在数字经济中的体现；
6. 理解生产与消费融合理论中的价值创造机制；
7. 掌握数字生态系统的定义、特点及其价值创造机制；
8. 深刻理解数字劳动的定义、特征及其价值创造机制；
9. 理解数字主权与数据治理的相关概念及未来挑战；
10. 理解创新与数字经济的相互促进关系及数字化创新模式。

导言

　　数字经济作为一种新兴的经济和社会形态，其基本理论框架尚处于初步构建阶段，未达到完全成熟或形成完整系统性的理论体系。鉴于此背景，本章旨在全面且系统地整理当前数字经济领域的相关研究与理论成果，包括网络经济、共享经济、平台经济、规模经济、内生增长、生产与消费融合等数字经济基本理论，以及数字生态系统、数字劳动与平台就业、数字主权与数据治理、创新与数字经济互动等多个维度的前沿理论研究动态。

　　本章的核心任务是为数字经济基本理论的完善与发展奠定坚实的基础，以期为推动数字经济学理论研究体系的进一步成熟与完善提供一定的支撑和引导。我们希望，通过这一系列系统性的整理与总结，能够帮助大家更深入地理解和应对数字经济所带来的广泛而深刻的经济与社会变革，为数字经济的发展贡献我们的智慧和力量。

第一节　网络经济理论

　　网络经济理论研究的主要内容涵盖网络产业的经济特性、网络企业的竞争策略、网络市场的均衡和效率等问题，以及网络经济对传统经济的影响和互动关系。其核心特性包括网络外部性（network externalities）、网络效应与正反馈机制等。

一、网络外部性

网络外部性是指用户数量变化给其他用户带来的价值变化。网络外部性分为正网络外部性和负网络外部性。正网络外部性是指用户数量的增加使网络对所有用户的价值提升，如在社交网络平台中，用户越多，信息交流的机会和价值就越多。负网络外部性则会在用户数量超过一定限度时出现，如共享单车的投放数量超过合理范围，导致的车辆闲置现象和城市管理问题。

最早提出网络外部性概念的杰弗里·罗尔夫斯（Jeffrey Rohlfs）指出，在通信网络中，用户数量的增加能够提升每个用户的通信价值。随着互联网和移动互联网的发展，网络外部性逐渐成为解释数字平台经济行为的重要理论之一。

从经济学角度来看，网络不仅仅指由节点和链路所构成的一种结构，更重要的是指这种互补性结构所表现出的正消费外部性特征，即某一消费者是否购买或使用这些产品或服务，在很大程度上取决于其他消费者是否已经购买或使用了这些产品或服务。[①] 使用具有该性质的产品或服务的消费者形成一个网络，当其他消费者购买这样的产品或服务，身处网络内就会获得额外的价值。经济学家把拥有这种特性的产品称为网络产品，把拥有这种特性的市场称为网络市场，把这种因为消费行为产生的价值溢出效应称为网络外部性。[②]

互联网经济时代，网络外部性在产品和服务中的表现越发显著，逐渐成为互联网经济活动赖以存在的基础，特别是在社交网络、在线游戏和电子商务平台等领域。例如，在网红直播带货等新型营销模式中，网络外部性促进了相应的网红产品在消费者群体中的爆炸式传播；在网约车和外卖行业中，平台企业通过网络外部性吸引了足以维持其运营所需要的大量用户资源。而且，随着大数据技术和 AI 算法的不断进步，网络外部性在消费者购买决策中的作用得到了持续的强化。

在数字经济中，创新是企业获得竞争优势的核心动力，而网络外部性为企业创新提供了激励。企业通过不断的技术创新来吸引用户，利用网络外部性来巩固市场地位。新兴高科技产业市场中，平台型企业逐渐成为主导者，这些平台通过连接不同的用户群体，利用网络外部性来吸引和保留用户，从而在激烈的市场竞争中占据优势地位。此外，高科技产品通常伴随着大量的衍生品和服务，如智能手机和应用程序，这些衍生品的种类多样性和产品质量直接影响产品的价值，进一步强化了网络外部性的影响。

数字化产品与数字服务具有易于复制、分享和广泛连接的特性，这不仅推动了用户基数的快速增长，也在全球范围内扩大了网络外部性的影响，从而极大地提升了产品和服务的价值。网络外部性在全球化市场中的影响尤为显著，跨国界的网络平台可以连接全球用户，形成全球性的社区和市场，当用户加入网络平台时，他们不仅增加了自身的价值，也增加了其他用户的价值，这种正向反馈循环形成了强大的网络效应。

---

① 朱彤.外部性、网络外部性与网络效应[J].经济理论与经济管理,2001(11)：60-64.
② 闻中,陈剑.网络效应与网络外部性：概念的探讨与分析[J].当代经济科学,2000(6)：13-20.

二、网络效应与正反馈机制

网络效应是指用户数量增加时,平台的整体价值也随之上升的现象。网络效应分为直接网络效应和间接网络效应。直接网络效应表现为用户之间的直接互动,如即时通信工具中的用户增多使社交互动更频繁,带来平台价值的直接提升;间接网络效应则出现在不同用户群体之间,如电子商务平台中的买卖双方互动,更多的买家吸引更多的卖家,更多的卖家提供更丰富的商品选择,从而吸引更多的买家,也间接提升了平台价值。

网络效应带来的正反馈机制是平台扩展的重要驱动力。用户的增加不仅提升了平台的吸引力,还能提升平台的内容丰富度和服务质量。例如,在音乐流媒体平台上,更多用户意味着更多的收听数据,平台可以据此优化推荐算法,为用户提供更加个性化的内容。这种正反馈机制使得平台在市场中占据更优的主导地位,同时提高了市场进入壁垒,阻止新竞争者的加入。

例如,滴滴出行通过早期的价格补贴策略,迅速吸引了大量用户和司机,形成了较强的网络效应。当司机数量增加时,用户等待的时间减少,体验更佳;当用户数量增加时,司机的订单量提升,收入更有保障。这种正反馈机制帮助滴滴出行在中国的网约车市场中迅速占据主导地位,并且建立了深厚的竞争壁垒。

尽管网络效应为平台企业扩张提供了强大的驱动力,但这一效应同时也可能带来一定的挑战和风险。平台企业若过度依赖网络效应,可能会在用户需求发生变化时反应不够灵活,进而陷入难以适应市场变化的困境。一旦用户增长出现放缓或需求有所变动,平台的整体价值可能会迅速下降,甚至面临被市场淘汰的风险。

三、数字经济四大定律

在数字经济时代背景下,技术进步和创新不断重塑着经济形态与社会结构。数字经济四大定律成为我们理解数字经济快速发展的关键技术逻辑,从硬件性能的显著提升,到网络用户价值的不断增长,再到各种新技术的逐步推广与应用,这些定律深刻地揭示了数字经济中技术与市场之间既相互促进又相互制约的深刻关系,以及未来数字经济发展的趋势和潜力所在。

(一)摩尔定律

摩尔定律(Moore's Law)由 Intel 创始人戈登·摩尔(Gordon Moore)提出,指出集成电路上可容纳的元器件数目每隔 18 个月便会增加 1 倍,性能也将提升 1 倍。这一定律在过去几十年中推动了信息技术的快速发展,以及计算机和智能设备的普及。

摩尔定律带来的首要经济学影响是成本效益的提升。随着元器件产量的增加和性能的提升,单位生产成本逐渐降低,这主要得益于生产规模的扩大和技术的优化。这种成本效益的提升使得消费者能够以更低的价格获得更高性能的产品,从而促进了信息技术的普及和应用。

摩尔定律不仅推动了信息技术的持续创新,还促使企业不断加速产业升级,以确保在激烈的市场竞争中保持优势。在此背景下,产品的性能和质量得到了显著提升,同时催生了众多新兴技术和产业。例如,智能手机、云计算、大数据等前沿技术和应用的普及,都是摩尔定律推动下的产物。

摩尔定律还带来了需求创造与满足的经济学影响。随着信息技术的不断进步,新的应用和需求不断涌现。这些新技术和新应用不仅满足了消费者的现有需求,还创造了新的市场需求。例如,智能手机的普及使得人们可以随时随地访问互联网、通过社交平台和电子商务平台进行社交、购物等活动,从而创造了新的市场需求。

摩尔第二定律是摩尔定律的延伸。它的核心内容是,随着芯片技术的进步和集成度的提高,虽然芯片的性能在不断提升,但是每当新一代芯片推出时,其制造成本往往会随之翻倍。这一定律反映了在技术进步的同时,经济因素对于芯片产业发展的制约作用。

摩尔第二定律的经济影响是技术成本的挑战。随着工艺复杂度的提升,芯片研发和生产成本急剧上升,这使得芯片制造商在价格上展开激烈的竞争。为了维持市场份额,制造商需要不断通过技术迭代推出性价比更高的产品,这进一步加剧了市场的竞争态势和市场格局的变化,一些制造商可能因为无法承担高昂的研发和生产成本而退出市场,而一些具有技术优势和创新能力的制造商则可能崛起并占据主导地位。

(二)吉尔德定律

吉尔德定律(Gilder's Law)由乔治·吉尔德(George Gilder)提出,核心内容可以概括为主干网带宽的增长速度至少是运算性能增长速度的 3 倍。因为运算性能增长速度主要是由摩尔定律决定的,所以根据每两年运算性能提高 1 倍计算,主干网的网络带宽的增长速度大概是每 8 个月增长 1 倍。而主干网的网络带宽的不断增长意味着各种新的网络应用方式的出现和网络用户的使用费用的不断降低。这一定律反映了数字经济的一个显著特点,即边际成本的大幅下降使得服务的广覆盖性成为可能。

吉尔德定律强调了数字经济中带宽资源的重要性,并预见了互联网基础设施的快速发展将给社会带来深远的影响。随着带宽的增加,互联网变得更加普及和便捷,可能会改变人们的生活方式和工作方式,如远程办公、在线教育等。吉尔德认为最为成功的商业运作模式是价格最低的资源将会被尽可能地消耗,以此来保存最昂贵的资源。[①] 随着技术的进步,某些资源(如网络带宽)变得足够充裕时,其边际成本大幅下降,从而使得这些资源被大量消耗,进而推动了经济的增长和创新。

吉尔德定律不仅预测了技术趋势,也间接地影响了劳动力市场和就业结构的演变。随着带宽的增加和成本的降低,互联网技术的快速发展催生了新的应用和服务,如云计算、大数据分析等,自然而然会创造出大量新的职业机会。例如,数据分析师、云计算专家、网络工程师等职业的需求将随着数字经济的发展而增加。同时这也要求劳动力不断提升专业技能和技术水平,以适应数字经济的发展。此外,随着更多设备和系统联网,对于维护和优化这些网络连接的专业人才的需求也将增长,推动了就业结构向技术密集型行业和高技能职业方向转变。

---

① 《福布斯》发表文章指出当今世界的 10 大定律[EB/OL]. (2005-04-21). https://www.cas.cn/xw/kjsm/gjdt/200906/t20090608_631395.shtml.

（三）梅特卡夫定律

梅特卡夫定律（Metcalfe's Law）是一个描述网络价值与网络用户数量之间关系的定律。该定律强调，一个网络的价值与其用户数量的平方成正比，即网络的价值随着用户数量的增加而呈指数级增长，用户越多，价值越大。[①] 该理论最初是由罗伯特·梅特卡夫（Robert Metcalfe）提出的。

梅特卡夫定律体现在现实生活中的方方面面，如美团、滴滴出行等平台企业在创建初始阶段会给用户大量的补贴，目的是让更多的用户使用平台的服务，则平台上聚集的用户越多，就能创造出更高的价值，从而超越竞争对手。摩尔定律解释了产品的性能提高而成本降低的现象，梅特卡夫定律则解释了产生这种现象的社会渊源——随着一个技术的使用者的不断增多，每一个使用者从使用中获得的价值不断增加，但使用费用却不断下降的现象是市场决定的，梅特卡夫定律为互联网的社会价值和经济价值提供了一个估算的模式。

20世纪90年代以来，互联网络呈现出了超乎寻常的指数增长趋势，对社会各个领域的影响也在不断深入。计算机网络的用户数量越多，其对社会的影响就越大。梅特卡夫定律揭示了互联网的价值随着用户数量的增长而呈现级数增长的趋势，对现代社会经济发展具有重要的指导意义。该定律指出了网络具有极强的外部性和正反馈性，使用者越多，则对原来的使用者而言其效用越大，存在效用递增的现象，且网络的价值越大，联网的需求也就越大，即需求创造了新的需求。但是一些批评者认为梅特卡夫定律过于简化网络价值的计算，没有考虑到网络连接的质量、用户互动的深度等因素。尽管如此，梅特卡夫定律仍然是一个有力的理论框架，用于理解和预测数字经济中的网络效应与增长动态，对数字经济社会发展具有重要指导意义。

（四）阿玛拉定律

阿玛拉定律（Amara's Law）强调，人们往往对新技术在短期内的影响持过度乐观的态度，而对其长期潜力则估计不足。这一定律由罗伊·阿玛拉（Roy Amara）提出。从经济学的视角来看，阿玛拉定律不仅揭示了新技术推广过程中的波动性，还为我们提供了理解技术变革与经济影响之间复杂关系的框架。

例如，在5G的推广过程中，这种波动性表现得尤为明显。初期高昂的部署成本、用户对新技术的适应度问题以及市场的不确定性，都使5G的短期经济效应难以充分显现。政策制定者可能因此对新技术的支持力度有所保留，企业家也可能因为短期内的投资回报不确定性而犹豫不决。然而，从长期角度来看，5G在智能制造、物联网和自动驾驶中的应用潜力正在逐步显现，将推动生产效率的显著提升，重塑市场格局，并催生出新的经济增长点。

因此，政策制定者需要具有前瞻性的眼光，对新技术进行长期规划和布局。他们需要认识到新技术推广过程中的波动性，并制定相应的政策来支持新技术的研发、推广和应用。同时，企业家也需要具备敏锐的市场洞察力和创新精神，需要抓住新技术带来的机遇，积极投入研发和应用，推动产业转型升级和经济发展。

[①] VAN HOVE L. Metcalfe's Law: not so wrong after all[J]. NETNOMICS: economic research and electronic networking, 2014, 15: 1-8.

综上所述,阿玛拉定律为我们提供了理解新技术推广过程中波动性的重要视角。在数字经济时代,需要从经济学的深入视角来审视新技术变革与经济影响之间的复杂关系,为政策制定和产业发展提供科学依据与战略指导,更加关注新技术的长期潜力,而不仅仅是短期内的投资回报。

第二节　共享经济理论

共享经济理论研究的是如何通过技术手段优化资源配置,提升闲置资源的利用效率,并从根本上改变传统行业的运作模式。共享经济利用数字平台,对供需双方进行高效匹配,从而实现资源的合理分配。近几年,我国共享经济的快速发展不仅体现在交通出行上,也在住宿、办公和知识共享等多个领域取得了显著成效。

一、共享经济的定义和特点

共享经济是一种基于互联网技术的平台模式,通过将闲置资源与有需求的用户进行算法匹配,实现资源的优化配置。与传统经济不同,共享经济更注重使用权而非所有权的转移。滴滴出行就是这一模式的典型代表,车主通过平台将空闲车辆提供给有出行需求的用户,实现了资源的共享和有效利用。

共享经济是信息革命发展到一定阶段后出现的新型经济形态,强调以人为本和可持续发展、崇尚最佳体验与物尽其用的消费观和发展观。美国哈佛大学教授南希·F.科恩(Nancy F. Koehn)认为,共享经济是指个体间直接交换商品与服务的系统。[①] 该交换系统理论上涵盖许多方面,包括闲置物品交换、共享房间或闲置车位共享等,可以通过移动互联网实现。由于可以提供更多的消费主权、安全与透明度,解决交易双方的信任危机,提升消费者和供应者双方的福利水平,共享经济在全世界范围内都取得了巨大的发展。中国国家信息中心发布的《中国共享经济发展报告(2023)》指出,共享经济是利用互联网平台对分散资源进行优化配置,通过推动资产权属、组织形态、就业模式和消费方式的创新,提高资源利用效率、便利群众生活的新业态、新模式。共享经济强调所有权与使用权的相对分离,倡导共享利用、集约发展、灵活创新的先进理念;强调供给侧与需求侧的弹性匹配,促进消费使用与生产服务的深度融合,实现动态及时、精准高效的供需对接。[②]

共享经济的兴起,根源在于互联网技术的蓬勃发展,尤其是移动互联网与大数据技术的广泛普及。这些先进技术极大地便利了用户行为数据的采集与分析,使得供需双方的精准匹配成为可能。例如,滴滴出行凭借大数据分析技术,实现了车辆调度的精准化;而Airbnb则根据用户的住宿偏好,智能推荐适宜的房源。此外,城市化进程的加速导致城市服务资源日益紧张,这一背景也极大地推动了共享经济在城市中的快速发展。

---

① KOEHN N F. The story of American business：from the pages of the New York Times[M]. Boston：Harvard Business School Press,2009.

② 中国共享经济发展报告(2023)[R/OL]. (2023-02-23). http://www.sic.gov.cn/sic/93/552/557/0223/11819_pc.html.

　　共享经济的核心特征体现在去中介化、资源灵活配置以及高度的平台依赖性上。去中介化，即通过平台技术的运用，有效削弱了传统中介的角色，使得资源提供者与消费者之间的交易更加直接、高效。资源灵活配置，则意味着资源的使用不再受限于固定的所有者，而是能够根据实际需求进行动态、灵活的调配。至于平台依赖性，它强调所有的共享活动均须依托数字平台来完成，平台在资源的精准匹配中发挥着举足轻重的作用。

二、共享经济与传统经济的差异

　　共享经济凭借其低成本的特性，颠覆了传统的商业模式和产业生态，孕育出新的经济增长点。共享经济的发展可以在促进企业职能转换、促进服务业升级竞争、实现灵活就业等方面带来革命性的变化，并发挥积极的作用。[①]

　　从企业职能来看，共享经济推动企业从传统的运营模式向更加灵活和高效的服务模式转变，促进企业职能转换。在传统经济模式中，劳动者与企业之间存在雇佣关系，企业是生产要素的投资者和产品与服务的生产者，企业的主要职能是优化资源配置以生产商品或提供服务。但是，在共享经济模式中，这种关系被重新定义为供给者、共享平台和消费者之间的互动，共享平台取代了传统企业的角色，而投资功能则从企业转移到了供给者个人，供给者与平台之间不存在传统的雇佣关系，平台公司的资产结构以无形资产为主，有形资产的比重显著减小。

　　从服务行业来看，共享经济促进了服务模式的创新和提升，进而满足消费者多样化和个性化的需求。共享经济通常兴起于个人能够提供服务且对资产投资要求较低的行业中，在传统经济模式中，信息不对称降低了服务的供需匹配效率，且个体服务的标准化和规范化难以实现，服务质量往往依赖个人的评价传播。然而，在共享经济模式下，移动互联网技术的即时互动特性提高了供求匹配的效率，共享平台通过提供即时的消费评价体系，不仅能够满足消费者定制化的个性化需求，还能保证服务质量，推动了服务业的升级。例如，网约车服务相比传统出租车服务，具有成本优势，能够更高效地响应消费者需求，提供更优质的服务。

　　从就业方式来看，共享经济为个人提供了灵活的就业机会，促进了劳动力市场的灵活性。在共享经济模式中，传统的企业结构被平台公司所取代。在这种模式下，供给者和消费者的身份可以随时互换，自由、轻松地加入或退出行业，意味着供给者与运营共享平台的公司之间建立的并非传统意义上的合同雇佣关系，而是更为灵活的战略合作关系。共享经济这种"自由职业者"联合的方式打破了传统的雇佣模式，减少了因劳资不平等而产生的社会矛盾，促进了个体的自由发展，并有助于整个社会的和谐发展。尽管可能无法享受到传统雇佣模式下的社会保险、失业保障等福利，但是只要及时适当调整和改革社会保障制度，仍然能够保障人们在共享经济中自由创业与灵活就业的利益。

三、共享模式与典型案例

　　共享单车凭借物联网技术与智能锁的创新应用，在中国市场取得了极大的成功与普

---

① 刘根荣.共享经济：传统经济模式的颠覆者[J].经济学家，2017(5)：97-104.

及。其独特的扫码即用功能,给用户带来了前所未有的便捷出行体验。然而,随着业务的迅速扩张,共享单车也遭遇了一系列的市场难题。例如,摩拜单车因过度投放导致的资源浪费问题,以及持续攀升的运营成本,最终使其未能摆脱行业整合的命运。由此可见,共享单车在追求便捷性与普及率的同时,也必须在企业管理和成本控制方面作出更为细致、精确的规划与调整,这无疑是当前共享单车行业所面临的重要挑战。

滴滴出行作为中国共享出行领域的领军企业,通过高效整合私人车辆资源,成功地将共享服务推向了一个全新的高效化阶段。在初创时期,滴滴出行巧妙运用补贴政策,迅速吸引了大量用户和司机,短时间内便构建起了一个庞大的用户基础。这一策略不仅为滴滴出行的发展奠定了坚实的基础,还为其后续的市场扩张提供了强有力的支持。与此同时,滴滴出行还充分利用大数据分析,不断优化派单算法,从而确保了乘客与司机之间的高效、精准匹配,进一步提升了用户的出行体验。

共享住宿模式通过对闲置房源与短期租赁需求进行精准匹配,为房东和租客双方都提供了新的选择。Airbnb在全球范围内的巨大成功,无疑为中国本土企业小猪短租提供了宝贵的参考经验。小猪短租通过本地化的运营策略和服务体系,成功适应了中国市场的消费习惯和法律环境,在用户体验、社区化服务以及房东培训等方面均投入了大量资源,以确保服务质量和用户满意度达到行业领先水平。

此外,共享办公平台通过整合闲置的办公空间资源,为企业提供了灵活多样的办公场所选择。这一模式尤其受到创业公司和小型企业的青睐,因为它们可以在此模式下有效降低初期的办公成本。知识共享平台则是通过课程分享、在线问答等多种形式,实现了知识的快速传播和商业变现。用户在这些平台上既是内容的消费者,也是内容的生产者,这一特性极大地推动了知识经济的发展。

四、共享经济的挑战与监管

劳动关系与平台责任是共享经济模式下亟待探讨的重要议题。在此模式下,平台往往倾向于将服务提供者视为独立合作者,而非正式员工,这一做法虽有助于平台规避劳动合同所带来的法律责任,但同时也引发了诸多争议。以滴滴司机为例,他们在工作过程中所面临的劳动保障问题,如保险覆盖、合理休息时间等,已成为社会各界关注的焦点。在政策制定层面,如何准确界定平台与服务提供者之间的法律关系,成为政府和司法部门亟待解决的关键挑战,旨在保障劳动者的合法权益,同时促进共享经济的健康发展。

数据安全与用户隐私正在成为共享经济平台运营中不可忽视的关键问题。平台运营过程中往往通过广泛收集用户数据来优化其服务,但这一行为同时也引发了对于用户隐私和数据安全性的深切担忧。以滴滴出行为例,平台能够获取用户的出行轨迹、时间偏好等高度敏感的个人信息。若这些信息被不当利用或泄露,用户的隐私安全将面临巨大风险。因此,共享经济平台亟须解决的关键问题,在于如何在保护用户隐私与利用数据提升服务质量之间找到一个合理的平衡点。

市场准入与城市管理问题在共享单车的快速扩展中显得尤为突出。近几年,许多城市出现了"单车围城"的现象,迫使地方政府采取一系列规范和管理措施。政府方面要求共享单车企业实施限量投放政策,并对车辆的管理和维护提出了更为严格的要求。这一现象深刻反映了共享经济发展进程中,政府如何在鼓励创新与强化管理之间寻求平衡的艰巨挑战。未来,共享经济平台在城市管理中需要与政府部门展开更为紧密的合作,共同推动资源配置的合理化与规范化,以实现共享经济的可持续发展。

五、共享经济的未来发展方向

随着共享市场的逐步成熟,共享经济正逐步从单一服务模式向多元化、本地化方向转型。例如,共享住宿领域可以深度结合本地旅游资源,为用户提供个性化的深度旅行体验;而共享办公空间则可以与城市更新项目携手,推动老旧工业区的创新再利用。面对未来,平台企业更需要紧密贴合不同城市和区域的特点,灵活调整市场策略,以适应多元化、本地化的市场需求。

在技术创新方面,物联网、大数据、人工智能等前沿技术的融合应用将显著提升共享经济平台的管理效率和服务品质。共享单车企业通过智能锁与 GPS 技术,实现了车辆调度的精准优化与维护管理的智能化;网约车平台则借助 AI 算法优化路线规划,进一步提升用户体验。技术创新和智能管理将成为解决共享经济规模扩张过程中管理难题的关键手段。

在政策规范与用户权益保护方面,共享经济的快速发展使得政策规范滞后的问题日益凸显。未来,政府需要加快制定共享经济领域的法律法规,保护用户和服务提供者的合法权益。同时,平台企业也需要加强自律,提升用户数据保护水平,避免因数据泄露而损害用户的信任。只有在政策和平台自律的双重保障下,共享经济才能实现可持续发展。

第三节 平台经济理论

平台经济理论深入探讨了平台企业如何通过连接供需双方创造价值,并利用双边市场和多边市场的特点来扩大规模与影响力。平台经济是数字经济的核心模式之一,在过去10 多年间,平台经济迅速扩展,不仅重塑了许多传统行业的运作方式,还在全球范围内推动了新的商业模式的兴起。

一、平台经济的定义和特点

数字平台是指能够收集、处理和传输有关生产、分配、交换与消费等经济活动信息的通用数字化基础设施。而平台组织则是指那些运营、维护数字平台并利用这些平台参与社会经济活动的新型企业形态。平台组织在经济的循环和周转过程中,与经济中其他主体所形成的各种经济联系的总体,就是平台经济。[①]

本质上,平台经济是一种通过连接供需双方实现价值交换的商业模式。平台本身不直接生产商品,而是通过提供交易平台获取收益。平台通过聚合用户、内容、商品、服务和技

---

① 谢富胜,吴越,王生升.平台经济全球化的政治经济学分析[J].中国社会科学,2019(12):62-81.200.

术,打造了开放性极强的生态系统,实现了资源的高效匹配。其核心机制在于通过网络效应和规模经济,快速积累用户,并提升平台对用户的吸引力。平台企业通常通过早期补贴和免费策略吸引用户,并在用户规模达到临界点后,通过广告、增值服务、会员等方式实现盈利。

平台经济的兴起和发展,既是一种商业模式创新,代表着产业范式的变迁,又是生产力的新型组织方式,代表着一种新型生产关系。其早期代表是 20 世纪末的 eBay 和亚马逊(Amazon),这些平台通过互联网技术连接了买卖双方,改变了传统零售业的商业模式。在中国,阿里巴巴和京东等电子商务平台,将大量中小企业与消费者连接起来,形成了巨大的电子商务生态系统。腾讯则通过"微信"平台将社交、支付、内容分发和企业服务整合在一起,成为公众数字生活的重要入口。字节跳动通过短视频平台"抖音"的崛起,也展示了平台经济在内容分发领域的巨大潜力。

平台经济的特征使其成为现代经济中最具活力和创新性的领域之一。平台经济模式依赖数据分析、算法推荐和大规模的用户网络,具有扩展性强、边际成本低、开放共享等突出特点。第一,平台经济可以分为多个层级,从基础架构到用户界面,每个层级都扮演着独特的角色。第二,平台经济具有低复制成本的显著特点,也就是趋近于零边际成本进行生产。第三,平台经济具有开放性特征,它们不仅提供基础服务,还通过开放资源吸引第三方参与者,从而丰富平台的生态系统,平台内的各个实体通过专业化分工和协作,共同创造价值。第四,平台经济受到网络外部性的影响,即产品或服务的价值随着用户数量的增长而提升。

二、平台经济与传统经济的差异

平台经济作为一种颠覆性的创新力量,能够快速适应市场变化,重塑传统经济模式。

从市场结构和用户参与角度看,传统经济通常是单边市场,买卖双方直接交易,用户通常只是产品和服务的最终消费者;而平台经济多是双边或多边市场,涉及多个用户群体的互动,用户不仅是消费者,也可以是内容创造者和服务提供者。

从交易模式和价值创造角度看,传统经济往往依赖实体店铺或直接的买卖双方交易,通过生产和销售实体商品或服务来创造价值与获得收入;而平台经济通常涉及数字化平台,促进多方用户的交易和互动创造价值,强调网络效应和用户参与,通过交易佣金、广告、订阅服务等多种方式获得收入。

从资产所有权和成本结构角度看,传统经济中企业通常拥有生产所需的资产,涉及较高的固定成本和边际成本;而平台本身可能不拥有生产资产,而是提供交易和服务的中介,初始投资可能较高,但边际成本较低,易于扩展。从市场竞争角度看,传统经济中竞争往往更加分散,普遍表现为多个企业在市场中竞争;而平台经济利用巨大规模效应和网络效应以及跨领域、上下游生态系统黏性,容易形成强者愈强的马太效应,形成寡头甚至一家独大的垄断市场结构。①

---

①　如何理解促进平台经济创新发展,健全平台经济常态化监管制度[EB/OL].(2024-08-17).https://www.gov.cn/zhengce/202408/content_6968933.htm.

随着新业态的持续涌现和传统产业数字化转型的加速,平台经济下的新型就业模式相较于传统的雇佣就业展现出更高的灵活性和更松散的组织结构。这种新型就业形态具备四个显著特征:一是严重依赖网络平台的技术支撑;二是组织结构更加灵活;三是用工模式正从传统的岗位导向转变为任务导向;四是劳动关系与劳务关系的界限变得模糊。[①] 网络平台支持的灵活就业因其高包容性和灵活性,在解决特定群体就业问题和应对就业市场的不确定性方面正发挥着越来越重要的作用。

但是,平台经济在发展过程中逐渐偏离了最初的共享理念,呈现出日益明显的垄断化发展趋势。通过对平台经济现状的分析发现,许多平台企业并未真正贯彻共享经济的核心价值观,如平等合作和互利共赢,而是走向了垄断化的道路。平台经济垄断化的趋势加重了平台资本与劳动者之间的失衡,平台经济下的劳动关系形成了多边、多行为主体的交互博弈格局,导致了垄断套利现象的出现。

三、双边市场与多边平台

在数字经济时代,平台企业的核心竞争力源于其构建的双边市场结构。平台企业通过半市场化的手段(如会员制度)紧密连接平台经济的各个组成部分,创造出双边市场结构及其衍生的网络效应。因此,平台经济也常常被称为"双边市场"。[②]

双边市场是平台经济的重要理论之一,指的是平台通过连接两类用户群体(如买家与卖家、广告商与受众),形成双向的网络效应。双边市场平台的价值在于平衡两侧用户的需求,通过补贴或服务提升用户黏性。早期阶段,平台企业通常会对一侧用户进行补贴,以吸引另一侧用户的加入。例如,支付宝在推广初期,对用户实行免费转账政策,以快速吸引个人用户和商户的加入。

与双边市场不同,多边平台连接了多个不同的用户群体,形成更加复杂的生态系统。例如,微信不仅是一个社交平台,还连接了支付、购物、企业服务等多种功能。用户在微信上可以聊天、支付、购买商品、访问小程序等,形成了多边平台之间的协同效应。这种多边平台的模式增强了用户的黏性,同时也为平台创造了更多的商业化机会。

多边平台的价值不仅在于提供基础的服务连接,还在于通过用户数据的整合,提升平台的推荐算法和精准营销能力。例如,抖音通过分析用户数据实时调整内容推荐算法,从而提升用户的浏览体验;京东通过自建物流体系和云计算服务,为不同类型的商家提供了一体化的解决方案。总之,多边平台的灵活性和开放性,使其能够在不同行业中找到合适的应用场景,并持续扩展平台的服务范围。

四、平台竞争与合作

竞合理论(Co-opetition Theory)的核心概念是强调企业在市场中既竞争又合作的复杂关系。数字经济中,平台之间的竞合关系尤为明显,因为它们在数据、技术和市场资源上往

---

① 于凤霞.稳就业背景下的新就业形态发展研究[J].中国劳动关系学院学报,2020,34(6):44-54,85.

② 李凌.平台经济发展与政府管制模式变革[J].经济学家,2015(7):27-34.

往存在一定的竞争,但在推动行业标准、建立新技术生态系统等方面又需要合作。

阿里巴巴和腾讯在支付领域的竞争与合作是一个典型案例。一方面,两家公司在支付市场上激烈竞争,阿里巴巴通过支付宝构建了电商支付生态系统,腾讯则依托微信支付建立了社交支付网络。另一方面,两家公司在物流标准、智慧零售等领域合作,共同推动无现金社会的发展。这种竞合关系帮助两家公司在激烈的市场竞争中找到平衡,既避免了价格战带来的损失,又提升了用户体验。在全球范围内,亚马逊与谷歌(Google)的竞合关系也备受关注。两者在云计算和智能语音助手市场中激烈竞争,但在智能家居和数据安全方面也有合作。通过竞合优势,平台企业能够更好地应对技术变革带来的挑战,并在新兴市场中获取竞争优势。

竞合关系对平台经济的影响是多方面的,这种复杂而微妙的动态平衡推动着平台经济不断向前发展。一方面,适度的竞争促使平台企业不断创新,提升服务质量,以满足日益多样化的市场需求,从而推动整个行业的技术进步和效率提升。另一方面,合作则有助于平台间资源共享、优势互补,形成更加稳固的市场生态,减少不必要的资源浪费和恶性竞争。然而,竞合关系的失衡也可能导致市场垄断、不公平竞争等问题,阻碍平台经济的健康发展。因此,如何把握好竞争与合作的度,实现互利共赢,成为平台经济发展中亟待解决的重要课题。

五、平台垄断与监管

由于平台经济的网络效应和规模经济的存在,平台市场更容易形成垄断。大型平台企业通过对用户数据的积累和算法优化,能够迅速占据市场主导地位,从而形成高壁垒。平台的垄断地位使其能够在市场上具有更强的议价能力,并影响市场规则。例如,阿里巴巴在电商市场中的优势,使得许多中小商家依赖其平台进行销售,从而使平台在市场中具备了更大的控制权。

平台垄断一方面有助于提高市场效率,提供更加稳定和高效的服务,但另一方面也可能带来不公平竞争、压制创新等负面影响。大型平台企业通过其市场影响力,可能采取"二选一"等排他性措施,限制商家的平台选择,从而影响市场的公平竞争。垄断平台还可能通过控制数据流动,获取不对称的信息优势,从而在交易中获取超额利润。

近年来,中国政府加大了对平台经济的反垄断监管力度。例如,2020年对阿里巴巴的调查,以及对美团等大型平台企业的监管,标志着政府对维护市场公平竞争环境的决心。2021年,国务院反垄断委员会发布了《关于平台经济领域的反垄断指南》,明确了对平台垄断行为的规范,并加强对数据隐私和平台治理的要求。这些政策措施旨在保护中小企业和消费者的利益,防止平台企业利用市场优势地位进行垄断行为。

随着平台经济的不断发展,未来的平台监管将更加注重数据的透明度和平台责任。平台企业在保障用户隐私、透明交易以及公平竞争方面,将面临更高的政策要求。与此同时,如何在鼓励创新与防止垄断之间找到平衡点,也是监管机构需要面对的挑战。只有通过合理的监管措施,才能确保平台经济在可持续发展的道路上行稳致远。

六、平台企业的未来发展方向

平台企业未来的一个重要发展方向,是构建更为开放且协同的平台生态系统。通过搭建开放的 API 与数据共享平台,平台企业能够吸引更多的第三方开发者和服务提供商加入,进而拓宽平台的功能边界和服务范畴。以微信为例,其通过开放平台战略,成功吸引了大量小程序开发者,使微信逐步成长为一个集多种功能于一体的综合性数字生活服务平台。

在全球化进程持续深入的背景下,平台企业开始积极向海外市场拓展,并逐步构建其全球化的业务布局。在这一进程中,它们不仅要应对不同国家的文化差异和消费习惯,还需适应并遵守当地的法律环境和监管要求。阿里巴巴通过 Lazada 在东南亚市场的布局,字节跳动凭借 TikTok 成功进入欧美市场,都是平台企业全球化战略的典型案例。在全球化进程中,平台企业需要在本地化服务与全球化战略之间寻求一个恰当的平衡点。

在未来,平台企业将越发依赖数据驱动的精准服务与 AI 应用。借助人工智能和大数据技术,平台企业将能够显著提升服务的个性化程度,并优化用户体验。具体而言,电商平台可以通过深入分析用户的购物行为,精准推荐最符合其需求的商品;而内容平台则能够依据用户的浏览习惯,提供定制化的内容推送。凭借技术驱动的创新,平台企业将能够更好地满足用户日益多样化的需求。

随着平台企业社会影响力的日益扩大,公众对它们所应承担的社会责任提出了更高的期望。在未来,平台企业不仅仅要关注自身的经济效益,更要积极承担包括数据安全与隐私保护、劳动者权益保障以及绿色化运营在内的多项社会责任。通过加大对可持续发展的投入,平台企业不仅能够塑造出良好的品牌形象,还能为社会的进步贡献出积极的力量。

第四节 规模经济理论

规模经济理论是经济学中一个核心的概念,它描述了当生产规模增加时,单位产品的平均成本下降的现象。《新帕尔格雷夫经济学大辞典》对规模经济做了权威性的定义:"考虑在既定的(不变的)技术条件下,生产一单位单一的或复合产品的成本,如果在某一区间生产的平均成本递减,那么,就可以说这里有规模经济。"[①]

规模经济理论在数字经济中的应用,主要体现在平台企业、云计算、大数据处理等领域。与传统工业经济中通过增加生产规模来降低平均成本的逻辑类似,数字经济中的规模经济同样能够帮助企业通过扩大用户基础和数据处理能力,实现更低的边际成本和更高的市场竞争力。

一、规模经济理论的概念

规模经济是指随着生产规模的扩大,企业的平均成本随之下降的现象。这种现象通常

---

① 伊特韦尔,米尔盖特,纽曼.新帕尔格雷夫经济学大辞典:第二卷 E-J[M].北京:经济科学出版社,1996.

在传统制造业中比较常见,如通过扩大生产规模,企业能够更有效地分摊固定成本,从而降低每单位产品的生产成本。在数字经济背景下,规模经济的应用方式发生了变化,更多地依赖数据处理能力的提升和用户基础的扩大。

规模经济理论是市场竞争、市场结构和产业组织政策的重要基础,对于理解企业如何通过规模扩张来提高效率和降低成本至关重要。一个国家的经济规模对应了该国需求市场的大小,保罗·克鲁格曼(Paul Krugman)通过构建包含规模经济的贸易模型,认为拥有更大需求市场的国家可以通过降低成本、促进专业化和技术创新、提高产业集聚效应等途径,更有效地实现规模经济,从而在全球贸易中占据优势,能够更有效地参与国际竞争。[①]

规模经济是数字经济中数据要素特征的最直接反映,相比传统经济,数字经济的规模经济效应更加显著。[②] 从实现规模经济效应的方式来看,数字经济更强调市场规模的重要性,超大规模的需求市场有利于发现消费者偏好的需求差异[③],降低满足消费者异质性需求的数字化成本,进而通过各个平台的相互关联产生规模效应。

二、数字经济中的规模经济

在数字经济中,规模经济的实现不再局限于生产线的扩展,而是通过扩大用户规模、数据流量和计算能力来实现。

数字经济中的规模经济与网络效应密切相关。网络效应指的是用户数量的增加使得网络对所有用户的价值提升,而规模经济则是指通过用户数量的增加,企业能够降低单位服务的成本。这两者在数字平台上形成了正向反馈机制:更多用户意味着更多的数据,更多的数据可以优化平台的算法,从而吸引更多用户,最终实现更大的规模经济。

数字平台通过技术优化与用户规模的持续扩大,成功实现了边际成本的递减效应。相较于传统企业,数字平台在吸纳新用户时展现出极高的效率,几乎不产生额外的生产成本。并且,随着用户数量的不断增加,数字平台在提供额外服务时所需的新增生产成本也极低,几乎可以忽略不计。这一特性为数字平台在激烈的市场竞争中赢得了显著的成本优势。

在数据驱动的商业模式中,数据流量规模的扩大使企业能够更精准地分析用户需求,进而提供个性化服务。平台企业通过深入分析海量用户数据,不断优化其商品推荐算法,实现了从用户需求到供应链的高效、精准匹配,有效降低了营销和物流成本。数据流量规模效应不仅使企业能够通过更先进的算法提升用户体验,还在用户规模持续扩大的过程中,进一步降低了每次数据处理的平均成本。

云计算是规模经济在数字经济中的典型应用领域之一。云计算平台通过大规模的数据中心部署,在硬件采购、能源消耗和设备维护等方面的单位成本逐渐下降,不仅实现了计算资源的弹性扩展,还随着用户数量的增加,进一步降低了算力服务的边际成本,这使云计算平台能够为用户提供更为经济、高效的计算和存储服务,满足企业和个人在数字化转型

---

① KRUGMAN P. Scale economies,product differentiation,and the pattern of trade[J]. American economic review,1980,70(5):950-959.

② 陈玲,孙君,李鑫. 评估数字经济:理论视角与框架构建[J]. 电子政务,2022(3):40-53.

③ 裴长洪,刘斌. 中国对外贸易的动能转换与国际竞争新优势的形成[J]. 经济研究,2019,54(5):4-15.

过程中对高性能、低成本计算资源的迫切需求。

三、规模经济的挑战与局限性

尽管规模经济在数字经济中具有重要作用,但随着企业规模的扩大,规模经济的边际效益也有可能逐渐递减。大型平台在扩展用户规模后,往往需要投入更多的资源来维护用户关系、应对数据安全挑战。例如,Facebook 在全球范围内扩展用户后,面临着日益严峻的内容审核和数据隐私问题,这些问题增加了运营成本,削弱了规模经济的优势。

规模经济还可能导致市场高度集中,从而形成垄断化的格局,对市场竞争构成挑战。在云计算市场中,少数几家大型企业占据了绝大部分的市场份额,构筑了较高的市场进入壁垒。由于无法实现与大型企业同等的规模效应,中小型云计算服务商在价格竞争中难以占据优势。这种市场集中化的趋势不仅可能抑制创新,还可能引发反垄断监管的压力。

规模经济与灵活性之间往往存在一定的矛盾。大规模的企业在享受规模经济带来的显著成本优势时,却常常在市场变化面前展现出不够灵活的短板。以制造业为例,智能化生产正日益成为行业发展的主流趋势,它要求企业能够快速响应市场需求的变化。然而,大型生产企业由于内部流程复杂、决策链条较长,往往难以迅速调整生产策略,以适应市场需求的快速变动。因此,如何在保持规模经济优势的同时,有效提升组织的灵活性和响应速度,成为大型企业在当前市场环境中面临的重要挑战。

四、规模经济的未来发展方向

随着物联网和 5G 的快速发展,边缘计算已成为解决云计算在规模效应上瓶颈的重要补充。边缘计算通过在网络的边缘部署计算节点,将数据处理能力下沉至更接近数据源的位置,从而大幅减少了数据传输的延迟。这不仅保证了计算效率,而且有效减轻了云计算中心的负载压力,使得计算资源能够根据实际需求进行更为灵活的分配与利用。未来,边缘计算与云计算的深度融合,将有力推动数字化企业规模经济的实现。

规模经济与定制化服务的结合是未来数字化企业提升竞争力的关键所在。随着智能制造和数字化技术的发展,通过柔性生产线和智能制造系统,企业可以快速调整生产参数,以适应不同订单的需求,同时保持较高的生产效率。在定制化生产环境下,企业需要更加精细地管理生产资源,如原材料、人力资源和设备等,确保这些资源被高效且准确地调配,以满足特定订单的需求,从而在减少资源浪费的同时,也有效降低了生产成本。定制化生产的核心在于根据消费者的具体需求来设计和生产商品,这确保了每个消费者都能获得符合其独特品位、功能需求或特殊用途的产品,极大地提升了消费者满意度和忠诚度,还可以通过口碑传播给企业带来更多的潜在客户和数据流量。此外,为了实现定制化服务,企业需要不断探索新的设计、材料和制造技术,这种持续的创新驱动不仅提升了产品质量,也促进了整个行业的技术进步。由此可见,定制化生产与规模经济的结合,将给企业带来成本效益、生产效率、市场响应速度、客户满意度以及创新能力的全面提升,助力企业在激烈的市场竞争中保持领先地位。

第五节　内生增长理论

内生增长理论是现代经济学中的重要理论之一,由经济学家保罗·罗默(Paul Romer)等提出。与传统的经济增长理论不同,内生增长理论强调技术创新、知识积累等内部因素在经济增长中的重要作用。随着数字经济的快速发展,内生增长理论得到了新的解释与应用。数据、人工智能、知识外溢效应等成为推动数字经济发展的关键因素。

一、内生增长理论基本概念

内生增长理论的核心思想是经济能够不依赖外力推动实现持续增长,内生的技术进步是保证经济持续增长的决定因素。

在传统的索洛增长模型中,技术进步被视为一种外生给定的因素,经济增长最终会因为资本积累导致的边际产出递减而趋于稳定状态。约瑟夫·阿洛伊斯·熊彼特(Joseph Alois Schumpeter)认为经济增长并非由外部因素造成,而是由内部因素即生产要素与生产条件的新组合造成。菲利普·阿吉翁(Philippe Aghion)和彼得·霍依特(Peter Howitt)所著的《内生增长理论》则强调经济增长是由经济体系内部的活动和决策推动的,如技术创新、人力资本积累、知识溢出等。[①]

内生增长理论强调通过促进这些内部因素的发展,可以带来持续的经济增长,提高生产效率和总要素生产率。例如,市场激励和竞争环境鼓励企业更多研发创新,从而推动技术进步,企业可以开发新产品、改进生产流程、提高产品质量,从而推动经济增长,教育与培训可以提升员工的技能和知识水平,提高员工使用新技术和方法的效率,从而增加企业产出和提高企业生产率。同时,知识的创造和传播可以提高整个经济的生产率,一个企业或个人的创新可以通过知识溢出效应带动其他企业和个人的生产率,从而推动整个行业的技术进步。此外,政府可以通过制定和实施有利于创新、教育与竞争的政策来促进经济内部因素的发展,如提供研发补贴、改善教育体系、保护知识产权和促进市场竞争等措施,来激发企业和个人的创新潜力,推动经济增长。

传统经济增长理论,着重于资本积累和劳动力投入对经济增长的贡献,却忽视了技术进步在长期增长中的核心作用。然而,罗默等学者提出,技术创新和知识积累是经济体系内部的产物,可通过研发投入、人力资本积累及知识传播来实现。这一观点颠覆了传统理论对技术进步的被动描述,转而强调技术创新在驱动长期经济增长中的主导地位。

内生增长理论的核心机制在于技术创新的扩散效应和知识的外部性。在企业或科研机构的内部,研发活动和知识积累推动技术进步,而这些创新成果通过市场机制扩散至其他企业和产业,产生知识外溢效应。这种效应不仅提升了创新企业的生产效率,还促进了整个行业的技术进步,成为长期经济增长的重要驱动力。

---

① 阿吉翁,霍依特.内生增长理论[M].陶然,汪柏林,倪彬华,译.北京:北京大学出版社,2004.

二、内生增长理论在数字经济中的体现

内生增长理论在数字经济中的表现尤为突出,数字经济的发展为内生增长理论开辟了新的适用场景与广阔空间。在这一新兴经济形态中,数据和知识已跃升为生产活动的核心要素,它们不仅仅是企业优化运营、提升竞争力的重要基础,更是推动技术进步和经济增长的主要动力源泉。

内生增长理论认为技术进步和全要素生产率是推动经济持续增长的重要因素,为理解数字经济中的增长动力提供了理论框架。数字技术在各领域的渗透效应,促进了以数据要素为核心的新型生产资料的普及,进而改变了经济运行方式。通过构建一系列互补性技术和制度,数字技术牵引了生产力与生产方式的全面变革。①

内生增长理论在数字经济背景下的一个重要扩展,是将数据视为类似于资本和劳动力的新型生产要素。数据的积累和分析能力直接影响企业的创新效率与市场竞争力。相比于传统生产要素,数据具有可复制性、低边际成本和高扩展性的特点。通过对用户数据的积累和分析,企业可以更精准地洞察市场需求,从而进行个性化产品的研发和营销策略的调整。在内生增长框架下,数据不仅可以提高现有生产过程的效率,还能成为推动技术创新的源泉。人工智能的发展高度依赖大数据的积累,数据量的增加使得算法更快地迭代和优化,从而提高模型的预测准确度。例如,百度的自动驾驶通过对海量的道路数据进行训练,自动驾驶算法在车辆识别、路径规划等方面不断提升,为企业在全球自动驾驶技术竞赛中赢得了重要优势;京东通过对用户购物行为的大数据分析,开发了智能物流系统,实现了从订单生成到商品配送的全流程自动化管理。

企业对研发的持续投入是推动技术进步和知识积累的直接方式。在数字经济中,研发投入的回报率通常较高,因为数字技术的可扩展性使得创新成果迅速应用于市场,产生规模效益。除了对企业自身的直接效益,研发投入还具有显著的外部性,能够带动整个行业和区域的技术水平提升。数字化投入是指围绕数字技术与数据要素而进行的投资,内涵式增长则以效率提升为标志。在内生增长理论中,数字经济促进内涵式增长的传导机制在于供给端数字化投入对劳动生产率及资本回报率的提升具有显著促进作用,而劳动生产率与资本回报率是经济增长的主要动力组成。在生产率增长方面,数字化投入主要通过促进人力资本加速形成、优化企业经营管理与加速创新能力培育提升劳动生产率。数字化投入对劳动生产率增长贡献明显高于传统投入。②

在内生增长理论中,人力资本是知识创造和技术创新的重要来源。特别是在数字经济时代,高素质的技术人才成为推动企业创新发展的核心力量。具有高边际产出特征的数字技术,不仅可以通过"替代效应"实现技术迭代和技能重塑,还可以通过"提升效应"激励劳动者不断提升自身的数字素养和数字化技能水平,从而实现技能结构的优化与升级,使他们成为能够适应数字经济时代的高素质应用型人才。由此可见,数字经济在推动技术创新

① 张新春. 数字技术下社会再生产分层探究[J]. 财经科学,2021(12):52-63.
② 中国信息通信研究院. 中国数字经济发展研究报告(2024 年)[R/OL]. (2024-08-27). http://www.caict.ac.cn/kxyj/qwfb/bps/202408/P020240830315324580655.pdf.

和优化技能结构的同时,还能够增强劳动者的知识技能和就业能力,进而提高人力资本水平和工作效率,有效促进经济增长。

知识外溢效应与创新扩散在数字经济领域内也发挥着重要作用。技术创新不仅能在企业内部产生显著的经济效益,还能通过开源项目、行业联盟等多种途径迅速传播。例如,开源软件领域的 Linux 系统,通过开放源代码的方式,为全球开发者提供了一个共享最新技术成果的开放平台。这种知识的广泛传播机制,使得开发者和企业在已有技术积累的基础上,持续进行技术创新,从而极大地推动了技术的迭代升级。在我国,深圳南山和北京中关村等科技创新集群通过积极吸引高科技企业和科研机构入驻,构建起了密集且高效的创新网络,不仅促进了技术、人才和信息的深度交流与合作,还有力地推动了区域经济的快速发展,展现了数字经济时代创新驱动发展的强大动力。

在推动数字经济发展过程中,政府的政策支持对内生增长同样具有关键作用。政府通过研发补贴、人才培养、技术标准制定等方式,可以帮助企业降低创新成本、推动技术进步。例如,我国政府通过实施一系列支持政策,为科技企业在数据资源获取、技术研发和市场推广方面提供了有力支持,不仅鼓励企业加大研发投入,还推动了人工智能、物联网、大数据等新兴产业的快速发展。

中国和美国在数字经济领域内生增长理论的实践中,形成了不同的发展模式。美国的科技企业注重基础研究和技术突破,以硅谷为代表的创新生态系统,推动了全球科技前沿的发展。中国则更多依靠政府的政策引导和市场的规模效应,通过快速迭代和应用创新推动技术的扩散与普及。阿里巴巴、腾讯等企业通过对美国技术的引进和本土化创新,形成了适应中国市场特点的数字化商业模式。这种中美两国在技术创新路径上的差异,也为全球数字经济的发展提供了多样化的范例。

三、内生增长理论的局限性与挑战

虽然内生增长理论在解释技术创新对经济长期增长的作用上具有很大贡献,但也具有一些局限性。

首先,内生增长理论假定技术创新和知识外溢是持续不断的,然而在实际经济活动中,技术进步可能会遭遇瓶颈,创新的边际效益可能会递减。其次,内生增长理论强调了知识的溢出效应,但对于不同国家和地区之间存在的创新能力差距却未能给出充分的解释。例如,一些发展中国家由于缺少高质量的教育体系和研发能力,即便有机会获取技术和知识外溢,也难以实现快速的经济增长。

数据不对称的问题也对内生增长理论的应用提出了新的挑战。在数字经济中,数据的获取和利用能力已成为企业竞争的关键因素。大平台企业凭借其海量的数据积累,能够迅速进行技术迭代和产品创新,而中小企业在数据获取方面则明显处于劣势。数据不对称进一步提升了市场集中度,使得大企业在创新资源上拥有了更强的控制力。这种不均衡的创新能力分布,严重影响了创新资源在市场上的合理分配,进而制约了整体经济的创新活力和增长潜力。

此外,内生增长理论在数字经济中的应用还面临数字鸿沟和区域发展不平衡的问题。虽然一线城市在数字经济发展中占据了先发优势,但许多农村和中西部地区在技术应用与基础设施建设上仍然存在差距。如何通过政策干预和市场机制,缩小数字鸿沟,实现数字经济的包容性增长,是内生增长理论在新时代面临的重大挑战。

第六节 生产与消费融合理论

生产与消费融合理论主要研究在数字平台上用户同时扮演生产者和消费者的双重角色的现象。随着互联网技术和社交媒体平台的蓬勃发展,生产与消费之间的界限日益模糊,用户不仅仅作为内容的接受者存在,更成为内容的积极创造者。该理论深刻揭示了数字经济背景下生产与消费关系的根本性转变,并系统分析了这一新型模式给企业经营策略及市场结构所带来的深远影响。

一、生产与消费融合的背景

在传统经济模式中,生产和消费通常是两个独立的环节,生产由企业完成,消费由个人完成。然而随着数字经济时代的到来,用户生成内容(UGC)逐渐兴起,打破了这种传统的二元分工。用户通过各种平台渠道,直接参与到内容创作和传播过程中,成为新型的"生产性消费者"(prosumer)。

数字平台在促进生产与消费深度融合的进程中占据了举足轻重的地位。这一融合趋势的兴起,从根源上得益于数字平台所提供的强大技术支持与创新的互动机制。例如,抖音、微博等社交媒体平台,以及 B 站(哔哩哔哩)、YouTube 等内容分享平台,为用户提供了极为便捷的创作与发布工具,极大地降低了内容生产的门槛,使得人人皆可成为创作者。这种新型模式不仅仅深刻改变了内容生产的方式,更使得消费者的需求与偏好通过即时的互动与反馈机制直接作用于内容的生产环节,实现了生产与消费的无缝对接和动态平衡。

生产与消费的融合进一步体现在消费者积极参与产品设计、改进及传播的全过程。以众筹平台为例,消费者通过资助项目,不仅扮演着早期购买者的角色,还深度参与到产品的开发过程中,成为产品改进的推动者和市场传播的参与者。这一新型模式促使企业能够迅速捕捉并响应消费者的个性化需求,极大地加速了消费升级的步伐,同时也为产品创新注入源源不断的动力。这一趋势正深刻改变着企业与消费者之间的关系,引领着市场发展的新方向。

二、生产与消费融合的具体表现

用户生成内容是生产与消费融合现象中的核心体现之一。在短视频平台,用户不仅仅作为内容的观众存在,更是内容的积极创作者。他们通过拍摄并分享短视频、参与热门话题讨论、开展直播带货等多种形式,将自己的创意和生活经验传递给其他用户。以抖音为例,其巨大成功在很大程度上得益于用户大规模的内容生产,这不仅让平台始终保持新鲜感和高活跃度,同时也为平台的广告业务提供了丰富多元的内容基础,推动了平台的商业繁荣。

用户生成内容不仅极大地丰富了平台的内容生态体系,还显著增强了用户与平台的互动性。以 B 站为例,该平台通过积极鼓励用户制作原创视频及发表弹幕评论,成功营造了一种独特的社区文化氛围。用户的评论与反馈,不仅为其他用户提供了宝贵的参考信息,同时也给平台上的 UP 主(内容创作者)带来了创作灵感及内容改进的明确方向。借助 UGC 模式,B 站成功地将用户的高黏性与强大的内容生产力转化为自身的核心竞争力,进一步巩固了市场地位。

在电子商务与制造领域,生产与消费的融合显著体现在消费者深度参与到产品设计与开发的流程中。以小米为例,其通过社区平台广泛收集用户对新产品的意见与建议,并将消费者的需求有效融入产品的设计环节。这一模式不仅显著提升了用户对小米品牌的忠诚度,还有效降低了企业在新产品研发过程中所面临的不确定性及市场风险。

三、生产与消费融合的价值创造机制

在生产与消费深度融合的背景下,社群经济与粉丝经济成为价值创造的重要模式。用户基于对某一品牌或内容的强烈认同,自发形成了稳定的社群与粉丝群体。这些群体不仅仅是内容的忠实消费者,更是内容的积极传播者与推广者。例如,明星直播带货便是借助粉丝的热情支持,实现了产品的迅速销售与品牌的广泛传播。社群的力量极大地加速了品牌市场认知的建立,推动了从内容到消费的快速转化,为品牌发展注入强大的动力。

生产与消费的融合为企业开辟了一条获取用户反馈与推动创新的关键路径。借助实时的数据分析手段,企业能够深入洞察用户对内容、产品的偏好及评价,进而迅速作出调整。以网易云音乐为例,该平台通过分析用户的播放记录与评论数据,不断优化其推荐算法,并依据用户的听歌偏好精心策划线上活动。通过这一数据反馈机制,网易云音乐能够更精准地贴合用户需求,显著提升用户体验。

在平台经济中,用户不仅作为个体生产者积极参与内容创作,还通过自组织的方式汇聚成各具特色的创意经济群体。例如,开源软件社区便是由全球各地的开发者协作,对软件项目进行改进与维护的典范。这种自组织形式打破了传统企业内部严格的生产管理模式,使创新活动能够在更广阔的范围内实现快速扩展与广泛应用。类似的案例还包括 B 站上的同人创作圈、各类兴趣小组等,它们凭借用户的自发组织,源源不断地为平台贡献了大量优质内容,极大地丰富了平台的内容生态。

四、生产与消费融合的风险和挑战

在 UGC 模式下,用户上传的内容质量差异显著,且部分内容可能触及版权问题,这给平台的内容审核与版权管理带来了严峻挑战。短视频平台需投入大量资源,进行细致的内容审核,以确保平台上不出现侵权视频或低俗内容。然而,如何在保障用户创作自由的同时,满足平台的合规要求,成为生产与消费融合过程中亟待解决的难题。

在生产与消费融合的环境下,内容的爆发式增长使得注意力成为稀缺资源。用户需从海量信息中作出选择,平台提升内容质量与推荐精准性,成为保持用户黏性、维持平台活跃度的核心。内容创作者同样面临吸引用户关注的挑战,过度追求流量可能引发内容同质化,影响用户体验。如何在竞争中脱颖而出,同时保证内容质量,是创作者与平台共同面对的难题。

此外,用户在平台上倾注大量时间与精力进行内容创作,但平台的规则及收益分配机制却常由平台方单方面主导。这种高度的平台依赖性,使得创作者的利益极易受到平台策略调整的冲击。例如,某些内容平台在修改算法或规则后,可能引起原创作者的流量发生剧烈变化。未来,如何在平台与用户间构建更为透明、公平的合作关系,是亟待解决的关键问题。

五、生产与消费融合的未来发展方向

在未来,随着人工智能与增强现实技术的持续进步,内容创作的门槛将大幅度降低。平台将为用户提供更为智能、便捷的创作工具,如自动视频剪辑、智能字幕生成等,这将使得更多普通用户能够轻松加入内容创作的行列,进一步推动 UGC 模式的发展,给平台带来更加丰富多元的内容生态。

与此同时,虚拟现实技术的兴起将给生产与消费融合带来革命性的新体验。用户不仅能在虚拟世界中自由创作内容,还能深入其他用户创造的虚拟空间,享受前所未有的沉浸式互动。VR 社交平台、虚拟演唱会等应用,将用户的创作与消费活动更加紧密地结合,极大地拓展了生产与消费融合的边界。

此外,随着区块链技术的广泛应用,未来可能出现更加去中心化的内容平台。用户将通过区块链技术掌握自己的数据与内容分发权,摆脱传统平台对内容创作者的束缚。这样的去中心化平台将赋予用户更大的自主权,有助于构建更为公平的收益分配机制,并推动创作者社群的自主发展与繁荣。

第七节 数字生态系统理论

数字生态系统理论关注的是在数字平台上,企业、用户、开发者及其他利益相关者共同构建的互动网络。这个网络的核心在于通过数据共享、技术合作、平台开放等方式,形成一个具有自组织特性的创新生态系统。数字生态系统不仅改变了企业的竞争模式,也推动了行业间的协同发展。

一、数字生态系统的定义与特点

数字生态系统是一个由数字技术、数据流动、社会经济主体以及交互关系和相互影响等多个方面构成的复杂系统。它涵盖了数字化生产、服务、分销、交易、管理等方面,强调各方通过协同合作和数据共享,实现价值共创和资源的高效配置。与传统的企业供应链不同,数字生态系统更注重系统中各方参与主体的共生关系,以及数据资源的流动性。

在数字生态系统中,数据的流动和交换成为数字生态系统的核心。数据如同血液一般,流动于各个节点之间,形成紧密相连的网络。通过网络中各主体数据的交换,可以实现共享数据和资源优化配置。数字技术是推动数字生态系统发展和变革的重要力量,政府、企业和个人等社会经济主体则通过数字化技术及工具进行信息的连接、沟通、互动与交易等活动,共同推动数字生态系统的不断发展和完善。

数字生态系统通常包括数字平台、开发者和终端用户群体。数字平台负责提供核心的数字基础设施和算法规则,外围开发者通过平台提供的开放式开发接口,开发出满足用户需求的应用和服务,而用户群体则通过消费和反馈推动生态系统的不断进化。例如,苹果(Apple)的 App Store 围绕核心的 iOS(互联网操作系统)提供应用开发平台,开发者开发出丰富的应用,而用户通过下载、使用和评价这些应用,形成了一个多层次的不断进化的生态结构。

数字生态系统具有开放性、汇聚性、可扩展性、自增长性和模块化等基本特征,这些特征为技术创新提供了良好的环境。通过持续创新,数字生态系统可以高效满足企业的发展需求,实现技术创新迭代和生态系统进化升级。例如,鸿蒙生态系统通过提供统一的开发工具和框架,使得开发者能够轻松开发并集成新功能与服务,从而汇聚了众多开发者和合作伙伴,共同推动鸿蒙生态系统的持续创新与增长。同时,鸿蒙生态系统采用分布式架构与模块化设计,使其能够扩展适配各种新的智能设备和应用场景,满足用户日益多样化的需求。这种开放而灵活的数字生态系统,不仅确保了鸿蒙操作系统的不断完善和进步,还持续扩大了其市场占有率和影响力。

二、数字生态系统的价值创造机制

数字生态系统通过价值共创的方式,实现了平台、开发者和用户之间的多方收益模式。平台为开发者提供技术支持和用户渠道,开发者为用户提供多样化的应用和服务,而用户则通过消费和反馈,帮助平台和开发者不断优化产品。这种多方共赢的创新模式,极大地提升了平台的创新能力和市场响应速度。例如,安卓生态系统的开放性吸引了全球数百万开发者,帮助谷歌在智能手机市场中占据了主导地位。

数字生态系统的价值创造还体现在用户体验的提升上。通过集成多样化的服务和应用,平台能够为用户提供一套全方位方便快捷的一站式解决方案。以支付宝为例,该平台不仅提供安全、高效的支付功能,还深度整合了理财、贷款、生活缴费等一系列服务,使用户仅需通过一个应用平台即可完成多种不同的生活需求。这种服务集成模式,不仅极大地提升了用户的操作便利性,还显著增强了平台对用户的吸引力与黏性,进一步巩固了平台的竞争优势。通过不断优化用户体验,数字生态系统正持续推动着服务创新与价值创造的深化发展。

三、数字生态系统的风险与挑战

在数字生态系统中,核心平台企业往往掌握了大量的数据资源和用户渠道,这容易导致平台垄断和数据控制现象的出现。例如,苹果在 App Store 上实施的高佣金政策,已经引发了开发者们的不满,他们认为苹果对应用分发市场的控制力过于强大。平台的垄断地位不仅可能抑制创新的发展,还可能对中小企业和开发者的生存空间造成不良影响。因此,如何在维护生态系统的开放性与保障平台合理控制力之间找到恰当的平衡点,已成为平台企业和监管机构亟须解决的关键问题。

数字生态系统高度依赖大量的数据共享与分析,这一特性在带来诸多便利的同时,也显著增加了数据泄露和隐私侵权的风险。因此,平台在与开发者共享数据时,必须确保数据的合规使用,并采取一系列严格的数据保护措施来防范潜在风险。例如,智能家居设备中存储的用户数据若被不当使用或泄露,将可能对用户的隐私安全构成严重威胁。如何在推动数据流动与创新的同时,有效保护用户数据的安全与隐私,是数字生态系统在未来发展中面临的长期而艰巨的挑战。

在数字生态系统中还普遍存在着创新扩散中的标准化问题。不同企业和平台之间的数据标准与技术接口可能存在不一致性,这会对创新成果的扩散效应构成阻碍。以智能家居生态系统为例,不同品牌的智能设备不能实现互联互通,用户的使用体验就会受到影响。这种标准化问题限制了生态系统的协同性,影响了创新成果的扩散速度。因此,平台企业需要在积极推广自身技术标准的同时,加强与其他企业及标准化组织的合作,共同制定并推广整个行业的标准化规范,以促进创新成果的高效扩散与生态系统的协同发展。

四、数字生态系统的未来发展方向

未来,数字生态系统的发展趋势是进一步开放平台,并深化生态赋能的价值创造,为合作伙伴提供更为全面的技术支持、市场渠道及资源服务。平台企业并非仅仅通过开放 API、分发开发者工具包、共享数据资源等手段来助力中小企业与开发者快速融入市场、拓展业务规模,而是以生态赋能为核心,充分利用生态系统的资源和优势,为参与者提供流量、技术支持及市场机会。具体而言,平台企业利用自身的市场渠道和品牌影响力,为合作伙伴开辟广阔的市场空间;同时,通过共享数据资源,共同挖掘数据的潜在价值。这些举措不仅有效激发了中小企业和开发者的创新活力,显著提升了其技术水平、市场响应速度和品牌影响力,还进一步加快了技术创新的步伐,拓宽了市场边界,为整个数字生态系统的繁荣与发展注入源源不断的动力。

跨平台协同与融合发展正在成为数字生态系统的重要趋势,随着物联网和人工智能技术的不断进步,这一趋势日益明显。未来,数字生态系统将不再局限于单一领域,而是逐步跨越边界,实现不同领域的深度融合,形成更为广泛的产业协同网络。例如,汽车制造企业与智能家居、智慧城市平台之间的紧密合作,将能够共同打造一体化的智能出行和生活解决方案,为用户提供更加便捷、舒适和智能的生活体验。跨平台协同不仅有助于提升用户体验、增强用户黏性,还能推动产业链上下游企业的共同发展,促进资源的优化配置和高效利用,为整个数字生态系统的持续繁荣与发展奠定坚实的基础。

此外,区块链技术的发展正驱动数字生态系统朝向去中心化转型,赋予用户更大的自主控制权。去中心化平台让用户能够更充分地掌握个人数据,并自由决定其应用方式。这一技术革新有望重构数字生态系统的治理架构,显著增强用户对于数据的自主管理能力和数据安全性。

第八节　数字劳动与平台就业理论

数字劳动与平台就业理论研究的是数字平台如何改变劳动形态和就业模式，以及平台经济中劳动者面临的挑战与机遇。随着平台经济和移动应用的快速发展，越来越多的劳动活动通过平台进行组织和分配，出现了新的就业形式，如网约车司机、外卖配送员、自由职业者等。这些变化不仅重新定义了劳动关系，也向传统的劳动保护、社会保障体系提出了新的挑战。

一、数字劳动的概念与背景

数字劳动是指劳动者依托数字平台进行的劳动活动，包括任务对接、信息传递和服务交付等环节。这一劳动形式以其高度的灵活性和时间弹性为显著特点，为劳动者提供了更多的自主空间。然而，数字劳动也伴随着劳动关系不稳定、收入波动等挑战。相较于传统的雇佣关系，数字劳动更多地体现为个体与平台之间的合作关系，而非传统的劳动合同关系，这一变化正深刻影响着劳动市场的结构和劳动者的权益保障。

平台经济的蓬勃兴起正深刻推动着劳动模式的转型与变革。它促使劳动活动逐渐摆脱企业内部的科层式管理框架，转向更加分散、灵活多样的工作形式。如今，网约车、外卖配送、家庭服务等众多工作均可通过手机应用实现便捷的接单、工作与结算流程。以滴滴出行等为代表的出行平台为例，司机能够自主通过平台接单，并根据自身情况自由安排工作时间，这种新型工作模式彻底打破了传统全职工作在时间和空间上的诸多限制，吸引了大量渴望灵活工作安排的劳动者积极参与其中，共同推动了劳动市场的多元化发展。

在全球范围内，数字劳动正日益成为一种不可或缺的就业形态，展现出强劲的发展势头。美国的 Upwork、Fiverr 等自由职业平台，为全球的劳动者提供了涵盖编程、设计、营销等领域的丰富工作机会。在欧洲，一些国家正积极推动数字劳动的合法化与规范化，通过一系列的政策措施，为自由职业者提供了更为坚实的保障。而在中国，得益于庞大的互联网用户群体，数字劳动更是展现出惊人的规模优势，网约车司机、直播带货者、线上教育工作者等新兴职业不断涌现，为中国的就业市场注入新的活力与更多可能。

二、平台就业的特征与分类

数字经济时代，平台就业以其独特的灵活性成为劳动力市场中的一股重要力量。弹性就业与非标准工作形式是平台就业最为显著的特征之一。通过各类平台，劳动者可以根据个人的时间安排自由接单并完成工作，这一模式赋予了劳动者前所未有的自由度。然而，这种灵活性同时也伴随着较大的收入波动风险。尤其是在全球疫情肆虐期间，当传统就业市场遭受重创时，外卖配送、快递等平台就业形式迅速崛起，成为缓解就业压力、弥补市场衰退的重要力量。这些平台不仅为劳动者提供了维持生计的机会，还在一定程度上保障了社会的正常运转。

在平台经济中,劳动者与平台之间的关系往往呈现出一种非传统的形态。与以往建立在劳动合同基础上的雇佣关系不同,平台更多地将劳动者视为"合作伙伴",从而在一定程度上规避了正式雇主所需承担的责任。这种以任务合作为核心的用工模式,在降低企业用工成本、提高运营效率的同时,也引发了一系列社会保障问题。以网约车司机为例,他们虽然通过平台获得了工作机会,但平台往往不为他们提供"五险一金"等社会保障,这使司机在面临疾病、工伤等风险时,只能依靠自身力量进行应对,这无疑增加了他们的经济负担和心理压力。

数字劳动的形式呈现日益多样化的态势,从体力劳动到脑力劳动,几乎涵盖了所有可能的领域。在体力劳动方面,网约车司机、外卖配送员、家政服务人员等成为平台经济中的重要组成部分;而在脑力劳动领域,内容创作、数据标注、程序开发等岗位也呈现出蓬勃发展的态势。以短视频平台为例,内容创作者通过创作富有创意和吸引力的内容,吸引大量粉丝关注,进而通过广告植入、直播带货等方式实现盈利。同样,在 AI 训练中,数据标注员为机器学习算法提供精确的训练数据,他们的辛勤工作为人工智能技术的发展奠定了坚实的基础。这些多样化的数字劳动形式,不仅丰富了劳动市场的内涵,也为劳动者提供了更多元化的就业选择和发展空间。

三、数字劳动的价值创造机制

平台作为劳动的协调者,在数字劳动中扮演着至关重要的角色。它们通过提供先进的算法匹配系统、全面的评价体系以及便捷的支付解决方案,有效地实现了劳动者与客户之间的无缝对接。以美团外卖为例,其平台内置的实时算法调度系统能够精准地将订单分配给距离客户最近的骑手,从而极大地提升了配送效率。同时,算法还能根据订单量的实时变化灵活调整派单策略,确保劳动者始终保持高效的工作状态。

在优化劳动匹配方面,平台通过对用户数据的深入分析,进一步提升了供需匹配的精准度。网约车平台通过对用户出行需求的时空分布进行细致研究,能够合理地调度司机资源,有效避免了因供需失衡而导致的乘车难和空驶问题。随着数据的不断积累和算法的持续优化,平台不仅能够提供更加优质的服务体验,还能帮助劳动者更加高效地完成劳动任务,实现劳动者收益的最大化。

在劳动内容转化方面,部分劳动者已经成功实现了从单纯劳动到内容生产的华丽转身。以短视频平台为例,创作者们通过创作富有创意和吸引力的内容,成功吸引了大量用户的关注,进而获得了平台分成和品牌广告收入。这些内容创作者既是生产者、也是劳动者,他们在创作过程中投入大量的时间和创意,通过与用户的深度互动获得了可观的经济回报。这种以内容创作为核心的数字劳动形式,已经成为平台经济中不可或缺的就业形态之一,为劳动者提供了更加多样化和灵活化的职业选择。

四、数字劳动的挑战与风险

数字劳动的兴起无疑为劳动者提供了前所未有的灵活性,但这种灵活性同时也带来了劳动者权益保护的严峻挑战。

平台企业往往通过"合作伙伴"或"独立承包商"等模式,规避了劳动法的严格约束,使得劳动者在工作过程中缺乏必要的法律保护。网约车司机和外卖员等群体，在实现工作自主性的同时，也面临着交通事故保险、收入不稳定等现实问题，这给平台就业模式带来了潜在风险。如何在保持平台灵活性的基础上，构建更加完善的劳动者权益保障体系，成为各国政府和平台企业必须共同面对的重要课题。

平台劳动者的收入波动性大，是数字劳动所面临的另一大挑战。由于收入水平往往随市场需求而波动，网约车司机等群体在高峰期可以获得较高收入，但在淡季或市场饱和时，收入则可能大幅下降。此外，平台劳动者通常需要自行承担社保费用，这对于依赖平台收入的低收入群体而言，无疑加重了经济负担。为此，一些国家已经开始探索为平台劳动者提供基本社会保障的路径，如法国和意大利推出的针对平台劳动者的社会保险计划，便是一种积极的尝试。

算法偏见和劳动者不公平待遇问题同样是数字劳动与平台就业中不容忽视的问题。平台通过算法进行任务分配和绩效评价，但算法决策过程的透明度较低，容易导致劳动者感受到不公平。例如，外卖平台的算法可能会因配送超时而降低骑手评分，但超时可能是由道路拥堵或恶劣天气等客观因素导致的，而非骑手的主观责任。算法评分直接影响劳动者的公平接单机会和收入水平，因此提高算法透明度和公平性，正成为数字劳动和平台就业领域亟待解决的关键问题。

五、数字劳动与平台就业的未来发展方向

平台与劳动者关系的规范化是平台就业持续、健康发展的关键所在。当前，如何界定和规范平台与劳动者之间的法律关系，保障劳动者的合法权益，已成为各国政策制定者亟待解决的重要课题。未来，平台与劳动者之间可能会涌现出更多创新的合作模式，如"混合雇佣模式"，旨在保持劳动灵活性的同时，为劳动者提供必要的社会保障。中国在这一领域已经迈出了积极的步伐，部分城市正在探索网约车司机的"准员工制"，为劳动者提供包括基本医疗保险和职业培训在内的基本保障。

同时，智能化管理与劳动者赋能也将成为平台就业发展的重要趋势。随着人工智能技术的不断进步，平台将能够通过更加智能的调度系统和数据分析工具，为劳动者提供实时的道路信息、最佳路线规划等支持，从而提升他们的工作效率。此外，平台还可以通过数据反馈机制，帮助劳动者洞悉市场需求的变化，引导他们更加科学地规划工作时间和区域。更重要的是，为了帮助劳动者应对市场变化和职业转型的挑战，平台应提供更多元化的技能培训和职业发展支持，如与政府和企业合作，为劳动者提供编程、数据分析等高技能培训，助力他们向数字经济中的高附加值岗位迈进。这样，不仅能够提升劳动者的收入水平，还能为平台自身吸引更多高素质、高技能的劳动力，实现平台与劳动者的双赢。

第九节 数字主权与数据治理理论

数字主权与数据治理理论研究的是国家和企业在数字经济时代中对数据的控制权、管理权，以及在全球数据流动中的自主性。随着互联网和数据技术的迅速发展，数据成为国

家核心战略资源之一,各国纷纷加强对数据流动的控制,以确保国家安全和经济竞争力。这一理论为理解数字经济时代下的国家战略与企业的数据管理实践提供了重要框架。

一、数字主权的概念与背景

数字主权是指一个国家或地区在其主权范围内享有对数字资产(包括但不限于数据、信息、技术及相关系统)的所有权、控制权及独立决策权。它是国家主权在数字空间的延伸。随着全球数据流动和新一代信息通信技术的广泛应用,数字主权成为国家经济安全、科技安全和国家竞争力的重要组成部分,同时也是各国政府制定数字经济政策和网络安全战略的重要考虑因素。

在全球化的数字经济浪潮中,跨境数据流动、国际技术合作以及数字基础设施的相互依赖程度显著增强。这一趋势不仅促进了全球经济的深度融合与发展,同时也带来了数据安全和隐私保护等方面的严峻挑战。面对这些挑战,许多国家开始深刻反思并重新审视如何有效保护本国的数字资产和技术创新能力,以确保国家安全和利益不受侵害。自2020年欧洲议会发布具有里程碑意义的《欧洲数字主权》报告以来,数字主权问题迅速升温,成为全球数字治理领域最为重要和紧迫的议题之一。在此背景下,世界各国纷纷加强数字主权建设,通过制定法律法规、加大监管力度、提升技术防护能力等手段,来巩固和拓展自身的数字主权,旨在平衡数据开放与数据安全之间的关系。当前,数字主权已成为衡量国家竞争力的重要指标之一。

在数字空间中对数据流动、技术发展和网络基础设施的控制权,反映了一个国家对自身数据安全、隐私保护以及关键技术自主可控的实际能力和效果。数据不仅仅是经济发展的新燃料,更是国家战略资源的关键组成部分。拥有强大的数字主权,意味着国家能够有效管理、保护并利用本国的数据资源,为科技创新、产业升级以及国际合作提供坚实的支撑。数字主权不仅包括对数据的控制权,还涉及对网络基础设施和技术独立性的掌控。尤其在5G网络、IPv6协议、云计算以及工业互联网等关键领域,国家对网络基础设施及技术标准的控制权与数字主权之间存在着紧密的关联。在数据泄露、网络攻击等风险日益加剧的背景下,保护关键数据资源和核心技术不受外部势力的控制与威胁,对于维护国家主权和利益具有至关重要的意义。

为了有效维护国家的数字主权,我国采取了一系列全方位、多层次的措施来加强国家数字主权建设,不仅注重数据安全和技术独立性这两个核心方面,同时还强调了制度建设与社会治理的重要性。

在法律法规层面,《数据安全法》与《中华人民共和国网络安全法》等法律条文,明确界定了数据安全的范畴,确立了分类分级保护制度、风险评估与工作协调机制以及应急处置机制,确保了数据在有效保护与合法利用的状态下运行,为数据安全提供了坚实的法律保障。

在核心技术方面,我国始终坚持自主创新的原则,在高端芯片、操作系统、数据库等核心软硬件产品以及通用人工智能技术等关键领域取得了显著的进展。同时,还积极推动数据安全技术与产品的研发,不断提高大数据安全攻防水平,为加强我国数字主权建设提供了坚实有力的技术支撑。

在数据治理方面,我国将数字主权置于国家战略高度,在发展和安全的平衡中构建数字主权安全治理的战略框架,围绕数据要素权属厘定、数据资产评估、数据交易定价、数据出境安全评估等问题开展了深入的探索和研究。同时,我国还积极参与国际数字主权治理规则的制定,有效推动了国内外数字主权治理规则的衔接和协调。

此外,数字主权还涉及国家在网络空间中的话语权与规则制定权。在全球数字经济治理体系中,只有拥有强大数字主权的国家才能更为主动地参与国际规则的制定与修订,推动构建更加公平、开放、包容的数字经济发展环境。因此,加强数字主权建设已成为各国应对全球化数字经济挑战、实现可持续发展的重要战略选择。

二、数据治理的框架与模式

与广义的数字治理概念不同,数据治理主要关注对数据的有效管理和控制,以保障数据的可靠性、安全性和可用性。而数字治理更关注利用数字技术提高国家和社会治理的效率与质量,二者在关注点和应用范围上存在明显差异。

通常,数据治理是指通过制定政策、法规和技术标准,对数据的采集、存储、分析、使用和销毁等全生命周期进行管理的过程。数据治理的基本框架包括多个关键组成部分,这些部分相互关联、相互支持,共同构成了数据治理的完整体系,为数据的合规、安全、高效利用提供了有力的保障。其中,数据隐私保护机制保护个人信息的机密性和保密性,防止数据泄露和滥用;数据安全管理措施致力于防范数据丢失、篡改和破坏等风险,确保数据的完整性和可用性;数据质量控制确保数据的准确性和一致性,提高数据的可靠性和可信度;数据共享机制促进数据在不同部门和业务之间的流通与整合,提升数据利用效率;数据使用权管理明确数据的权限和责任,确保数据的合法、合规使用;数据权属界定则明确数据的所有权、使用权、收益权、处分权等归属问题,为数据交易、权益保护和数据安全提供重要前提。

以欧盟《通用数据保护条例》(GDPR)为例,该法规对数据保护、用户隐私和企业数据使用提出了严格且详细的要求。GDPR不仅强化了数据主体的权利,还对企业的数据处理行为进行了严格的规范,成为全球数据治理领域的重要参考和标杆。通过遵循GDPR等法规,企业可以更有效地进行数据治理,从而确保数据的合规性和安全性。

在全球范围内,数据治理的模式主要划分为两大类别:集中化模式与分散化模式。这两种模式在数据管理的理念、实施主体以及具体手段上均存在显著的差异。

集中化模式通常由政府作为主导力量,致力于构建一个统一的数据管理体系。在这一模式下,政府通过制定国家级的数据标准和严格的监管政策,确保数据的收集、处理、存储和使用都遵循既定的规范与流程。这种自上而下的管理方式,有助于实现数据的全面整合和高效利用,同时强化了对数据安全的保护。以中国为例,近年来,中国政府通过出台《数据安全法》和《个人信息保护法》等一系列法律法规,进一步加大了对数据活动的监管力度,提升了数据治理的法治化水平。

相比较之下,分散化模式则更多地依赖企业自身的自律机制和行业标准。在这一模式下,企业作为数据治理的主体,拥有较大的自主权,可以根据自身的业务需求和行业特点,制定适合自身的数据管理策略。例如谷歌、亚马逊等美国大型科技公司,在数据治理方面就展现出了较强的自主性和创新性。然而,这并不意味着企业可以完全脱离政府的监管。

实际上,这些公司在享受数据治理自主权的同时,也面临着来自政府的部分监管,以确保其数据活动符合法律法规的要求。

综上所述,集中化模式与分散化模式的数据治理模式各有千秋,适用于不同的国家和地区以及不同的行业领域。在实践中,应根据具体情况选择合适的数据治理模式,以实现数据的高效管理和安全利用。

三、数字主权与全球数据竞争

随着全球范围内数字主权意识的日益增强,数据本地化(Data Localization)政策逐渐成为众多国家保障本国公民数据安全的重要手段。这一政策的核心要求是将数据存储在数据生成或使用的国家境内,从而加强对数据的掌控和监管。尽管数据本地化政策的初衷在于保护国家安全与公民隐私,但它同时也给跨国企业的数据管理带来了前所未有的挑战。

例如,印度政府明确要求跨国公司将支付数据存储在印度本土的服务器上,以确保数据的可控性和安全性。欧盟则通过实施《通用数据保护条例》对数据的跨境传输施加了严格的限制,要求企业在数据传输前必须获得数据主体的明确同意,并保障数据在传输过程中的安全。这些政策的出台,无疑加剧了全球数据流动的碎片化趋势,使得各国在确保数据合规性的同时,不得不探索如何在数据价值最大化方面找到新的平衡点。

在数字主权竞争加剧的背景下,数据的掌控能力已成为国家间综合实力较量的重要组成部分。美国科技巨头如Facebook、谷歌和亚马逊等,凭借其在全球数据经济中的主导地位,通过收集和分析全球用户数据,构建起了难以逾越的数据壁垒和技术优势。而中国则通过推动自有平台和技术标准的国际化,努力提升在全球数据治理领域的话语权。特别是中国提出的"一带一路"数字经济合作倡议,不仅促进了中国电商、移动支付和云计算技术的海外拓展,还为全球数据治理提供了新的思路和模式。

此外,在5G、人工智能等高科技领域,数字主权的争夺往往与技术标准的竞争紧密相连。以5G网络为例,华为作为全球5G标准制定的关键参与者,凭借其强大的技术实力和创新能力,赢得了众多国家的支持和信任。然而,美国对华为的制裁和抵制,不仅仅是对华为公司的打压,更是对全球5G技术标准竞争格局的深刻影响。这种技术标准的竞争,实质上反映了各国对数据控制权的激烈争夺。未来,人工智能等新兴技术领域的核心技术和数据标准将成为全球数字经济竞争的关键。谁能在这些领域掌握主动权,谁就能在全球数字经济中占据更为有利的地位,进而推动本国经济的持续发展和国际竞争力的提升。

四、数字主权与数据治理的挑战

近年来,全球化与本地化在数字主权领域内的冲突日益显著。一方面,数字主权强调各国对数据的控制权,主张数据应在本土范围内进行管理和保护;另一方面,全球化则要求数据能够在国际自由流动,以促进跨国贸易和合作。这种矛盾在数字贸易领域表现得尤为突出。跨国公司在全球市场中运营时,必须遵守各国不同的数据保护法律,而这些法律之间可能存在显著差异甚至冲突。例如,欧盟的《通用数据保护条例》与美国的数据隐私法在数据保护标准上就存在明显的不同,这导致跨国企业在数据合规管理方面面临严峻挑战。

如何在维护国家数字主权的同时,确保数据的全球化流动,成为各国政府和企业亟须解决的问题。

数据隐私保护与数据创新使用之间的平衡,同样是数据治理的核心问题之一。严格的数据隐私保护措施对于保护个人数据至关重要,但也可能在一定程度上限制数据在科研和商业领域的广泛应用。以医疗数据为例,在严格的隐私保护政策下,研究人员往往难以获取足够规模的数据集,这在一定程度上影响了新药研发和个性化医疗服务的创新进程。因此,如何在保护用户隐私的同时,充分发挥数据在科研和商业领域的潜力,成为数据治理领域面临的一项长期挑战。

随着网络攻击和数据泄露事件的频繁发生,各国政府对数字主权的重视程度显著增加,纷纷采取措施加强对网络基础设施的安全管控。然而,这种加强管控的努力也伴随着一系列技术上的挑战。特别是随着物联网设备的广泛普及和智慧城市建设的快速推进,网络安全漏洞对国家基础设施构成的潜在威胁日益严峻。在这种背景下,如何通过实施有效的数据治理策略来提升网络安全防护的针对性和实效性,同时确保数据治理过程中的技术透明性,成为国家保护数字主权的重要课题。

五、数字主权与数据治理的未来发展方向

未来,区域化的数据治理合作将崭露头角,成为推动全球数据治理向前迈进的主要动力之一。以欧盟为例,其成员国通过实施《通用数据保护条例》,成功建立了统一的数据保护标准,为全球其他地区提供了宝贵的借鉴经验。同样,在《区域全面经济伙伴关系协定》框架下,中国也着重强调了成员国之间的数字经济合作以及数据保护的协调工作,力求在区域层面实现数据治理的共赢。区域化的合作模式有助于在维护数字主权与促进数据流动之间找到巧妙的平衡点,进而推动区域内经济一体化的深入发展。

数据信托作为一种新兴的数据治理模式,正逐渐受到业界的关注。该模式允许用户将数据的控制权委托给第三方信托机构,由其负责管理和使用数据。这种安排既能在最大程度上保护用户的隐私权益,又能有效挖掘和实现数据的商业价值。在欧洲,数据信托模式已经得到了初步的尝试和探索,信托机构的介入,确保了企业在使用数据时严格遵循合规要求。未来,数据信托模式有望在全球范围内得到更广泛的推广和应用,为数据治理领域提供更加灵活多样的解决方案。

在技术层面上,随着数字主权意识的日益增强,各国正将更多的注意力放在新兴技术领域的自主创新上,并积极参与到国际标准的制定过程中。通过在国际规则的制定中占据重要位置,各国不仅能提升自身在全球数据治理中的发言权,同时还在新一轮技术竞赛中获得优势,赢得更有利的发展机遇。

第十节　创新与数字经济互动理论

创新与数字经济互动理论研究的是数字技术如何驱动创新,并利用新技术、新模式以及新业态来促进经济的增长。同时,数字经济的发展也在反向推动创新生态系统的不断演

变,为科技创新提供了更为宽广的平台和更加庞大的市场。在这一背景下,政府、企业和学术界均将目光投向如何利用数字化手段来加速创新的步伐,并努力实现数字经济与创新活动之间的协同并进。

一、创新与数字经济的相互促进关系

数字经济时代,数字技术成为推动创新的主要动力源泉,数字技术驱动的创新正以前所未有的速度改变着世界。大数据、人工智能、区块链等新兴技术凭借强大的数据处理能力、智能化的算法以及去中心化的网络方式,给各个行业带来了深刻的技术革新。例如,人工智能技术在医疗领域大放异彩,不仅实现了疾病诊断的智能化,还推动了个性化治疗的精准化发展。区块链技术则通过构建分布式账本系统,在金融和物流等领域显著提升了业务流程的透明度与安全性。这些技术创新不仅仅大幅提高了产业效率,更为新兴企业开辟了广阔的商业机遇。

与此同时,数字经济的发展给创新生态系统带来了一个更加开放与包容的环境。在传统的创新生态系统中,科研机构和大型企业往往占据主导地位。然而,在数字经济时代,创新活动呈现出多元化和去中心化的新特点。开放式创新、众包研发、在线协作等新型创新模式的不断涌现,使得个人开发者、初创企业等也能在创新生态系统中发挥举足轻重的作用。以开源软件社区为例,开发者们通过合作共同推动了技术创新的步伐,Linux、Python等开源项目在全球范围内得到了广泛应用,为科技企业创新提供了坚实的技术支撑。

在数字经济背景下,市场需求和技术创新的双向互动越发紧密,形成了一个相互促进、共同发展的良性循环。一方面,数字平台凭借大数据分析技术,能够实时捕捉市场需求的变化,精准洞察消费者的偏好与需求,从而为企业提供明确的创新方向。例如,电商平台通过深入分析用户消费数据,有效推动商品和服务的创新。另一方面,新技术的涌现也会催生出新的市场需求,进一步推动创新生态的发展。以5G的普及应用为例,它以其高速、低延迟、大容量等特点,为AR/VR应用的发展提供了强大的技术支持,不仅推动了AR/VR技术在娱乐、教育、医疗等领域的广泛应用,还重塑了用户的消费体验,进而改变了用户的消费行为。

二、数字化创新模式与路径

当前,数字平台成为推动数字化创新的关键载体和途径。企业通过构建平台型业务模式,向合作伙伴开放部分技术、数据、市场等资源,形成多方参与的创新生态系统。在这个系统中,各方共同开展技术研发、产品创新和市场拓展等活动,以创造更大的价值。这种开放式创新模式打破了传统封闭式创新的边界,强调企业内外部资源的整合与共享,通过跨组织、跨领域的合作来推动创新进程。开放式创新是指企业与外部合作伙伴(如供应商、客户、学术机构、初创企业、个人开发者等)进行开放性合作,共同创造和分享知识、技术及资源的创新模式。例如,谷歌地图通过API允许开发者开发和整合新功能,不断完善并满足用户需求。

同时,共享创新与协同研发模式成为提升科技研发效率的重要途径。企业和科研机构通过众包研发、在线协作等创新模式,实现了技术和知识的共享。

众包研发模式是指企业在开放式创新的背景下,利用网络平台发布研发任务,广泛征集社会大众的创意、技术和解决方案,以推动企业产品和服务的创新。这种模式打破了传统研发的界限,使得研发活动不再局限于企业内部或特定承包商,而是面向全社会的多种参与主体开放,包括消费者、技术人员、科研机构、供应商等。这些参与主体来自不同领域,拥有不同的专业背景和技能,他们共同参与到形式多样的研发任务中,如构想创意、开发新技术、改善算法、测试产品、分析数据等,涵盖技术研发的多个方面。众包研发的优势在于,它能够汇集大量人才和智慧,从而加速研发进程并提高研发效率;帮助企业降低研发成本,避免在内部研发的高昂投入;还能引入外部的创新思维和创意,帮助企业打破内部创新的壁垒,提升创新能力。众包研发的适用范围主要集中在技术及创意密集型企业之中,当创新知识相对直观并具有一定共性和传播共享性时,众包研发相较于内部研发或单一研发合作具有明显优势。

在线协作模式通过互联网和数字平台,将位于不同地点的团队成员连接起来,使他们能够共同完成研发任务或项目。这种模式的核心要素包括项目管理和任务分配、实时共享和协同编辑文件、团队交流和合作。团队成员可以利用项目管理软件,清晰地了解任务进度、分配责任并设定截止日期。此外,借助实时共享和协同编辑功能,团队成员可以随时共享和编辑各类文件,无须担心版本控制问题。通过即时通信工具,团队成员可以进行实时或异步的交流,以快速解决问题和调整计划。在线协作模式的优势主要体现在以下几个方面:首先,它消除了地理限制,使团队成员能够远程合作;其次,它可以提高工作效率,因为团队成员可以实时交流和协作;再次,它增强了团队合作的灵活性和可扩展性,使团队成员可以根据自己的时间安排进行工作;最后,在线协作模式有助于企业降低研发成本,如减少办公空间需求、降低差旅费用等。

三、数字经济对创新的催化作用

数字经济时代,创新速度的加快与迭代创新成为显著特点。这一现象主要得益于信息传播速度和知识分享效率的提高,从而使得技术创新的迭代速度明显加快。互联网平台使得企业能够在全球范围内快速获取新知识和新技术,并将其应用于产品和服务的开发中。例如,人工智能领域中的深度学习算法,通过全球开源社区的贡献,得以迅速完善和推广。迭代创新的速度加快,使得企业能够更快地推出新产品,满足市场变化带来的新需求。

与此同时,数字经济为创新创业提供了丰富的资金来源和孵化平台。风险投资、天使投资和众筹等模式,为初创企业提供了进入市场的资金支持。例如,美国的硅谷和中国的中关村,通过集聚风险投资和创新企业,形成了科技创新的生态集群。数字经济背景下,初创企业不仅能够在本地市场进行创新试验,还能通过跨境电商平台、在线社交媒体等渠道迅速拓展国际市场,从而降低了创新创业的门槛和风险。

此外,数字经济拓展了创新的市场空间,使得长尾市场成为新技术和新产品的试验场。传统市场往往集中于高频需求,而数字经济中的长尾效应使得企业可以通过互联网平台满足低频、个性化的市场需求。例如,小米通过其线上社区与用户进行互动,迅速捕捉用户对新产品的个性化需求,并通过小米众筹平台测试市场反应。这种以长尾市场为基础的数字经济创新模式,使得企业能够更加灵活地进行产品迭代和市场试验。

四、创新与数字经济的挑战

随着数字经济的快速发展,技术创新与社会伦理冲突、技术标准与创新路径依赖、数字鸿沟与创新不平衡等问题变得越来越突出。这些问题不仅对数字经济的健康发展构成了威胁,还对创新的可持续性产生了深远的影响。

(1)技术创新与社会伦理冲突。随着人工智能、基因编辑等新兴技术的快速发展,技术创新与社会伦理之间的冲突日益显著。例如,人工智能在自动驾驶领域的广泛应用引发了对交通事故责任认定的争议,基因编辑技术则面临伦理和法律的双重挑战。在数字经济中,如何制定合理的技术伦理规范,确保技术应用的合法、合规,同时尊重社会价值观,是技术创新需要面对的复杂问题。为了解决这一问题,政府、企业和社会各界应共同参与,制定和完善相关法律法规,引导技术创新在符合社会伦理的前提下发展。

(2)技术标准与创新路径依赖。数字经济中的技术标准化为创新提供了基础,但同时也可能导致路径依赖问题。过度依赖某一技术标准可能限制企业在其他创新方向上的探索。例如,在智能手机操作系统市场,Android和iOS的垄断地位使其他操作系统的创新难以进入市场,限制了市场的多样性和创新活力。因此,在推动技术标准化的同时,应关注创新的多样性和可持续性。政府和相关部门可以通过制定政策、提供资金支持等方式,鼓励企业进行多元化创新,以应对未来市场的不确定性。

(3)数字鸿沟与创新不平衡。数字经济的发展在提升创新效率的同时,也带来了数字鸿沟问题。在发达国家和大城市,创新资源和数字基础设施相对集中,而在欠发达地区和农村,创新能力和数字技术的普及程度相对较低。这种不平衡现象限制了创新的普及性,也使得创新成果难以惠及所有人群。各国政府和国际组织正在通过数字基础设施建设与教育投资,努力缩小数字鸿沟,推动创新的普惠性发展。此外,企业和社会各界也应积极参与,为欠发达地区和农村提供更多的创新资源与支持,以实现数字经济的全面繁荣。

五、创新与数字经济的未来发展方向

在未来的数字经济发展中,数字创新与绿色科技的结合、全球创新网络与数字协作以及元宇宙与新型创新空间等关键议题受到了越来越多的关注,它们可能共同引领数字经济迈向一个更加繁荣、创新和可持续的未来。

数字创新与绿色科技的结合将成为推动创新的重要方向,它在多个具体领域将产生显著影响,包括智能电网、智慧城市、智能家居、智能制造、绿色交通等。其中,智能电网是数字创新与绿色科技结合的典型代表,通过物联网和大数据技术实现能源的智能管理和碳排放的精细化控制。例如,谷歌在加州的一家数据中心利用机器学习算法优化电力使用,实现了30%的能源节约;微软在其总部园区部署了智能电网技术,实现了能源消耗的实时监控和管理。由此可见,数字技术的应用能够显著地提升企业的绿色创新能力。

随着数字化工具的普及,全球创新网络正在形成,它将改变科研合作和技术创新的方式,使得跨国合作和远程协作成为科技创新的新趋势。科研人员和企业可以通过在线平台进行项目合作与技术交流,消除地理距离的限制。例如,开源软件项目的全球开发者通过 GitHub 等平台,实时协作开发软件,为全球用户提供创新成果。未来,全球创新网络的扩展,将进一步推动技术和知识的无国界流动,给各个领域的研究和开发带来新的机遇。

元宇宙(Metaverse)的兴起为创新开辟了全新的空间和场景。它融合了虚拟现实、增强现实以及区块链技术,为用户打造了一个全新的数字体验空间,也给多个行业带来了前所未有的发展机遇。例如,游戏行业可以通过元宇宙技术为玩家创造更加沉浸式的体验,推动游戏行业的创新发展;零售行业可以通过元宇宙技术为顾客提供虚拟试衣、虚拟购物等新服务,实现线上线下的无缝融合;教育行业可以通过元宇宙技术为学生提供虚拟实验室、虚拟课堂等新场景,实现个性化、互动式的教学方式。目前,一些科技企业已经开始设立虚拟实验室和创新基地等新载体,探索数字技术在虚拟世界中的应用。例如,Meta 公司的 Horizon 平台为用户提供虚拟旅游、虚拟购物、虚拟学习等新服务,微软公司的 Mesh for Teams 平台为用户提供虚拟会议、虚拟协作等新体验。这些元宇宙项目已经吸引了大量用户和开发者参与,有望成为未来创新和数字经济互动的新平台。

思考题

1. 理解平台经济与传统经济的差异,思考其可能的风险与挑战。
2. 通过网络调研方式整理一个数字生态系统的案例,思考并分析其未来发展方向。
3. 通过社会调研方式了解数字劳动与平台就业的风险和挑战,并给出对策和建议。
4. 思考并分析数字主权与全球数据竞争的重要意义。
5. 结合相关知识,为自己的创新创业活动做一个规划和设计。
6. 思考并分析创新与数字经济的挑战及未来发展方向。

即测即练

第八章

数字经济社会的新问题与挑战

本章学习目标

1. 掌握数据隐私的概念及重要性；
2. 深刻理解个人、企业和国家所面临的隐私保护与数据安全的挑战；
3. 了解常见的网络安全问题及防护技术手段；
4. 了解数字鸿沟的现状，以及数字经济对我国就业市场的影响；
5. 深刻理解数字时代青年人如何实现就业转型的对策；
6. 了解平台垄断与算法滥用对数字经济发展的影响；
7. 了解数字伦理的定义、基本原则及不同领域的数字伦理问题；
8. 深刻理解 AI 法律问题的紧迫性和重要性。

导言

随着数字技术的飞速发展，数字经济已经渗透到社会的各个层面，改变了人们的生活方式、工作模式和社交形态。然而，数字技术在带来便利和创新的同时，也产生了一系列新的问题与挑战。

本章将探讨数字经济社会中突出的四大问题：隐私保护与数据安全问题，数字鸿沟与就业转型问题，平台垄断与算法滥用问题，数字伦理与 AI 法律问题。这些问题不仅影响着个人的权益和社会的公平，也对政府监管和企业责任提出了更高要求。

第一节　隐私保护与数据安全问题

随着大数据、云计算等技术的广泛应用，个人及企业数据的安全边界变得模糊，数据泄露、非法采集与滥用事件频发。隐私保护面临严峻挑战，如何在利用数据价值的同时，确保个人隐私不被侵犯，成为亟待解决的难题。

一、数据隐私的概念与重要性

数据隐私是指保护个人和组织的信息，防止未经授权的访问、泄露或滥用。随着数字经济的发展，数据逐渐成为核心资源，尤其是个人数据（如用户的身份信息、偏好、行为习惯等),推动了个性化推荐、精准营销等业务模式的发展。这种对数据的依赖提升了商业运作效率,但也让用户隐私暴露在风险之中。

在当今的数字经济环境下,数据隐私不仅关乎个人权利,也影响企业的社会责任和声誉。企业通过获取和分析用户数据,能更准确地了解消费者需求,优化产品和服务。然而,数据收集、存储、使用过程中的每个环节都可能带来隐私泄露风险。数据一旦泄露,用户可能会面临身份盗窃、资金损失等直接风险,还可能遭遇恶意使用数据的负面影响。[1] 对于企业而言,数据隐私保护不仅是道德和法律的双重义务,也是维持用户信任和品牌声誉的关键。

二、隐私保护和数据安全的挑战

数据隐私的保护面临着诸多挑战,尤其在数据收集的透明度和数据滥用方面问题尤为突出。

(一)个人隐私泄露风险

由于很多企业在数据收集上存在信息不对称,个人用户难以掌握自身数据的去向和用途。平台企业通常在未经明确告知的情况下,通过网络浏览器、移动应用等多种渠道收集用户数据。这种无形中的数据收集手段大大增强了用户隐私被侵犯的风险。[2]

个人隐私泄露的后果,不仅限于接到推销电话、骚扰短信、诈骗电话和垃圾邮件,更严重的是,人脸识别系统收集和存储的生物识别数据,一旦泄露,可能导致个人信息被冒用或滥用,包括可能被冒用于注册公司、办理小额贷款和信用卡透支欠款,造成个人财产损失和正常生活干扰。

当前,我国个人隐私保护所面临的问题,在隐私泄露形式日益多元化的背景下,主要体现在以下三个层面:一是缺乏隐私保护意识,用户不知道自己的隐私在何时被通过何种方式被收集,亦不知道自己的隐私信息被用来做什么,为违法分子提供了可乘之机;二是由于数据具有易复制性、可传递性和可共享性,用户隐私信息一旦泄露则几乎无法追回;三是由于缺乏对用户信息价值的统一判断和量化标准,泄露的个人隐私价值难以估损,使得隐私保护政策具有很大的不确定性。[3]

(二)企业数据保护问题

数据滥用和数据泄露的风险通常是由于企业未能妥善保护数据,或未对共享数据的使用进行有效的限制。一些企业将用户数据用于用户未授权的用途,如个性化广告、推荐系统等,甚至可能将数据转售给其他第三方机构。[4]

在数字经济背景下,数据正成为企业不可或缺的重要生产资料。企业的敏感性数据,

---

① 李俊杰.数据隐私保护与数字经济发展之矛盾及平衡[J].电子商务研究,2019(3):76-82.
② 孙明.数字经济中的数据隐私保护困境与对策[J].网络安全法学,2020(2):44-51.
③ 关注数字经济发展中的隐私保护[EB/OL].(2021-10-13).http://www.cass.cn/zhuanti/2021gjwlaqxcz/xljd/202110/t20211013_5366804.shtml.
④ 张伟.大数据时代的隐私泄露问题研究[J].数据治理研究,2019(5):33-39.

包括客户信息、财务数据和战略规划等重要信息,一旦发生泄露或被篡改,不仅会使用户面临身份盗用和财产损失,而且会对企业造成巨大的经济损失和声誉打击。目前,企业所面临的隐私保护困境与数据安全问题主要来自内部风险和外部攻击两个方面。

从内部风险来看,员工误操作、内部人员恶意泄露以及系统漏洞是常见的威胁。员工可能因缺乏安全意识而点击钓鱼邮件或下载恶意软件,导致敏感数据外泄。此外,一些离职员工可能会出于报复心理带走公司机密,进一步加剧了内部风险的严重性。

从外部攻击来看,网络黑客利用先进的技术手段进行攻击,如 DDoS(分布式拒绝服务攻击)、SQL(结构化查询语言)注入和勒索软件等,旨在窃取或破坏企业的数据资产。这些攻击不仅会导致直接的经济损失,还可能影响企业的声誉和客户信任度。

(三)国家数据安全问题

数据资源作为国家间竞争的核心资源之一,使得数据安全问题成为国家安全的重要组成部分。

数据主权是指一个国家对其境内产生的数据的控制权和管理权。在全球化背景下,跨境数据流动日益频繁,如何确保数据在跨境传输过程中不受到未经授权的访问、篡改或泄露,是一个重要的问题。

不同国家的数据保护法律和政策可能存在差异,这也增强了跨境数据流动治理的复杂性。由于国际上尚未建立统一的数字治理规则,全球数字治理格局呈现分裂化、区域化、碎片化的特征。跨境数据在全球扩张过程中引发的数据泄露以及主权国家间的数字主权争端、数字监管竞争等现象愈加频繁。[①] 经济全球化与数字化的不断推进使得数据安全已经跨越传统国家安全的边界。

此外,关键基础设施如电力、交通、通信和金融系统等,依赖大量的数据来进行运营和管理。这些数据一旦被攻击或破坏,可能导致严重的社会和经济后果。例如,电力系统的瘫痪可能导致大范围停电,影响人们日常生活;交通系统的故障可能导致交通拥堵和事故频发;通信系统的中断可能阻碍紧急救援和信息传递;金融系统的漏洞可能导致经济损失和金融动荡。因此,保护关键基础设施的数据安全是国家安全的重要组成部分。

三、网络安全威胁

网络安全威胁是数据隐私的核心风险之一。当前,网络安全威胁主要包括 DDoS、钓鱼攻击、勒索软件攻击和恶意软件入侵等。这些攻击形式不仅影响个人和企业,还可能对国家的关键基础设施构成严重威胁。

DDoS 通过大量流量请求挤占目标服务器资源,使其无法正常运作。这样的攻击通常是为了瘫痪网站或服务,使用户无法正常访问,给企业带来巨大损失。DDoS 的成本相对较低,黑客可以通过"租借"受感染的计算机组成的"僵尸网络"实施攻击,对金融、零售等依赖

---

① 跨境数据流动治理:框架、实践困境与启示.[EB/OL].(2024-03-19). https://www.secrss.com/articles/64534.

在线业务的行业造成直接冲击。[①]

钓鱼攻击则利用伪装成合法网站、邮件或短信的手段,诱骗用户提供账号密码、验证码等敏感信息。钓鱼攻击不仅会对个人的资金安全造成直接威胁,还可能使攻击者获得企业内部系统的访问权限,造成更严重的信息泄露或破坏。

勒索软件攻击是一种加密受害者数据并要求支付赎金才能解锁的恶意行为。勒索软件攻击的破坏性极强,尤其对拥有重要数据的企业、医院等机构来说,勒索软件导致的业务中断和数据丢失可能会带来严重后果。勒索软件攻击的赎金通常以虚拟货币支付,以规避追踪,许多企业和个人在无奈之下选择妥协付款。[②]

恶意软件入侵则是一种破坏用户设备、窃取数据或操控设备的恶意程序的行为。恶意软件通过网络、电子邮件、软件下载等途径传播,一旦感染用户的计算机或移动设备,攻击者便能窃取用户数据,甚至远程操控设备。这些恶意软件往往难以被察觉,一旦感染,可能造成长期的信息泄露和设备损坏。

网络安全威胁的多样性和高频次发展使得个人、企业与国家都面临巨大风险。对于个人,网络安全威胁主要表现在账户被盗、隐私泄露和资金损失上。许多用户因缺乏网络安全意识,容易点击恶意链接或输入敏感信息,从而受到攻击。企业层面,网络安全问题不仅影响数据安全,还可能导致业务停摆、声誉受损和财务损失。国家层面,网络安全威胁更为复杂,国家的电网、交通、金融系统等关键基础设施一旦遭到网络攻击,可能会引发广泛的社会混乱和经济损失。

因此,为应对日益复杂的网络安全问题,个人需要增强安全意识,企业要建立健全的网络安全系统,国家则需制定完善的网络安全法规与政策,并推动全球网络安全合作,共同应对日益严峻的网络安全挑战。[③]

四、隐私保护与网络安全的技术手段

随着数据隐私和网络安全威胁的日益增加,各类技术手段已成为保护数据隐私和抵御网络攻击的重要工具。这些技术手段包括加密技术、身份验证、访问控制和多种网络安全防护工具,通过这些手段,个人、企业和机构能够大大降低数据泄露与网络攻击的风险。

加密技术是保障数据安全的核心手段之一,它通过在数据的传输和存储过程中应用复杂的算法,使未经授权的用户难以读取或篡改信息。在众多加密技术中,AES 和 DES 等对称加密算法扮演着至关重要的角色。AES 以其强大的加密强度和广泛的适用性,成为当前数据加密领域的首选方案,广泛应用于金融交易、网络通信等关键领域。

身份验证和访问控制在用户访问数据时发挥关键作用。身份验证通过多种手段(如用户名密码、指纹识别、双重验证)确保只有合法用户才能访问特定数据。双重验证是当下常见的验证方式,它要求用户在登录时输入密码并提供一次性验证码,大大增加了非法访问的难度。访问控制则帮助企业和组织对不同级别的数据访问权限进行分配,确保敏感数据

---

① 张杰.网络安全威胁及其应对措施[J].信息网络安全,2020(4):102-109.
② 马超.勒索软件的威胁及防护对策研究[J].计算机应用安全,2021(3):58-64.
③ 吴波.国家级网络安全风险及其管理[J].国家安全与信息管理,2019(6):33-40.

仅对授权人员开放。①

网络安全防护工具是抵御各类网络攻击的重要屏障。防火墙、入侵检测系统和入侵防御系统(IPS)是常见的网络防护工具。防火墙负责隔离内外网络流量,防止未经授权的流量进入系统内部,保护内部网络的安全。入侵检测系统通过监控网络流量、分析数据包内容识别潜在的攻击行为,一旦检测到可疑活动,会及时通知管理员,以便迅速采取措施。入侵防御系统则在检测到攻击行为后直接进行拦截、阻止,能够有效防止网络攻击对系统造成破坏。②

通过综合运用加密技术、身份验证、访问控制和网络安全防护工具,个人和企业可以在不同层面上保护数据隐私、抵御网络威胁。然而,技术手段并非万无一失,配合完善的法律法规与隐私保护政策,才能实现更全面的数据隐私和网络安全保护。

五、法律法规与隐私保护政策

面对数据隐私和网络安全问题的不断加剧,各国政府纷纷制定和实施法律法规,以确保用户的隐私权和数据安全。当前,全球范围内的隐私保护法规主要集中在对数据的收集、存储和使用进行严格规定上,确保用户在信息化社会中享有基本的隐私权和知情权。

欧盟的《通用数据保护条例》是全球最具影响力的数据保护法规之一。GDPR 对企业在收集、处理和存储用户数据方面提出了严格要求。例如,企业必须在用户明确同意的前提下收集数据,并需向用户说明数据的用途。用户拥有"被遗忘权",即在不影响合法数据用途的情况下,有权要求企业删除其个人信息。此外,GDPR 还规定,若发生数据泄露事件,企业必须在 72 小时内向相关监管机构报告,并告知受影响的用户,以便他们采取必要的保护措施。③

在中国,2021 年正式实施的《个人信息保护法》对数据隐私保护提出了全面的要求。这一法律规定,企业在处理个人数据时应遵循合法、正当、必要的原则,明确规定了数据收集、存储、使用、加工等环节中的合规要求。此外,《数据安全法》也对跨境数据流动和敏感数据管理提出了严格的监管规定,以应对日益复杂的网络安全和数据隐私挑战。这些法律法规的实施,进一步推动了数据保护标准的统一,为用户隐私提供了更强的法律保障。④

总体而言,法律法规对数据隐私保护起到了基础性的作用,但也面临一定的局限性。随着数据应用的多样化、复杂化,数据保护法律需不断更新以应对新的风险。未来,国际社会可能会进一步推动数据保护法规的全球化,以便跨国公司在不同国家间进行数据传输时,能够遵循统一的隐私保护标准。

六、未来发展趋势

未来,隐私保护和数据安全的发展趋势将更加关注用户控制权与新技术的应用。

---

① 王芳.身份验证和访问控制技术在网络安全中的应用[J].计算机安全,2021(3):75-83.
② 陈辉.网络安全防护工具的应用与发展趋势[J].信息与计算科学,2020(2):88-94.
③ 李俊杰.欧盟 GDPR 对中国数据隐私保护的启示[J].网络安全与数据保护,2020(5):77-82.
④ 吴明辉.中国个人信息保护法的实施与影响分析[J].法学评论,2021(4):32-39.

随着用户对隐私保护的意识增强,他们希望能够更灵活地管理自己的数据使用情况,即用户对自己数据的掌控和决策权。用户可以决定谁能访问数据、如何使用数据,并可以随时撤销授权。这一趋势要求企业构建更加透明的隐私保护机制,如通过清晰的隐私政策和简易的操作界面,方便用户管理个人数据。[1]

在技术层面,新兴技术正在给数据隐私保护带来创新契机。区块链技术凭借去中心化和不可篡改的特性,可以为数据隐私提供保障。区块链记录每一笔数据交易的过程,并通过分布式存储确保数据的完整性,从而减小数据被篡改或未经授权访问的可能性。例如,区块链可以在医疗数据管理中应用,用户的医疗数据在区块链上储存后,只有获得授权的医疗机构才可查看数据,且每次访问都会被记录在案。[2]

零知识证明是另一种备受关注的数据隐私保护技术。它允许数据持有方在不透露数据本身的前提下,向第三方证明其对某些数据的所有权。例如,在金融行业,用户可以通过零知识证明向银行验证其账户余额足够,而不必透露具体金额。零知识证明在隐私保护中具有广阔的应用前景,特别是在涉及敏感信息验证的场景下,可以有效避免数据泄露。[3]

总而言之,未来的数据隐私和安全问题需要由政府、企业及用户三方协作解决。政府需积极完善数据隐私法律法规,为用户提供坚实的法律后盾;企业应提升隐私保护的透明度,强化用户数据控制权理念;用户则需增强隐私保护意识,妥善管理个人数据授权。多方携手并进,共同构建一个更加安全、透明且公平的数字化环境,推动数字经济的健康发展。

第二节　数字鸿沟与就业转型问题

数字经济迅速发展推动了劳动力市场的变革。数字鸿沟的存在加剧了社会不平等,数字经济中的新兴职业需要更高的数字素养和技能,这对传统劳动者提出了就业转型的挑战。

一、数字鸿沟的定义与现状

数字鸿沟是指由于经济、教育、地域及网络基础设施等方面的差异,不同群体在获取和使用数字技术上存在显著差距的现象。[4] 在经济发达地区,居民不仅拥有优质的网络接入,还能够广泛使用各类数字服务,而在偏远地区或经济欠发达地区,互联网基础设施不足、数字素养低下的问题尤为突出,许多人无法享受数字化带来的便利。

数字鸿沟的形成原因复杂多样,主要包括经济水平、教育程度和地域差异等方面。经济水平直接影响网络接入的可及性,贫困地区的网络基础设施投入不足,造成了网络资源的稀缺。教育程度则影响居民对数字技术的掌握,教育资源匮乏的地区数字素养普遍偏低。此外,地域差异也是重要因素,偏远地区由于地理条件不便,网络设施建设成本较高,

---

① 李晓龙. 数据主权视角下的个人信息保护机制研究[J]. 信息技术与法律,2020(3):20-27.
② 王军. 区块链技术在数据隐私保护中的应用前景[J]. 科技进步与对策,2019(8):44-51.
③ 张伟. 零知识证明在金融信息保护中的应用[J]. 金融科技研究,2021(5):18-25.
④ 刘建明. 数字鸿沟的内涵及其发展趋势[J]. 图书情报知识,2019(5):45-51.

导致网络覆盖不足。数字鸿沟加剧了社会资源的分配不均,使得经济欠发达地区在数字经济中面临边缘化的风险。因此,缩小数字鸿沟不仅是实现社会公平的重要手段,也是推动数字经济发展的必要条件。[1]

当前,我国数字鸿沟的现状正经历着深刻的转变。政府通过基础设施建设、政策扶持等手段,在解决数字鸿沟问题上展现出了积极的姿态,有效推动了宽带网络的普及和5G网络覆盖。截至2023年6月,中国在农村地区的宽带接入和5G网络覆盖率均取得了显著进展,宽带接入用户数超过1.9亿,5G网络覆盖所有县城城区、96%以上的乡镇镇区和80%行政村。同时,随着技术的进步和市场竞争的加剧,网络接入成本不断降低,使得越来越多的家庭和个人负担得起网络服务,经济和地域差异在数字接入层面得到了极大的缓解。

然而,新的数字鸿沟问题也随之浮现。数字素养和技能差异成为当前数字鸿沟的主要表现之一。技术的快速迭代,对数字技术的应用能力提出了更高的要求。那些能够迅速掌握并应用新技术的人群,在数字化时代中占据了优势地位;而缺乏相应技能的人群,则面临着被边缘化的就业风险。

此外,代际差异也是一个不容忽视的问题。年轻一代通常对新技术有更高的敏感度和适应性,而老年人群则往往难以跟上技术发展的步伐,从而在数字化生活中产生了新的鸿沟。随着老龄化社会的到来,老年人群在数字化生活中的需求和困境日益凸显。政府和社会各界应加大对老年数字教育的投入,通过开设老年大学、组织志愿者服务等方式,帮助他们跨越数字鸿沟,享受数字化生活带来的便利。此外,还应当加强老年数字产品的设计和开发,提升产品的易用性和友好性,降低老年人使用数字技术的门槛。

二、数字经济对就业市场的影响

"十四五"时期提出要实现更充分、高质量的就业,数字经济在实现这一社会发展目标中发挥着重要的作用。数字经济的快速发展改变了就业形态,提供了大量灵活就业机会和就业岗位。但是,数字经济对于相关知识和技术的要求较高,对劳动密集型产业、非技能密集型产业等部分产业产生冲击,使我国就业市场面临新的机遇和挑战。[2]

就业结构性变化是当前劳动力市场面临的重要趋势。数字经济的崛起,催生了一系列新兴产业和职业领域,推动了就业结构的深刻转型。在这一过程中,人工智能、自动化技术和大数据的广泛应用,显著改变了传统就业格局。许多低技术含量的岗位,如制造业中的流水线工作,正逐渐被高效率的自动化设备取代。与此同时,企业对技术型人才和数据分析师等高技术岗位的需求日益增长。这一变化要求劳动者必须适当拓展自身专业技能和提升知识水平,以适应新兴工作岗位的需求,从而在竞争激烈的就业市场中保持竞争力。

就业市场的技能需求也正经历一次深刻的转型。与传统经济模式相比,数字经济对劳动者的技能要求有了显著的不同。过去,许多岗位侧重于重复性劳动和手工操作,但如今,这些工作正逐步被自动化和智能化设备所取代。编程、数据分析、数字营销、数字作品创作

---

① 王晓云,张辉.数字鸿沟与社会不平等研究综述[J].图书与情报,2021(2):59-67.

② 龚六堂.数字经济就业的特征、影响及应对策略[J/OL].国家治理,2021(23):29-35[2025-06-09].https://www.gsm.pku.edu.cn/thought_leadership/info/9044/2862.htm.

等技能开始崭露头角,成为数字时代劳动者的必备能力。因此,劳动者就必须不断提升自己的数字技能,以适应市场的变化。同时,这种技能需求的变化也要求劳动者保持学习的态度,不断更新自己的知识体系,以应对未来可能出现的新的挑战和机遇。

数字经济的兴起加速了部分传统岗位的消失,也推动了各种新兴岗位的大量涌现。近年来,电子商务、数字营销、云计算、人工智能等领域的蓬勃发展,催生了诸如数据分析师、人工智能工程师、大数据工程师、供应链管理师、数字化解决方案设计师等一系列新兴岗位,这些岗位往往具备高技术含量和较高的薪资待遇。与此同时,传统零售、制造等行业则面临着岗位减少的挑战,一些低技能、重复性劳动岗位逐渐被自动化取代。这种岗位变化为年轻人提供了更多高收入、高技术含量的就业机会,但同时也对劳动者的技术背景和学习能力提出了更高的要求。

随着数字平台的快速发展,一种新兴的经济模式——零工经济迅速崛起,成为数字经济时代就业市场的重要组成部分。零工经济以自由职业为主,通过数字平台为劳动者提供灵活多样的工作机会,这一模式在网约车、外卖配送、自由职业设计等领域尤为常见。零工经济为那些希望灵活安排工作时间、通过多种方式增加收入的群体提供了宝贵的就业机会。然而,零工经济在快速发展的同时,也暴露出了一些问题,特别是在劳动权益保障方面。由于工作关系较为松散,零工从业者往往难以享受到传统劳动保障制度所提供的各项权益,面临着收入不稳定、缺乏社会保障等问题。因此,如何为零工经济从业者提供合理的权益保护,确保他们公平地参与市场竞争,享受应有的劳动成果,已成为数字经济发展中就业市场面临的重要挑战之一。

总而言之,数字经济在拓宽就业渠道、优化就业结构中发挥了重要作用。数字经济的发展衍生了很多新的就业形态,越来越多的劳动者可以自主创业、自主择业,新产业、新业态、新职业不断涌现,为解决数字时代就业转型问题提供了新的机遇和思路。

三、数字时代的就业转型对策

数字素养与技能是数字社会公民学习、工作、生活应具备的数字获取、制作、使用、评价、交互、分享、创新、安全保障、伦理道德等一系列素质与能力的集合。[①]

提升全民的数字素养和技能,不仅是顺应数字时代要求、提升国民素质、促进人的全面发展的战略任务,而且是劳动者适应数字时代就业转型的重要保障,同时也是弥合数字鸿沟、推动实现社会包容性增长的关键举措。

《提升全民数字素养与技能行动纲要》提出,通过教育培训和技术普及等多种方式,全面提升我国公民的数字能力,以满足数字社会和数字经济的需求,并有效应对数字经济对劳动力素质的新要求。在提升高效率数字工作能力方面,强调要着重提高产业工人、农民以及新兴职业群体的数字技能水平,开展专门针对妇女的数字素养教育与技能培训,并致力于提升领导干部和公务员的数字治理能力,以适应数字经济时代的工作需求。在构建终身数字学习体系方面,要求全面提高学校数字教育的质量,进一步完善数字技能职业教育

---

① 提升全民数字素养与技能行动纲要[EB/OL].(2021-11-05). https://www.cac.gov.cn/2021-11/05/c_1637708867754305.htm.

与培训体系,并加快建设数字技能认证体系与终身教育服务平台,旨在为全民提供持续、系统的数字学习资源,推动形成终身学习的良好氛围。

数字时代的就业转型是青年人面临的重要课题。青年群体作为数字经济社会的生力军,其就业转型不仅仅关乎个人职业发展,更关系到国家经济的持续繁荣和社会稳定。《提升全民数字素养与技能行动纲要》的发布,为青年人的数字化就业转型指明了方向、提供了行动指南。

(一)提升数字素养,增强就业竞争力

数字素养是数字时代公民的基本素养,是青年人适应数字化就业市场的前提。青年人应主动提升数字素养,通过参加线上线下的数字技能培训课程、参与数字技能竞赛、利用开放教育资源学习等方式,不断提高自己的数字技能水平,增强在就业市场中的竞争力。

同时,青年人还应培养数字思维,学会运用数字化方法解决问题,提高工作效率和能力。在数字化就业市场中,具备数字思维的人才更能够洞察市场趋势、把握商业机会,从而在职场中脱颖而出。

(二)关注新兴行业,拓宽就业渠道

数字时代催生了众多新兴行业,如人工智能、大数据、云计算、物联网等。这些新兴行业不仅为经济发展注入了新的活力,也为青年人提供了广阔的就业空间。青年人应密切关注新兴行业的发展动态,了解行业需求和就业前景,结合自身兴趣和特长,选择适合自己的职业方向。

在拓宽就业渠道方面,青年人可以通过实习、兼职、创业等方式积累实践经验,提升职业能力和素养。同时,政府和社会各界也应加大对新兴行业的支持力度,完善相关政策法规,为青年人提供更多的就业机会和创业扶持。

(三)加强校企合作,促进产教融合

校企合作是推进青年人数字化就业转型的有效途径。通过加强学校与企业之间的合作,可以实现教育资源与产业资源的优化配置,促进产教深度融合。一方面,学校可以根据企业需求调整课程设置和教学内容,培养符合市场需求的高素质数字化人才;另一方面,企业可以为学生提供实习实训基地和就业机会,帮助学生提前适应职场环境,提升就业能力。

为了加强校企合作,政府可以出台相关政策,鼓励企业和学校开展深度合作。同时,学校和企业也应当建立长效合作机制,共同制订人才培养方案和教学计划,实现人才培养与市场需求的有效对接。

(四)鼓励创新创业,激发就业活力

创新创业是推动数字经济发展的重要动力,也是青年人实现自我价值的重要途径。在数字时代,创新创业的机会无处不在,青年人应充分利用数字化手段,发挥创新思维和创业精神,积极投身创新创业实践。通过不断学习和实践,提升自己的创新创业能力,为经济社会发展贡献自己的力量。

政府和社会各界应为青年人提供创新创业的政策支持与资源保障。例如,设立创新创

业基金,为青年创业者提供资金支持;建立创新创业孵化平台,为青年创业者提供场地、设备、咨询等一站式服务;举办创新创业大赛和论坛,为青年创业者提供展示和交流的机会。

(五)加强职业规划,实现可持续发展

职业规划是青年人实现职业发展的重要前提和基础。在数字化就业市场中,青年人应结合自身特点和市场需求,制订科学、合理的职业规划。职业规划应包括职业目标、职业发展路径、职业技能提升计划等方面的内容。

在制订职业规划时,青年人应充分考虑自身的兴趣、特长和价值观,避免盲目跟风或盲目追求高薪职位。同时,青年人还应关注行业动态和市场需求变化,及时调整职业规划,确保自己的职业发展符合时代潮流和市场需求。

(六)构建数字化就业服务体系,提供全方位支持

为了促进青年人的数字化就业转型,政府和社会各界应当构建完善的数字化就业服务体系,包括就业信息服务平台、就业指导服务、职业培训服务、创业扶持服务等方面的内容。就业信息服务平台可以为青年人提供最新的就业信息、招聘公告和求职指导等服务;就业指导服务可以为青年人提供职业规划、简历制作、面试技巧等方面的指导;职业培训服务可以为青年人提供数字技能培训、职业素养提升等方面的培训;创业扶持服务可以为青年创业者提供资金、场地、政策等方面的支持。

通过构建数字化就业服务体系,可以为青年人提供全方位的就业支持和服务,帮助他们更好地适应数字化就业市场,助力他们在数字时代中把握机遇,实现个人价值和社会价值的双重提升。

四、构建包容性的数字经济就业环境

数字经济的包容性发展需要多方协作,政府、企业和社会团体共同致力于建立一个更加公平与可持续的数字经济就业环境,为劳动者提供公平的就业机会。在构建包容性数字经济就业环境的过程中,社会和企业无疑需要承担更重要的责任。除了提供基础设施支持和数字技能培训外,还应充分关注劳动者权益和就业保障。

从劳动者权益的角度来看,数字平台应当承担企业责任,确保劳动者工作时间合理,避免过度加班,保障劳动者休息权;劳动报酬应当公平、透明,根据工作量和贡献度合理确定薪资水平,并按时足额发放;在平台佣金比例上,应遵循公正、合理的原则,禁止剥削劳动者利益,确保劳动者在其劳动中获得应有报酬。同时,平台还应建立有效的投诉与争议解决机制,及时回应劳动者投诉,维护其合法权益,营造一个公平、公正、透明的数字平台工作环境。

在社会保障方面,为适应数字经济中的短期性、灵活性和跨区域性工作,政府需要创新和完善社会保障制度。一方面,灵活就业劳动者的就业形态更加多样化,传统的社会保障制度难以完全覆盖这一群体。创新社会保障制度以适应数字经济下的新型劳动关系,明确政府、企业和劳动者的责任与义务,适时调整和完善相关的法律法规,覆盖新型的灵活就业

人群。① 另一方面,数字经济的快速发展也可能导致部分传统行业的劳动者面临失业风险。为此,政府还需要加快推进和落实失业保险省级统筹,充分发挥失业保险在稳就业、防失业和促进就业等方面的重要作用,增强基金风险共济能力,拓宽失业保险覆盖范围。

构建包容性就业环境,对于推动数字经济发展具有重要意义。它不仅能够促进就业市场的多元化,为不同背景、技能水平的人群提供平等就业机会,还能够激发创新活力,让弱势群体获得更多参与数字经济的机会,实现自我价值和社会价值的双重提升。同时,这也有助于缩小数字鸿沟,促进社会公平正义,为构建和谐社会奠定坚实基础。

第三节　平台垄断与算法滥用问题

在平台经济蓬勃发展的背景下,相较于传统的垄断行为,算法加持的数字平台对数据资源的垄断行为更容易催生垄断现象。

近年来,国内外诸多典型案例已充分显示,平台企业通过采集用户大数据或利用机器生成的大数据来开展生产经营活动,并逐渐将这些数据和算法优势转化为市场竞争优势,进而在市场中占据了支配地位,由此引发了一系列平台垄断和算法滥用问题。

一、平台经济与数据垄断现象

平台经济是指以数字平台为核心的经济模式,通过提供信息、商品、服务的在线交易来连接用户和服务提供者。大型数字平台(如电商、社交媒体、搜索引擎等)具备典型的网络外部效应,即用户数量越多,平台的价值越大,吸引力也越强,从而快速占据市场主导地位,并在特定领域形成垄断格局。

平台数据垄断的形成原因包括网络效应、用户锁定和规模经济。首先,网络效应使平台用户数量越多,平台的价值越大,竞争对手难以与其抗衡。其次,用户锁定是指平台通过优惠、会员服务等方式,使用户的转换成本增加,难以转移到其他平台。最后,规模经济则让平台在资源分配、技术研发和市场推广方面具备更大优势,进一步巩固其市场地位。②

数据垄断的危害主要体现在侵害用户权益,阻碍行业创新和发展,以及对公共利益和国家安全构成威胁等方面。数据垄断企业往往会滥用用户数据,通过对用户数据的收集、私人画像制作,进行定向广告投放和行为诱导,严重侵犯了用户的知情权、选择权和公平交易权。数据垄断企业还凭借对大量数据的掌控,形成强大的市场力量,不断增强自身的数据收集和分析能力,导致与其他企业之间的数据鸿沟逐渐扩大,进而形成一种市场壁垒。其他企业由于无法获取替代性或相关数据,难以在市场上与之竞争,由此阻碍了行业的创新活力,不利于整个行业的长期健康发展。一些数据垄断企业还可能涉及敏感信息的泄露和滥用,或利用其在数据领域的优势地位,进行不正当的商业行为,从而造成对公共利益的侵害,甚至威胁到国家的经济安全和信息安全。

---

① 龚六堂. 数字经济就业的特征、影响及应对策略[J/OL]. 国家治理,2021(23):29-35[2025-06-09]. https://www.gsm.pku.edu.cn/thought_leadership/info/9044/2862.htm.

② 陈志强. 平台经济中的垄断现象与治理路径研究[J].经济评论,2021(3):45-52.

数据垄断给数字经济发展带来了显著的负面影响。首先,市场竞争减少,中小企业难以进入,导致创新能力下降。其次,用户的选择受限,因为平台控制了大部分的商品和服务渠道,用户可能被迫在有限的选项中作出选择。此外,垄断平台可能会提高服务费用或降低服务质量,以实现利润最大化。这种垄断现象在一定程度上破坏了市场的公平性,不利于长远的经济可持续发展。[①]

当平台企业的数据垄断由于排斥市场竞争而降低经济效率、损害用户权益时,数据垄断就成为需要治理的数据垄断"问题"。此时,有关政府机构就具有对其进行相应的反垄断规制和治理的必要性及法理性。[②]

二、算法滥用的表现与影响

算法是指基于一定的计算模型,为执行特定任务而设计的指令序列。算法滥用描述的是在应用算法及数据分析技术时的不当或过度行为,可能引发负面效应。在数字平台上,算法是管理用户体验和内容展示的关键工具。然而,随着算法技术的进步,算法滥用现象日益凸显,主要体现在操控用户行为、产生算法偏见以及对消费者与社会的影响等方面。

(一)操控用户行为

许多平台通过算法向用户推荐个性化内容,如定向广告和推荐系统。虽然这提升了用户的体验,但也带来了操控用户行为的风险。平台可以利用算法精准分析用户偏好,诱导用户进行特定的消费决策,甚至影响用户的观念。例如,在社交媒体上,算法会优先推荐符合用户已有观点的内容,形成"信息茧房"现象,使用户难以接触到多样化的信息。这种算法操控在一定程度上限制了用户的选择权,加剧了社会信息的分裂和偏见。

(二)产生算法偏见

产生算法偏见是算法滥用的另一个主要问题。算法在设计过程中往往受到数据集的限制,如果训练数据存在种族、性别等偏见,这些偏见将反映在算法结果中。例如,一些面向招聘的算法被发现会对女性或少数族裔产生偏见,因为这些算法基于历史数据,而历史数据中存在性别或种族差异。这种偏见不仅影响了个体的公平性,也加剧了社会不平等。因此,算法设计过程中需要特别关注数据集的多样性,避免将固有偏见融入算法。[③]

(三)对消费者与社会的影响

算法滥用带来的直接影响是消费者隐私的泄露。平台通过分析用户的行为数据,预测用户的需求和偏好,但同时也侵害了用户的隐私权。一些平台在未获得用户明确同意的情况下,收集和处理大量个人数据,用于精准广告和商业决策。这种做法可能导致用户信息被滥用,消费者隐私安全和权益受到严重威胁。此外,算法滥用带来的信息偏见还可能影

① 李慧敏.数字平台经济下的反垄断思考[J].财经问题研究,2020(5):98-106.
② 沈坤荣,林剑威.数据垄断问题研究进展[J].经济学动态,2024(3):129-144.
③ 张伟,王丽.算法偏见的形成机制及其规避策略[J].科技与社会,2021(4):76-83.

响用户对社会事件的看法,增加信息传播中的误导性。因此,算法滥用不仅影响了消费者的权益,也对社会公平和信息流通的多样性产生了负面影响。

三、平台垄断与算法滥用的法律和监管问题

在平台经济中,现行的反垄断法律面临诸多挑战。传统的反垄断法主要针对生产制造业,关注市场份额、价格垄断等问题,而在数字经济中,平台企业往往不直接通过价格进行垄断,而是利用数据和算法控制市场。数字平台中的垄断行为具有隐蔽性、形式多样化的特征,潜在的负面影响严重损害了市场公平竞争和消费者权益。

从反垄断立法方面,世界各主要国家均给予了高度重视,纷纷出台或修订相关法律法规,以应对数字经济中日益复杂的平台垄断问题,旨在维护公平竞争的市场环境,保护消费者的合法权益,促进平台经济的健康可持续发展。

2020年,美国国会反垄断委员会发布的《数字市场竞争调查报告》是一项重大的反垄断调查,主要针对谷歌、苹果、Facebook和亚马逊四家大型互联网公司。报告详细分析了这些公司的市场实力和特定行为,并通过相关证据说明了这些公司的主观故意和竞争损害。例如,谷歌在通用在线搜索和搜索广告市场被认为具有垄断地位,亚马逊在美国在线零售市场拥有显著的市场势力,Facebook在社交网络市场拥有垄断势力,苹果在移动操作系统市场拥有显著的市场势力。因此,报告提出了一系列政策建议,包括恢复数字经济中的竞争、强化反垄断法律和强化反垄断法的实施等。

2022年,我国修订的《中华人民共和国反垄断法》新增了第九条规定:"经营者不得利用数据和算法、技术、资本优势以及平台规则等从事本法禁止的垄断行为。"新二十二条增加了第二款规定:"具有市场支配地位的经营者不得利用数据和算法、技术以及平台规则等从事前款规定的滥用市场支配地位的行为。"[①]其分别强调了在数字经济领域中,具有市场支配地位的经营者不能利用其在数据、算法、技术等方面的优势进行垄断行为,也不得利用数据和算法、技术以及平台规则从事滥用市场支配地位的行为。

在算法滥用方面,部分国家已经采取了初步监管措施。例如,欧盟提出的《数字服务法案》(*Digital Services Act*,DSA)和《数字市场法案》(*Digital Markets Act*,DMA)对大型科技公司施加了严格的合规要求,要求平台公开算法的透明性,并提供可解释性。此外,美国也在推进《算法公平法案》,要求平台在算法决策中避免种族、性别等方面的歧视。这些措施旨在减小算法滥用对消费者和社会的负面影响,推动平台在算法使用上的公平、透明。

总的来说,未来的数字平台监管政策将重点关注公平竞争和数据透明性。为了保障平台市场的公平性,监管部门可能会进一步出台法律法规并强化法律执行,限制平台滥用市场支配地位的行为。同时,平台需要加强数据保护,明确用户的数据使用情况,并提高算法的可解释性,以减小对用户权益的侵害。全球范围内的数字平台监管趋势表明,法律框架需要随着技术进步而更新,以应对数字经济带来的新挑战。[②]

---

① 全国人民代表大会常务委员会关于修改《中华人民共和国反垄断法》的决定[EB/OL].(2022-06-25). https://www.gov.cn/xinwen/2022-06/25/content_5697697.htm.
② 李成.算法滥用的法律规制及其进展[J].法学评论,2020(3):58-66.

四、构建公平、透明的数字平台生态

为了应对平台垄断和算法滥用带来的挑战,构建一个公平、透明的数字平台生态至关重要。

(1)需要提升、加强平台算法的透明度与责任机制。平台应当向用户公开算法的基本逻辑,让用户了解推荐机制的工作方式,从而减小信息操控的可能性。一些平台已开始引入"算法解释"功能,让用户了解个性化推荐的依据,这是提升算法透明度的重要举措。

(2)平台还需要加强用户数据的知情权和控制权保障。用户应当有权了解自己的数据被如何使用,能选择是否接受算法推荐,甚至能够对算法进行一定程度的个性化设置。这不仅有助于保护用户的隐私,也使用户在使用平台时能够保持更多的自主权。通过赋予用户更多控制权,可以减小算法操控的负面影响,提升用户体验。

(3)构建公平透明的数字平台生态需要政府、企业和社会的协同努力。政府作为监管者,应当制定政策框架和法律,为平台垄断和算法滥用设定边界。企业作为市场主体,应在法律框架内合理使用算法,保护用户数据隐私,提升服务的透明度和公平性。社会组织则可以通过教育、舆论引导等方式提升公众的数字素养,让用户更好地理解和保护自身数据权益。

总体而言,构建一个公平且透明的数字平台生态系统,对于提升市场活力、改善用户体验,以及推动数字经济社会健康可持续发展具有重要意义。只有政府、企业与社会三方携手并进、多管齐下,才能确保数字平台在公正、透明的发展环境中实现技术创新与社会进步的协同发展和共赢局面。

第四节 数字伦理与 AI 法律问题

一、数字伦理的定义与背景

随着信息技术的迅猛发展,数字化已经深入我们生活的各个领域,从社交媒体到电子商务,从医疗健康到教育等各个方面,都与数字伦理密切相关。

数字伦理是指在数字技术及其应用中所涉及的道德原则和伦理规范。数字伦理不仅仅关注技术的使用,更关注其对社会、个人和环境的影响,旨在确保数字技术的开发和应用符合人类社会的道德标准,保护个人的隐私和权利,促进社会的公平与正义。

与传统伦理相比,数字伦理有其独特性。传统伦理通常基于历史和文化形成的道德规范,涉及个体行为的对错、善恶判断以及社会责任等方面。而数字伦理则是在数字技术的背景下,针对数字经济时代新出现的道德问题进行的伦理反思。数字伦理强调透明性、公平性和责任感。在数字化环境中,个人数据的收集与使用常常缺乏足够的透明度,用户往往不清楚自己的数据如何被处理。因此,数字伦理要求企业和机构在数据收集与使用过程中,做到信息公开,告知用户其数据的使用方式。此外,数字伦理还强调对所有用户的公平对待,避免算法歧视和数据偏见,以确保技术的发展不会导致社会的不公正或不平等。

总的来说,数字伦理的定义与传统伦理存在本质的区别,它不仅仅是对个体行为的道德评判,更是对技术发展的全面反思。面对数字化时代的快速变化,构建和完善数字伦理体系显得尤为重要,以确保科技进步能给社会带来积极的影响,促进人与科技的和谐共存。

二、数字伦理的基本原则

数字伦理作为一个新兴的研究领域,旨在应对数字技术迅猛发展所带来的伦理挑战。在数字化日益普及的今天,数字伦理不仅关乎个人隐私的保护,也涉及社会的公平、透明和责任等多个方面。如何兼顾技术创新与伦理责任的平衡,将成为数字经济时代必须面对的重要课题。

(一)透明性

透明性原则是数字伦理的基石之一,它强调在数据收集与使用过程中的信息透明和公开。在信息化时代,用户的个人数据被大量收集并用于各种目的,包括商业营销、产品改进和用户体验优化等。然而,很多用户对自己的数据如何被使用并不知情,这可能导致对数据处理的不信任,甚至引发法律与道德争议。因此,确保数据收集和使用过程的透明性至关重要。

在实际应用中,透明性原则要求企业在收集用户数据时,明确告知用户其数据将如何使用,包括数据的用途、存储期限和数据共享对象等。同时,企业需要提供简洁明了的隐私政策,使用户能够方便地理解和接受。信息公开不仅能提升用户对企业的信任度,还能促进企业在数据使用中的自我约束,减小数据滥用的可能性。

例如,一些领先的科技公司在用户注册时,都会提供详细的隐私条款,并在用户选择接受时明确告知其数据的使用方式。此外,一些企业还提供数据访问和删除的功能,允许用户随时查看和管理自己的数据。这种透明性不仅保护了用户的权益,也有助于企业建立良好的品牌形象。

(二)公平性

公平性原则是数字伦理的另一个重要基石,它强调在技术应用中保障所有用户的平等权利,防止算法歧视的发生。随着人工智能和机器学习技术的广泛应用,算法在决策过程中起到了越来越重要的作用。然而,算法的设计和训练数据的偏差,可能会导致对某些群体的不公平对待。

为了实现公平性,企业和技术开发者在设计算法时,需对训练数据进行严格审查,确保数据的多样性与代表性。同时,在算法测试阶段,也应当评估算法的公平性指标,确保算法在不同群体中的表现是相对均衡的。实施算法审计和公开报告是促进公平性的重要措施,它能够让外部独立机构对算法进行第三方评估,提升其透明度与公平性。

在用户层面,公平性原则要求所有用户都应获得平等的服务和机会。例如,某些平台在为用户推荐内容时,需避免基于用户的个人特征(如年龄、性别、种族等)进行偏见推荐,以确保每位用户都获得公正的信息与服务。这不仅提升了用户体验,也有助于维护社会的公平与和谐。

（三）隐私保护

隐私保护原则是数字伦理的重要组成部分,旨在保障用户个人数据的安全和隐私。随着社交媒体、智能设备和在线服务的普及,个人数据的泄露与滥用事件时有发生。这些事件不仅仅造成了用户的经济损失,更严重影响了用户的信任感和安全感。

隐私保护原则要求企业在收集用户数据前,必须获得用户的明确同意。在用户同意的基础上,企业才能合法地收集和处理数据。同时,企业应当限制数据的收集范围,仅收集实现特定服务所必需的数据。此外,企业还需采取技术手段保护用户数据的安全,包括数据加密、访问控制和数据匿名化等,以降低数据泄露的风险。

例如,许多应用程序在用户注册时都会提供"隐私设置"选项,用户可以根据自己的需求选择是否允许应用程序收集某些数据。这种做法不仅尊重了用户的个人意愿,也增强了用户对企业和应用程序的信任。

（四）责任

责任原则强调技术开发者和企业在数字化环境中的社会责任。技术开发者在设计和实现技术时,不仅仅要考虑技术的功能和效率,更需要关注技术对社会的潜在影响。开发者应当具备伦理意识,在技术设计过程中充分考虑其可能带来的社会后果。

企业在实施数字技术时,需承担相应的社会责任。这不仅包括对用户隐私的保护,还包括对社会公共利益的关注。企业应主动承担社会责任,参与社会公益活动,促进社会的可持续发展。企业在推动技术发展的同时,应通过透明的沟通和信息共享,增强与社会各界的信任和合作。

例如,目前许多企业开始建立"社会责任报告"机制,定期向公众披露其在隐私保护、算法公平性和社会贡献等方面的措施与成效。这种做法不仅提升了企业的透明度,也增强了公众对企业的信任和支持。

三、不同领域的数字伦理问题

近年来,数字伦理越来越成为公众关注的焦点,涉及教育、医疗、商业及社交媒体等多个领域的伦理问题日益复杂。

在教育领域,数字技术的快速发展带来了在线学习的普及和教育资源的共享,但也引发了一系列的伦理考量。在线学习使得教育更加灵活,学生可以随时随地访问课程内容。然而,这种便利性也带来了学生隐私与数据使用的界限问题。在教育平台上,学生的学习行为、考勤记录、成绩以及个人信息都会被收集和分析。这些数据的使用必须在保护学生隐私的前提下进行,学校和教育机构应明确告知学生,他们的数据将如何使用、存储以及保护。同时,学校也应当确保不会将学生数据用于商业目的,以维护教育的公正性与道德性。

医疗领域是数字伦理应用的重要场所,健康数据的保护与伦理问题备受关注。随着电子健康记录和远程医疗的普及,患者的医疗数据被越来越多地存储和分享。医疗机构必须遵循相关法律法规,确保患者数据的机密性和安全性。在医疗 AI 的应用方面,技术的发展给医学诊断和治疗带来了显著的改善,但也引发了伦理挑战。开发医疗 AI 的公司需要确保算法在不同人群中的适用性,并能够提供清晰的决策依据。此外,医疗专业人员在使用 AI 工具时,必须承担相应的责任,确保患者的知情权,维护医疗伦理。

在商业领域,数据的使用和营销中的伦理问题越发突出。企业通过收集客户数据,分析消费行为,以便进行精准营销。这一过程虽然提高了商业效率,但也引发了对隐私侵犯和数据滥用的担忧。客户在与企业互动时,往往并不清楚其数据如何被收集和使用。因此,企业应当建立透明的数据使用制度,确保消费者清楚地了解其数据的用途及相关权利。此外,企业在收集和处理客户数据时,需采取适当的安全措施,以防止数据泄露。建立完善的数据保护机制,不仅仅是法律的要求,更是维护企业信誉和客户信任的必要条件。

社交媒体的兴起改变了人们的信息传播方式,但也带来了信息传播的责任与虚假信息的问题。社交媒体平台不仅是信息交流的渠道,也是舆论形成的重要场所。平台在内容审核和信息传播中面临巨大的伦理挑战,如何平衡言论自由与信息真实性是一个重要的问题。社交媒体平台应当承担内容审核的责任,尽量防止虚假信息的传播。虚假信息不仅会误导用户,还可能对社会造成严重后果。平台需要制定明确的内容管理制度,并利用技术手段进行内容监测和审查。同时,社交媒体平台在保护用户隐私方面也需保持高度警惕。用户的个人数据在社交媒体上被广泛收集与使用,平台必须遵循相应的法律法规,确保用户数据的安全和隐私保护。此外,社交媒体还应加强宣传和教育,提升公众的数字素养,帮助用户识别和抵制虚假信息。

四、数字伦理面临的挑战

数字伦理面临的多重挑战,不仅涉及技术发展的快速性,还涉及法律、政策和公众意识等多个层面。

(一)技术发展的快速性

技术发展的快速性带来了许多伦理困境。近年来,人工智能、区块链、物联网等新兴技术层出不穷,并且极大地改变了我们的生活、工作和交流方式。然而,这些新技术的迅猛发展往往超出了现有伦理框架的应对能力。例如,人工智能在数据处理和决策中的应用,虽然提高了效率,但也引发了诸多伦理争议,包括算法歧视、透明性不足和侵犯个人隐私等问题。

在应对技术变革的伦理框架方面,社会各界尚未建立起一套完整的标准与规范。许多技术公司在产品设计和开发过程中,缺乏系统的伦理审查机制,导致一些潜在的伦理问题未能及时识别和解决。因此,构建一个灵活、适应性强的伦理框架,能够帮助各方在技术创新与伦理责任之间找到平衡,是当前亟待完成的任务。

(二)法律与政策的滞后性

现有法律与政策的滞后性是数字伦理面临的重要挑战之一。尽管许多国家和地区已经开始关注数字伦理的问题,并出台了一些相关法律法规,但整体来看,这些法律法规仍然无法完全覆盖数字经济带来的新问题。例如,数据隐私保护法在某些国家已经得到实施,但在具体的法律条款和执行力度上,仍存在诸多不尽完善之处。

现有法律体系的不足主要体现在两个方面：一是许多法律法规在数字技术的快速发展面前显得严重滞后，无法及时适应新技术带来的挑战。二是由于技术的复杂性，法律条文的制定往往缺乏明确性，导致执行过程中出现模糊地带。这不仅使得企业和个人在法律适用时面临困惑，也增加了法律执行的难度。

为了应对这些挑战，政策制定者需要采取更加积极的态度，推动法律与政策的更新和完善。一方面，法律应当与时俱进，紧跟技术发展的步伐；另一方面，在制定相关法律法规时，应加强对技术专家、伦理学者和社会各界的意见征询，确保法律的全面性和科学性。

（三）公众意识的缺乏

公众意识的缺乏也是数字伦理面临的一大重要挑战。在数字化时代，用户在享受便利的同时，往往对自身数据的安全和隐私保护缺乏足够的重视。这种现象使得许多用户在接受服务时，未能充分理解和审视相关的隐私政策与数据使用条款，从而导致个人数据的潜在滥用和泄露。

对数字伦理的普遍忽视，反映了社会在这一领域的教育与宣传方面的不足。许多用户在使用数字产品时，缺乏对数字伦理和个人信息保护的基本知识，导致他们在遭遇数据泄露或隐私侵犯时，往往处于无助和被动的状态。因此，提升公众对数字伦理，尤其是对个人数据隐私保护的意识，显得尤为重要。

综上所述，数字伦理在快速发展的技术环境中，面临着诸多挑战。为应对这些挑战，社会各界需要共同努力，建立适应技术变化的伦理框架，完善法律法规，并积极提升公众的数字伦理意识。唯有如此，才能在数字经济的时代浪潮中，实现技术和伦理的平衡发展，为构建更加公平、透明和可持续的数字社会奠定基础。

五、数字伦理问题的应对策略

在探讨如何应对未来数字社会的伦理问题时，可以从多个角度来采取主动性对策，帮助我们在数字经济时代中维护社会伦理标准，促进技术进步与人类价值的和谐共存。

（一）提升公众数字伦理意识

加强数字伦理教育的必要性不言而喻。无论是社交媒体的使用、数据隐私的保护，还是人工智能的道德应用，都需要人们具备相应的伦理知识与判断力。

在学校教育中，数字伦理课程可以帮助学生理解如何在数字世界中安全、负责任地使用技术。学校不仅应教授学生关于隐私保护、信息安全和数据使用的知识，还应倡导和鼓励学生在数字空间中遵守伦理规范，尊重他人隐私和权益。

企业和机构也应承担起数字伦理教育的责任。企业应定期为员工提供数字伦理培训，通过内部培训、研讨会和在线课程等方式，帮助他们在数据管理、客户关系和技术应用中遵循数字伦理标准，不滥用用户数据，不进行不正当竞争等，从整体上增强员工的伦理意识，提升组织的整体道德水平。

社会媒体在提升公众伦理意识上承担着重要责任。媒体机构不仅应当定期对员工进行新闻伦理和道德规范的培训，提升他们的伦理意识和职业素养，还应当积极、广泛传播数字伦理知识,帮助社会公众提升识别虚假信息、保护个人隐私等方面的能力,提高公众对数字伦理复杂性与重要性的认知水平。

(二)加强法律法规建设

制定和完善数字伦理相关法律法规,旨在清晰界定数字空间的伦理边界与责任归属。这不仅包括对个人隐私和数据安全的保护,还涵盖了人工智能伦理、反网络诈骗、反网络暴力等多个维度,以确保技术发展不偏离社会伦理的轨道。

同时,法律法规的制定必须具备前瞻性和灵活性,以确保其紧跟技术迭代的速度,及时、有效地应对诸如算法偏见等不断涌现的伦理挑战。通过建立动态评估与修订机制,确保法律成为技术进步的守护者,而非绊脚石。

此外,应当实行严格的监管制度,建立高效的投诉和举报机制,鼓励公众积极参与监督数字伦理违规行为,形成政府、企业、社会多方治理的良好生态,共同维护数字空间的秩序和健康发展。

(三)推动跨学科研究机制

跨学科合作是推动数字伦理问题研究的重要途径。数字伦理问题的复杂性决定了它不仅涉及技术本身,还涉及法律、社会学、心理学和哲学等多个学科。

在实际操作中,技术开发者、法律专家和伦理学者应共同参与数字产品的设计与评估。技术开发者需要理解法律和伦理的基本原则,以确保其开发的技术符合社会的道德标准;法律专家只有深入了解技术的运作机制,才能更好地制定相关法规;而伦理学者则能提供价值观的指导,帮助各方在技术创新与伦理责任之间找到平衡。

跨学科合作不仅限于专家之间的交流,也应包括行业、学术界与政策制定者之间的互动。政府、企业和学术机构可以通过共同举办会议、研讨会与项目合作,促进信息的共享与知识的传播。在数字伦理的研究和实践中,各方的视角和经验交融,有助于形成更加全面和深入的理解。

(四)加强国际合作与交流

应对未来数字伦理问题需要具备全球视野。在全球化背景下,不同文化、法律和社会制度下的伦理差异,使得数字伦理的制定与实施面临更大挑战。

不同文化对隐私、自由和责任的理解可能存在显著差异,这需要全球范围内的对话与交流。国际组织、各国政府和跨国企业应当共同努力,建立一个跨文化的数字伦理讨论平台,推动共同的伦理框架的建立。这不仅有助于促进各国间的理解与信任,也能为全球数字经济的健康发展奠定基础。

在全球范围内制定一致的数字伦理标准,是实现数字伦理的重要步骤。虽然各国在具体法律法规上可能存在差异,但核心伦理原则,如透明性、公平性和责任感,可以作为全球数字伦理标准的基础。在国际组织的主导下,各国可以根据自身情况,制定相应的实施细则,从而形成一个相对统一的全球数字伦理体系。

总而言之,数字伦理在数字经济社会中的重要性持续上升。面对技术的快速变化和社会的不断演进,我们必须进行深入的伦理反思,以确保技术进步真正服务于人类社会,从而构建一个更加公平、透明且负责任的数字社会。

六、伦理与法律的交叉

伦理与法律作为社会规范的两大支柱,它们之间的关系、交集以及相互作用,尤其是在 AI 的背景下,成为当前学术界、法律界和社会各界广泛关注的热点话题。

(一)伦理规范与法律规范的关系

伦理规范与法律规范之间存在着密切的关系,但两者并不完全一致。伦理规范是社会公认的行为准则,通常由社会价值观和道德观念所决定,而法律规范则是由国家或其他权威机构制定并强制执行的规则。

AI 技术的发展,尤其是其对社会影响的加深,使得伦理和法律的交叉越发明显。

法律可以在一定程度上反映和维护社会的伦理价值。许多法律条文的制定都是基于社会对正义、公平和道德的追求。例如,在数据保护方面,法律不仅是保护个人隐私的工具,也是对社会公平、正义的承诺。通过对 AI 技术的法律监管,法律可以促进社会伦理更好地实现。

然而,法律规范的制定往往滞后于技术的发展,尤其是像 AI 这样的新兴技术。伦理规范可以为法律的制定提供指导,帮助法律制定者理解社会对技术的期望和需求。例如,在 AI 伦理的讨论中,涉及的公平性、透明性和责任等原则可以为 AI 法律的实施提供框架,从而推动法律的进一步完善。

未来,随着技术的不断演进,伦理与法律的关系将越发复杂。AI 技术的快速发展给社会带来了巨大的机遇,但同时也引发了诸多伦理和法律的挑战。

(二)AI 在伦理问题中的角色

AI 的应用涉及多个伦理问题,特别是在决策制定、个人隐私和社会公平等方面。

AI 系统在决策过程中可能会基于数据和算法作出影响人类生活的重要决策。例如,许多金融机构使用 AI 算法来评估信贷风险,然而,这些算法如果基于历史数据而未能充分考虑当前社会的多样性和快速变化,可能会导致某些群体在信贷申请中遭遇不公平对待。这种情况不仅反映了数据偏见问题,也引发了社会对算法公正性的广泛质疑。

AI 技术在个人隐私保护方面也面临着伦理挑战。随着监控技术的普及,AI 被广泛应用于人脸识别、行为预测等领域。这些技术虽然提高了安全性和效率,但也可能侵犯个人隐私权。如何在保护社会安全的同时,尊重个体隐私,成为 AI 伦理讨论中的一个重要问题。

七、AI 法律问题的紧迫性和重要性

在数字化和人工智能快速发展的背景下,AI 法律问题的紧迫性和重要性越发凸显。它不仅仅关乎未来技术的发展方向,更将深刻影响未来社会的伦理道德观念以及公平、正义的实现。

在探讨 AI 的法律问题时,首先需要对 AI 的基本概念与特征进行清晰的界定,以期为未来的法律框架提供指导。

人工智能是指使用机器或计算机系统模拟人类智能的技术。它通过算法和数据驱动,能够执行包括学习、推理、解决问题以及自然语言理解等在内的复杂任务。AI 的核心特征包括自学习能力、适应性和自主决策能力。自学习能力使得 AI 能够在不断积累数据的基础上,提升其表现和决策的准确性;适应性意味着 AI 能够根据外部环境的变化,灵活调整其行为和策略;而自主决策能力则是指 AI 系统可以在没有人类干预的情况下,依据其内部模型和外部数据进行自主判断。

由于这些特征,AI 在许多领域的应用潜力巨大,但也带来了诸多新的问题,尤其是现实法律上的挑战。

(1) AI 技术的应用日益广泛,涵盖了自动驾驶汽车、智能医疗、金融服务等多个领域。然而,这些技术的迅猛发展往往超越了现有法律的框架,造成了法律空白和不确定性。因此,如何合理界定 AI 的法律地位、确定责任归属,以及如何有效保护用户的合法权益,已成为亟待解决的重要问题。

(2) 数据隐私和安全问题构成了 AI 法律问题的重要方面。由于 AI 系统通常依赖大量数据进行训练和决策,不可避免地与全球范围内的数据保护法规(如 GDPR)产生互动。因此,立法者不得不重新审视数据收集和使用的合法性与伦理性,以确保个人信息的隐私安全得到切实保护和不被侵犯。

(3) AI 算法的透明性与公平性问题也不容忽视。许多 AI 系统在决策时可能存在偏见,导致不公平的结果。这就需要法律对 AI 算法的透明性和责任机制进行规范化治理,确保 AI 决策的公正性和可解释性。

八、AI 的法律责任与赔偿问题

随着人工智能技术的快速发展,尤其是在自动驾驶汽车和智能机器人等领域,AI 的法律责任与赔偿问题日益成为社会关注的焦点。这些问题不仅关系到技术伦理和社会影响,还涉及法律的适用和解释。

(一) AI 行为的法律责任归属

在传统法律体系中,法律责任通常由人类承担。然而,AI 系统的自主决策能力使责任归属变得复杂。当一项技术发生故障或导致损害时,责任的归属可能涉及多个参与者,如技术开发者、制造商、车主及使用者等。

关于责任主体的界定,法律需要明确 AI 系统是否能被视为独立的法律主体。目前多数法律体系并未将 AI 系统认定为具有法律人格的主体,因此其行为的后果通常仍需由人类负责。例如,若一辆自动驾驶汽车发生事故,受害者可能会向汽车制造商索赔,但如果事故是由于软件缺陷导致的,法律是否能够追究软件开发者的责任则尚无定论。

法律责任归属问题还涉及"故意"与"过失"的判断。对于人工智能系统的行为,如何界定"故意"和"过失"是法律界面临的一大难题。传统上,故意和过失的界定与人类的主观意图密切相关,但 AI 系统并不具备主观意识。因此,如何将这种新的技术应用与现有法律框架相结合,以实现合理的责任分配,是一个亟待解决的问题。

(二)事故发生时的责任界定

自动驾驶汽车作为 AI 技术的一种具体应用,其事故发生时的责任界定问题尤为突出。当一辆自动驾驶汽车发生事故时,涉及的责任主体包括制造商、软件开发者、车辆所有者及驾驶者等。为了有效解决这一问题,法律界需要建立明确的责任认定标准。

(1)法律需要明确事故责任的基本框架,这可以通过建立一套标准化的责任判定模型来实现。例如,若事故是由于车辆的硬件故障所致,责任应由制造商承担;若事故是由于软件系统的缺陷所致,则软件开发者应承担相应责任。若事故发生是由于驾驶者未能遵循系统指令,车辆所有者则可能需要承担部分责任。

(2)事故责任的判定还需要综合考虑 AI 系统的自主性程度。完全自主的无人驾驶汽车与半自主的辅助驾驶系统在责任界定上可能存在显著差异。例如,在完全自动驾驶的情况下,车辆的决策完全由系统控制,制造商和开发者的责任将会增加。而在半自动驾驶的场景下,驾驶者仍需保持对车辆的控制,责任的分配则更倾向于驾驶者。

(3)事故责任的界定还需考虑多个因素,包括事故发生的环境条件、交通法规的遵循情况及第三方的行为等。这些因素的综合判断将帮助法律界在特定案例中作出更加公正、合理的责任判定。

(三)赔偿机制的建立与完善

当前,建立有效的 AI 赔偿机制已成为法律体系亟待完成的重要任务,这不仅涉及受害者的权益保障,也关乎 AI 技术的持续发展和社会的安全、稳定。

赔偿机制需要建立明确的赔偿标准和程序,以确保受害者及时获得合理的赔偿。这可以通过制定相关法律法规、完善保险制度及设立专门的赔偿基金等方式来实现。例如,针对自动驾驶汽车的事故,法律可以规定制造商和软件开发者必须为其产品投保,以保障受害者在事故发生后获得相应的经济赔偿。

建立健全的赔偿机制还需要重视对 AI 技术开发和应用的激励作用。在确保受害者权益的前提下,赔偿机制也应鼓励技术开发者不断提升产品的安全性和可靠性。法律可以通过制订激励措施,如降低保险费用、提供税收优惠等,来鼓励企业在研发过程中更多地考虑安全性和责任问题。

总而言之,AI 技术的发展给现代社会带来了诸多便利,但同时也引发了一系列法律责任与赔偿问题。在法律责任的归属、事故发生时的责任界定以及赔偿机制的建立与完善等方面,法律界需要进行深入的探讨与研究。在这一过程中,法律界还需密切关注 AI 技术的发展动态,以便及时调整和完善相关法律法规,从而适应快速变化的技术环境。

九、算法透明性与公平性

未来的数字社会中,AI 算法的决策过程可能直接影响到社会的公正与和谐。因此,算法的透明性与公平性成为当前 AI 法律和伦理领域面临的重要问题。

（一）算法歧视与公平性问题

算法歧视是指在算法决策过程中，基于种族、性别、年龄、宗教等特征，对某些群体或个体产生的不公正对待。这种歧视的存在，往往源于算法训练数据的不平衡或偏见，或者算法设计本身的缺陷。

例如，在招聘算法中，如果训练数据中男性求职者的比例明显高于女性求职者，那么算法可能会倾向于优先选择男性，从而导致性别歧视。类似地，面向信用评估的算法也可能由于训练数据的历史偏见，导致某些群体的信用评分显著低于其他群体，从而影响其贷款和信用申请的结果。

这种算法歧视不仅会加剧社会的不平等，还可能导致对受影响群体的系统性不公正。为了应对这些问题，学术界和工业界已开始研究算法公平性和减少偏见的方法，包括使用更为多样化和均衡的训练数据，应用公平性约束来调整算法决策，以及通过算法审计与验证来检测和修正潜在的算法偏见。

（二）算法决策的透明性要求

算法透明性是指公众能够理解和审查算法如何作出决策的程度。由于许多 AI 系统在决策时使用的是复杂的机器学习模型，普通用户往往无法理解其内部工作原理，这种不透明性加大了人们对算法公正性的怀疑。尤其是在医疗、司法等领域，算法决策可能对个体的生命和自由产生重大影响，因此，透明性要求显得尤为迫切。

推动算法透明性的方法之一是"可解释性"研究，旨在使 AI 模型的决策过程变得更易于理解。例如，通过使用可解释的机器学习算法，如决策树或线性回归，可以让用户更清楚地看到算法是如何根据输入数据作出决策的。对于复杂的深度学习模型，研究者们也在探索各种可解释性技术，以帮助用户理解模型对特定输入的响应。

此外，许多国家和地区开始制定相关法律法规，要求企业在使用 AI 算法时提供足够的透明性。例如，欧盟在《通用数据保护条例》中引入"权利解释"的概念，要求数据主体在其数据被自动化处理时有权了解决策依据。这些措施有助于提升公众对算法决策的信任度，并促进社会对 AI 技术的广泛接受。

（三）法律对 AI 决策过程的监管与审查

在 AI 技术日益普及的背景下，法律的监管与审查显得尤为重要。为了确保算法的透明性与公平性，法律法规需要不断完善，以应对新兴技术带来的挑战。

一方面，法律应当关注算法的审计与评估。在算法被广泛应用于决策之前，应该进行详细的代码审查，以识别和消除潜在的算法偏见与不公。通过建立第三方审计机制，确保独立的评估机构对算法进行有效的监控与评估，从而提升算法的透明度与公正性。

另一方面，法律应当建立相应的责任和赔偿机制。当算法导致歧视或不公正时，受害者应当有权寻求法律救济。例如，若某一算法因数据偏见而导致用户在信贷申请中受到不公正待遇，受害者应有权向法律机构提出诉讼，要求赔偿损失并对算法提供方施加责任。这不仅能够保护个体的合法权益，还能够促使企业对算法的设计和应用更加谨慎，减小对社会的负面影响。

十、国际法律框架与合作

随着人工智能技术的迅速发展,各国在 AI 法律问题上的立法进展也逐渐引起国际社会的关注。在这一背景下,国际组织和各国之间的跨国合作显得尤为重要,以确保 AI 技术的可持续和负责任地使用。

近年来,各国在 AI 法律问题上的立法进展不尽相同。一些国家已经开始积极制定和完善相关法律法规,以应对 AI 技术所带来的挑战。例如,欧盟于 2021 年提出了《人工智能法案》,旨在为 AI 的开发和使用提供一个统一的法律框架。该法案强调了对高风险 AI 系统的监管要求,并规定了透明度、可追溯性和责任等基本原则。此外,欧盟还特别关注保护个人数据和隐私,以确保 AI 技术在道德和法律范围内运作。

除了各国的立法努力,国际组织对 AI 法律问题的关注也日益增强。

联合国教科文组织(UNESCO)正在积极探讨 AI 的伦理和法律框架。联合国教科文组织在 2021 年通过了一项关于人工智能伦理的建议,呼吁各国在 AI 的研发和应用中遵循人权、道德与社会责任。这一倡议强调了 AI 的可持续发展和以人为本的原则,旨在为各国提供指导,以实现技术进步与社会价值的平衡。

OECD 也在 AI 法律问题上发挥了积极作用。OECD 在 2019 年发布了《OECD 人工智能原则》,该原则包括促进创新、保护个人隐私、提高透明度等方面。这些原则为各国在制定和实施 AI 政策时提供了参考框架,促进了国际的政策协调。

AI 技术的全球化特性决定了跨国合作在 AI 监管中的重要性。由于 AI 技术的开发和应用通常跨越国界,单一国家的法律框架往往难以有效应对 AI 监管的全球性挑战。因此,各国之间的合作与对话至关重要。

(1)跨国合作可以促进信息共享和经验交流。通过定期举行国际会议、研讨会和工作组,各国可以共同探讨 AI 技术的发展趋势、法律挑战和解决方案。这种合作不仅有助于加强国家间的信任和理解,也可以推动共同的法律标准和政策框架的建立。

(2)跨国合作可以加强对跨国科技公司的监管。随着科技公司在全球范围内的业务扩展,单一国家的法律往往难以有效约束这些公司的行为。通过国际合作,各国可以共同制订针对跨国公司的监管措施,确保其在全球范围内遵循统一的法律和伦理标准。

(3)跨国合作也可以在伦理和社会责任层面上达成共识。AI 技术的发展不仅涉及技术和经济问题,还关系到社会公正和可持续发展等广泛议题。通过国际组织和多边机制,各国可以共同倡导以人为本的 AI 发展理念,推动 AI 技术在伦理和法律框架内运作。

总而言之,在全球化背景下,AI 法律问题的复杂性和多样性要求世界各国加强合作,共同应对挑战。通过积极的立法进展、国际组织的关注以及跨国合作,各国可以形成有效的 AI 法律和伦理框架,以保障技术发展的可持续性和公正性。未来,AI 技术将继续发展,国际社会需要不断调整和完善相关法律,以应对新兴技术所带来的挑战,确保 AI 技术为人类社会作出积极的贡献。

思考题

1. 从个人的角度,谈一谈隐私保护问题及对策。

2. 结合实际,就如何构建包容性的数字经济就业环境给出对策和建议。

3. 根据自身经历和经验,谈谈在生活中遇到的数字伦理问题。

4. 如何提升社会公众的数字伦理意识?

5. 关于人工智能的法律主体问题,你怎么看?

6. 深入思考关于自动驾驶汽车事故中的责任界定问题。

扩展阅读 8-1　人工智能治理白皮书

扩展阅读 8-2　互联网法律白皮书(2023 年)

扩展阅读 8-3　网络立法白皮书(2022 年)

即测即练

第九章

全球数字经济发展概况

本章学习目标

1. 了解当前全球数字经济发展的格局变化趋势；
2. 了解美国和欧盟数字经济战略的主要内容及发展重心；
3. 了解英国、德国、日本、新加坡的数字经济发展战略，以及可借鉴之处。

导言

当前，全球数字经济的发展已初步形成了由美国、中国和欧盟主导的三极格局。这三个主体在数字经济技术、市场、规则等多个方面各自塑造了差异化的发展优势。

美国在全球数字经济中占据领先地位。其产业规模庞大，产业链完整，数字技术的研发能力卓越，数字企业的全球竞争力强劲。这些优势使得美国在全球数字经济中扮演着举足轻重的角色。中国同样在全球数字经济中表现突出。中国拥有全球最大的数字市场，这为数字经济的发展提供了广阔的空间。此外，中国在数字经济的顶层设计、数据资源的领先性、数字产业的创新活力以及数字中国建设的成效方面均取得了显著的成果。欧盟则通过其在数字治理领域的先进经验，形成了与中、美相辅相成的第三极力量。[①] 欧盟在数字经济的规范制定、数据保护、网络安全等方面展现出独特优势，为全球数字经济的发展提供了一条新的发展路径。与此同时，一些新兴经济体也在积极融入全球数字经济的发展浪潮。它们通过加强技术创新、市场拓展和政策支持，不断提升自身的数字经济实力，展现出强劲的增长趋势，进一步推动了全球数字经济向多极化方向发展。

本章将分析全球主要经济体在数字经济发展中的现状与特点，重点关注美国、欧盟、英国和德国，以及日本和新加坡的数字经济发展战略、政策措施与创新成果。

第一节　美国数字经济

美国在全球数字经济中占据着主导地位，其优势来源于成熟的科技创新体系、强大的互联网基础设施和广泛的国际影响力。数字经济的迅猛发展不仅重塑了美国的产业结构，也深刻影响了全球经济的格局。

---

① 中国信息通信研究院. 全球数字经济白皮书（2023 年）[EB/OL]. http://www.caict.ac.cn/kxyj/qwfb/bps/202401/t20240109_469903.htm.

一、科技创新与全球主导地位

美国在全球科技创新领域占据主导地位，这一成就主要得益于其强大的科技创新体系，特别是硅谷这一重要的科技创新中心。硅谷不仅汇聚了谷歌、苹果、亚马逊及 Meta（原 Facebook）等众多全球领先的科技企业，还在人工智能、云计算、大数据等前沿技术领域具有显著优势，持续推动着全球科技创新的发展。

美国的创业生态系统与风险投资环境为其科技创新提供了坚实的基础。这一体系高效运作，为初创企业提供了充足的资金支持、专业指导及丰富的资源。PitchBook 的数据显示，2021 年，美国的风险投资市场总额达到了 3 290 亿美元，充分显示出全球投资者对美国科技初创企业的浓厚兴趣与信心。硅谷不仅是全球技术企业的聚集地，也是众多初创企业的孵化器。在这个充满竞争的环境中，企业通过不断创新，推出新产品和服务，促进了经济的持续增长。例如，SpaceX 和特斯拉在航空航天及电动汽车领域的创新发展，不仅推动了相关产业的进步，也展现了美国在科技创新方面的强大实力。

美国之所以能在全球科技创新领域保持主导地位，不仅因为其完善的创新支持体系，还因为其开放的创新环境。这一优势吸引了全球的创业者前来寻求发展机会，进而促进了新兴技术创新企业的不断涌现。这些初创企业持续为美国数字经济发展注入新活力，同时也为全球科技创新产业开辟了新的发展方向。

此外，美国创业者对新兴技术展现出敏锐的洞察力和快速的响应能力，这也是其保持全球领先地位的关键因素。特别是在人工智能、区块链、物联网等新兴技术领域，美国企业积极投入研发，勇于探索新技术应用，不断抢占市场先机，充分展示了其强大的创新实力和科技竞争力。

二、国家战略与关键新兴技术

美国政府在全球数字经济发展中扮演着至关重要的角色。为确保其在全球创新领域的主导地位以及在国际标准体系中的代表性和影响力，美国政府先后发布并实施了一系列国家战略，旨在通过全面而战略性的方法来确保其国家和经济安全。

2024 年 5 月，美国国务院发布了名为《美国国际网络空间和数字政策战略：迈向创新、安全和尊重权利的数字未来》(*United States International Cyberspace & Digital Policy Strategy：Towards an Innovation，Secure，and Rights-Respecting Digital Future*)的战略文件。该战略致力于促进、建立和维持一个开放、包容、安全且富有韧性的数字生态系统，与国际合作伙伴协调，将尊重权利的理念融入数字和数据治理之中，并通过建立联盟推动网络空间中的负责任国家行为，有效应对网络空间及关键基础设施所面临的威胁。此外，该战略还强调了增强和提升国际合作伙伴在数字与网络安全方面的能力。

2024 年 7 月，美国国家标准与技术研究院（NIST）发布了《美国关键和新兴技术国家标准战略实施路线图》(*U. S. Government National Standards Strategy for Critical and Emerging Technologies（Usg Nsscet）：Implementation Roadmap*)。该路线图部署了战略优先事项、立即行动计划和长期目标战略等多项内容。战略优先事项即在具有战略价值的关键和新兴技术(CET)领域(如通信和网络、半导体和微电子、人工智能、生物技术、定位/导航、数字身份、清洁能源以及量子信息等特定技术)制定标准。立即行动计划包括跟踪当前美国政府资助的研究和技术合作协议,投资标准制定的全生命周期,加强与合作伙伴和盟友的国际合作,并利用年度预算支持既定的国际标准参与机会。为了可持续的长期目标战略实施成功,美国政府将采取加强联邦政府内部标准协调、深化政府与私营部门的合作、加强与外国政府的标准政策协调、激励联邦机构参与标准化以及为关键新兴技术研发和标准化提供稳定且充足的资金等战略举措。

《美国人工智能国家战略》(*U. S. National Artificial Intelligence Strategy*)是一个综合性的战略框架,旨在确保美国在人工智能领域的全球领导地位,并利用 AI 技术来推进国家安全、经济发展和科技创新。近些年,美国政府先后发布了多个版本的《美国人工智能国家战略》,共计九项主要内容:对人工智能研究进行长期投资;开发有效的人类与人工智能协作方法;理解并解决人工智能的伦理、法律和社会影响;确保人工智能系统安全可靠;开发用于人工智能培训及测试的公共数据集和环境;制定标准和基准以测量与评估人工智能技术;更好地了解国家人工智能的研发人力需求;扩大公私合作以加速人工智能发展;强调国际合作在人工智能研发中的重要性。此外,该战略还包括推进以数据为中心的知识发现方法、促进联邦机器学习方法、了解人工智能的理论能力和局限性、开展可扩展的通用目的人工智能系统研究等十个优先事项。

值得注意的是,美国正在努力重塑其制造业。2024 年 12 月,美国发布《制造业美国战略计划 2024》,旨在将创新技术发展和转变为规模化、高成本效益、性能优越的国内制造能力,提高美国制造业竞争力,维护美国在全球先进制造领域的领导地位。其主要内容包括:推动技术发展和成熟、降低国内制造业的成本并提高生产率;打造多元化的先进制造业生态系统;建立应用研究与开发创新的项目清单;支持国家先进制造业的优先事项。其具体措施包括:向美国制造商提供经过验证的先进制造技术、材料和设备,促进分享技术知识和最佳实践以应对先进制造挑战,鼓励多研究所合作以加速制造技术的开发和应用,以及加速发展先进制造业劳动力、促进制造业创新研究所网络的建立等。

第二节　欧盟数字经济

欧盟在全球数字经济发展中采取了与美国不同的路径,注重数据保护、市场规范以及技术自主性。通过实施一系列政策和法规,欧盟希望在确保数字经济健康发展的同时,维护成员国之间的市场竞争公平性。

一、数字经济政策框架

欧盟的数字经济政策框架建立在数字单一市场(Digital Single Market)的基础之上,旨在打破成员国间的市场壁垒,促进数字经济的整合与蓬勃发展。为了全面提升在数字经济领域的竞争力并维护自身的"数字主权",欧盟及其成员国近年来出台并实施了一系列相关的政策法规,展现出其在数字经济领域的积极姿态与深远布局。

欧盟《通用数据保护条例》于 2016 年 4 月 27 日由欧盟议会通过,并于 2018 年 5 月 25 日在欧盟成员国内正式生效实施。该条例全面涵盖了数据保护的各个方面,诸如要求企业确保合同中包含特定数据保护条款,并建立响应个人请求的系统和流程,同时赋予用户强大的隐私保护权,包括数据访问权和删除权,增强了用户对数据的控制权。相较于美国侧重促进创新和保护知识产权的立法理念,欧盟 GDPR 倾向于人的权利和数据权利,更强调个人数据的保护和隐私权。GDPR 的实施不仅为用户提供了更加安全的数据环境,还通过规范数据处理行为维护了市场秩序,促进了数字经济的健康发展,现已成为全球隐私保护的参考标准,对全球数据保护标准产生了深远影响。

为了增强欧盟数字市场的竞争力和规范性,2022 年,欧盟委员会出台并实施了《数字市场法案》与《数字服务法案》(以下简称"数字双法")。其中,《数字市场法案》的主要目标是防止大型数字服务平台滥用其市场支配地位,侧重于反垄断和推动公平竞争;《数字服务法案》则致力于确保用户在线安全,遏制非法或违反平台服务条款的有害内容传播,并保护隐私、言论自由等基本权利,其重点在于数字服务和数字内容的治理。作为新的竞争工具,数字双法对欧盟数字经济产生了积极影响:促进了市场竞争,保护了消费者权益,激励了创新和中小企业的发展,同时提高了透明度和问责制。此外,这些法律的溢出效应可能会削弱美国平台公司的市场控制力,为其他竞争者提供更多的市场空间和发展机遇。同时,数字双法也为全球数字经济的治理和监管提供了重要的参考与借鉴。

2023 年 1 月,欧盟正式实施的《2030 年数字十年政策方案》旨在到 2030 年实现欧盟数字化转型的共同目标,聚焦数字基础设施、数字技能、公共服务数字化及商业数字化四大领域。该方案强调以开放方式保障欧盟数字主权,遵循安全和可访问性原则,确保数据有效存储、传输和处理,保障初创生态系统和欧洲数字创新中心顺畅运作。其具体措施包括:提升公民数字化技能,提高企业(含小型企业)对人工智能、数据及云计算技术的采用率,加强欧盟内部传输、计算及数据基础设施建设,以及提供在线的数字化公共服务和行政管理。通过实施该方案,欧盟可加速其数字化转型,提升整体竞争力,并展现数字治理的领导力和创新能力,推动全球数字治理体系的完善与发展。

二、技术自主与市场竞争

在技术自主方面,欧盟正积极努力减小对外部技术供应的依赖,特别是在半导体、人工智能和网络安全等关键领域。欧盟及其成员国已经意识到,确保技术自主不仅是维护国家安全的重要保障,也是推动经济持续健康发展的关键因素。

"数字欧洲计划"(Digital Europe Programme)是欧盟为了推动数字技术研发和应用,提升在全球数字经济中的竞争力而制订的一项重要计划。该计划聚焦于支持人工智能、超高性能计算、网络安全以及数字技能等关键领域的发展,旨在构建一个更加多元化和强大的数字生态系统。通过"数字欧洲计划"的投资,欧盟期望能够加速这些关键数字技术的研发和应用,从而推动本土技术人才的成长和创新生态系统的繁荣。在人工智能领域,该计划将支持研发和创新,促进人工智能技术的广泛应用,提高生产效率和产品质量。同时,通过投资超高性能计算领域,欧盟将加强其在高性能计算和大数据分析方面的能力,为科学研究、工程设计、金融分析等领域提供更加高效和准确的计算支持。网络安全方面,"数字欧洲计划"将加强网络安全技术研发和应用,提高网络安全防护能力,确保欧盟在数字空间中的安全和稳定。此外,该计划还将支持数字技能的提升,通过教育和培训,培养更多具备数字化素养和专业技能的人才,为欧盟的数字经济发展提供有力的人才保障。

欧盟在推进数字经济发展的过程中,着重于保障数字单一市场的公平竞争。为防止大型科技公司利用其市场主导地位造成不公平竞争,欧盟委员会推出了《数字市场法案》。该法规旨在约束那些拥有显著市场影响力的"看门人"企业,确保小型企业和创新型企业在数字市场中获得平等的竞争机会。通过实施《数字市场法案》,欧盟意在打破市场垄断,防范市场过度集中带来的消极影响,激发市场创新活力,不仅有助于保护消费者权益,还为小型企业和创新型企业拓宽了市场空间,促进了欧洲数字市场的繁荣与发展,为欧洲数字经济的持续健康发展保驾护航。

三、数字经济与社会公平

欧盟在推动数字经济发展的同时,对社会公平与包容性给予了高度关注。鉴于数字经济的发展可能使部分社会群体面临边缘化的风险,欧盟因此制定了一系列政策。这些政策的目的是缩小数字鸿沟,确保所有公民都平等地享受数字经济所带来的益处。

"数字技能与就业计划"(Digital Skills and Employment Plan)是欧盟推动数字经济和社会公平与包容性发展的重要举措。该计划覆盖了多个群体,以确保各类人群都平等地参与到数字经济中。针对青少年,计划提供了基础的数字素养教育,培养他们的创新思维和解决问题的能力。对于失业者,特别是那些因技术变革而失业的人员,计划提供了针对性的培训课程,帮助他们掌握新的数字技能,重新进入就业市场。此外,对于在职人员,计划也提供了持续的职业发展培训,以提升他们的数字技能,增强在职竞争力。

此外,欧盟对地区发展差异给予了特别的关注。为了缩小不同地区在数字化水平上的差距,欧盟设立了"欧盟区域发展基金"(European Regional Development Fund),旨在为那些在数字化进程中相对滞后的地区提供资金支持,帮助这些地区提升数字基础设施的建设水平,包括加强宽带网络、数据中心等关键设施的布局与优化。同时,欧盟还致力于提升这些地区的数字服务水平,通过引入先进的数字技术和应用,提高公共服务、教育、医疗等领域的数字化程度。

通过这一系列举措,欧盟致力于构建一个更加包容和多元化的数字经济社会,不仅有助于缩小数字鸿沟,促进经济平衡发展,还将为欧盟的数字经济发展注入新的活力,为欧洲的未来奠定坚实的基础。

第三节　英国数字经济和德国数字经济

英国和德国作为欧洲经济的重要组成部分,在全球数字经济快速发展中发挥着关键作用。两国分别在金融科技和智能制造领域表现突出,致力于提升本国在全球数字经济发展格局中的竞争力。

一、英国的数字经济战略

2022 年 6 月，英国正式发布了《英国数字战略》。该战略的核心内容涵盖多个方面：致力于构建世界级数字基础设施，充分释放数据潜能；建立支持创新的监管体系，为人工智能、数据利用及数字竞争等领域提供有利环境；营造安全的数字空间，鼓励投资与技术创新；持续加大对研发的投资力度，为前沿技术的研发提供坚实支撑；携手学校、继续教育机构及企业，共同培养实体经济所需的数字技能人才；利用英国在数字和技术领域的战略优势，积极参与并影响全球数字治理决策。此外，战略还明确了六大关键支柱——数字基础、创意与知识产权、数字技能与人才、资金支持、数字化水平提升以及提升英国国际地位，同时提出了一系列具体而富有亮点的实施举措。

2024 年 3 月，英国政府发布新版《数字发展战略 2024—2030》。该战略提出将努力实现四项关联性目标，包括数字化转型、数字包容、数字责任和数字可持续性。其中，数字化转型是战略的重中之重，旨在通过数字技术促进经济、政府和社会各领域的深刻变革，提升整体运行效率和创新能力。数字包容强调确保每一位公民都从数字技术的发展中受益，努力缩小数字鸿沟，实现更加公平的社会发展。数字责任致力于构建一个安全、可靠、有弹性的数字环境，保护个人隐私和数据安全，同时加强网络监管，打击网络犯罪，维护国家安全和社会稳定。数字可持续性关注利用数字技术来支持气候变化应对和环境保护等目标的实现，推动绿色数字技术的发展，促进经济与环境的和谐共生。

相较于其他国家，英国在金融科技领域展现出了独特的优势和深厚的底蕴。英国政府高度重视金融科技的发展，出台了一系列支持政策，为行业营造了良好的发展环境。这些政策包括税收优惠、资金扶持、监管创新等。同时，英国还积极构建金融科技生态系统，加强产学研合作，培养了大量高素质的专业人才，为行业的持续发展提供了有力的支撑。近年来，英国金融科技行业的表现尤为亮眼。统计数据显示，2021 年该行业吸引了超过 120 亿英镑的投资，这一数字不仅彰显了投资者对英国金融科技潜力的高度认可，也反映了该行业在全球范围内的强劲竞争力。

二、德国的数字经济战略

德国在数字经济的发展上也展现出强大的实力，尤其在智能制造和工业 4.0 方面。

2013 年 4 月，德国首次公布了《实施"工业 4.0"战略建议书》。该战略计划将传统工业与物联网、人工智能及数据分析等尖端数字技术相结合，以促进制造业的全面数字化转型，旨在通过技术创新提升生产效率，从而增强德国在全球制造业领域的竞争力。在这一战略方针的引领下，德国的西门子和博世（Bosch）等众多制造企业已在生产线上广泛采纳智能技术，优化了生产流程。从原材料的采购到产品的出厂，每一环节都实现了精准控制，这不但极大地提高了生产效率与产品质量，也为全球制造业的转型升级提供了重要的借鉴与启示，推动制造业朝着更加智能化、高效化的方向前进。

2016 年 3 月，德国政府推出了《数字化战略 2025》，其核心目标是推动国家的全面数字化转型，并确保德国在全球数字化竞争中占据领先地位。该战略主要聚焦于以下关键领域：第一，加强数字基础设施建设，计划至 2025 年在全国范围内构建高速传输光纤网络，并广泛推广 5G；第二，促进数字化转型与创新，构建创新生态系统，加强初创企业、成熟企业和研究机构间的合作与交流；第三，提升数字教育与人才培养水平，加强数字化人才的培育与引进；第四，推动数字包容与公平，确保所有公民都从数字化进程中获益，并保障公民公平、便捷地获取政府服务；第五，加强数据保护与隐私安全，完善相关法律法规，为数字化进程提供坚实的法律保障。

自《数字化战略 2025》实施以来，德国在数字化转型方面取得了显著的成就，正引领德国逐步迈向一个高度数字化、智能化的未来，为全球数字化进程贡献着重要力量。

第四节　日本数字经济和新加坡数字经济

日本和新加坡作为亚洲的重要经济体，在数字经济发展中各具特色。两国政府均通过一系列战略性规划和政策来推动数字化转型，以促进本国数字经济的可持续发展。

一、日本的数字经济战略

日本政府在 2017 年提出了"社会 5.0"战略，旨在通过先进的数字技术推动整个社会的智能化发展。"社会 5.0"战略是一个致力于融合物理空间与网络空间的新社会发展蓝图，着重强调利用 5G 来支持智能城市、物联网、智能交通以及医疗健康等多个领域的发展，并将智能制造作为推动日本社会深刻变革的重要驱动力。

随着"社会 5.0"战略的持续深入实施，越来越多的日本企业将智能制造视为数字化转型升级的关键路径。它们积极引入先进的技术和理念，力求在生产方式上实现根本性的变革。以丰田汽车公司为例，该公司在生产过程中大力推行智能工厂技术，通过机器人与人工智能的深度融合，对生产线进行了全面而深入的优化，不仅显著提升了生产效率，使得产品以更快的速度和更高的精度完成制造，还进一步确保了产品质量的卓越性，每一件产品都达到了极高的性能标准。

"社会 5.0"战略还明确指出，智能制造的发展应当与社会的整体进步保持协调一致，确保科技发展的丰硕成果真正惠及全体民众。这意味着，在推动智能制造的过程中，必须充分考虑社会的多样性和包容性，确保每一个人都从科技进步中平等受益，共同分享智能化社会所带来的美好生活。

政策支持与投资基金是日本政府积极推动"社会 5.0"战略进程的两大重要举措。为了助力企业的创新与发展，日本政府出台了一系列支持政策。其中，日本经济产业省推出的"产业战略"明确了支持数字技术和新兴产业投资的具体方向，旨在通过数字化手段全面提升国家在全球市场上的整体竞争力。同时，日本政府还设立了多项专项基金，专门用于支持初创企业的成长和技术研发的推进。通过这些基金的资助，日本政府不仅为初创企业提供了宝贵的资金支持，还促进了创新生态的形成，为数字技术的研发与应用提供了更加肥沃的土壤，推动了日本数字化转型的深入发展。

二、新加坡的数字经济战略

新加坡的"智慧国计划"是一个旨在通过科技推动国家全面转型的长期战略。2006年，新加坡政府率先发布了全球首个智慧国家蓝图——"智慧国家2015"计划，该计划以数据整合为基础，旨在增强政府政策的前瞻性，并提供优质的公共服务，包括公共交通网络的完善、政府数据开放等。2014年，新加坡政府将"智慧国家2015"计划升级为"智慧国家2025"十年计划，该计划进一步明确了新加坡在数字化转型中的长期目标，包括优化城市治理、提升公共服务水平、推动经济发展等。

2024年10月，新加坡政府推出了"智慧国2.0"计划，作为"智慧国家2025"计划的延续和深化。该计划旨在通过数字化转型，构建一个更加智能、高效和包容的社会。在此计划下，新加坡政府将继续加强在科技创新、数字经济、智慧城市等领域的发展，并推动教育、医疗、交通等公共服务的数字化转型。这些目标和规划为新加坡的数字经济发展提供了清晰的方向与路径。

新加坡高度重视创新和研发在数字经济中的重要作用，政府通过设立专项基金和提供政策支持，鼓励企业加大研发投入，推动技术创新和产业升级。例如，政府推出"数字企业蓝图"，计划围绕人工智能、云计算、网络安全以及技能培训四大重点领域，制订一系列针对性支持措施，帮助新加坡中小企业进一步加快数字化转型和提升科技创新能力。同时，新加坡还注重推动数字经济与传统产业的融合发展，通过数字化手段提升传统产业的效率和竞争力，积极推动数字经济与金融、物流、医疗等领域的协同发展，形成多元化的数字经济生态。例如，新加坡金融管理局（MAS）推出了"金融科技战略"，致力于建立健全金融科技生态系统。通过"金融科技沙盒"政策，新加坡企业可以在受控环境中测试新产品和服务，促进了金融创新服务的发展。目前，新加坡已经成为全球数字金融的中心之一。

数字经济需要大量的高素质人才来支撑。为此，新加坡政府推出了"加快培训专才"计划，在教育和培训方面投入大量资源，旨在提升国民的数字技能和创新能力，确保劳动者适应快速变化的市场需求。同时，新加坡还积极引进国际高端人才，为本国数字经济的发展提供坚实的人才保障。此外，新加坡还与全球知名高校和研究机构展开合作，推动数字化教育与研究的国际化进程。这些特色举措使新加坡在数字经济领域的发展为其他国家与地区提供了有益的借鉴和启示。

思考题

1. 中国借鉴世界各国数字经济发展优点的同时如何保持自己特色？
2. 如何理解全球数字经济发展的多极化格局？其可能面临哪些问题与挑战？
3. 为什么美国数字经济发展能一直处于领先地位？请举例说明。
4. 对比分析中国、美国和欧盟数字经济发展的优势与劣势。
5. 我国应该如何借鉴日本和新加坡的数字经济发展经验？
6. 比较各主要国家的数字经济发展战略，总结全球数字经济未来的发展趋势。

即测即练

参 考 文 献

［1］ VAN HOVE L. Metcalfe's Law：not so wrong after all［J］. NETNOMICS：economic research and electronic networking,2014,15：1-8.

［2］ KOEHN N F. The story of American business：from the pages of the New York Times［M］. Boston：Harvard Business School Press,2009.

［3］ KRUGMAN P. Scale economies，product differentiation，and the pattern of trade［J］. American economic review,1980,70(5)：950-959.

［4］ 中国信息通信研究院. 中国数字经济发展白皮书（2020 年）［EB/OL］.（2020-07-03）. http://www. caict. ac. cn/kxyj/qwfb/bps/202007/P020200703318256637020. pdf.

［5］ 新质生产力的内涵特征和发展重点［EB/OL］.（2024-03-01）. https://www. 12371. cn/2024/03/01/ARTI1709247847747483. shtml.

［6］ 中国信息通信研究院. 中国数字经济发展研究报告（2024 年）［R/OL］.（2024-08-27）. http://www. caict. ac. cn/kxyj/qwfb/bps/202408/P020240830315324580655. pdf.

［7］ 刘惠惠，高嘉遥. 数实融合促进新质生产力的多元优势、动能解析与布局完善［EB/OL］.（2024-11-07）. https://link. cnki. net/urlid/13. 1356. F. 20241106. 1728. 002.

［8］ 数实融合助力经济高质量发展［EB/OL］.（2023-11-09）［2024-11-09］. http://www. xinhuanet. com/politics/20231109/007bb55c193b448fb8514dc4d45a81fa/c. html.

［9］ 优化升级数字基础设施［EB/OL］.（2022-11-14）. http://www. ce. cn/xwzx/gnsz/gdxw/202211/14/t20221114_38226320. shtml.

［10］ 每颗北斗卫星都有自己的功用［EB/OL］.（2020-07-10）. http://www. beidou. gov. cn/zy/kpyd/202007/t20200713_20772. html.

［11］ 《2022 中国大数据产业生态地图暨中国大数据产业发展白皮书》正式发布［EB/OL］.（2022-08-07）. http://www. cww. net. cn/article? id=566461.

［12］ 国家发改委首次明确"新基建"范围 将加强顶层设计［EB/OL］.（2020-04-20）. https://www. sohu. com/a/389706895_99895902.

［13］ "东数西算"三问［EB/OL］.（2022-02-17）. https://www. gov. cn/zhengce/2022-02/17/content_5674406. htm.

［14］ 中国信息通信研究院. 数据要素白皮书（2022 年）［EB/OL］.（2023-01-04）. http://www. caict. ac. cn/kxyj/qwfb/bps/202301/t20230107_413788. htm.

［15］ 创新管理机制，推动数据资源体系开放共享［EB/OL］.（2022-08-26）. https://www. gov. cn/xinwen/2022-08/26/content_5706943. htm.

［16］ 国家市场监督管理总局，国家标准化管理委员会. 数据安全技术 数据分类分级规则：GB/T 43697—2024［S/OL］.（2024-03-21）. https://www. tc260. org. cn/front/postDetail. html? id=20240321201412.

［17］ 李勇坚. 数据要素的经济学含义及相关政策建议［J］. 江西社会科学. 2022,42(3)：50-63.

［18］ 冯哲，胡海洋. 新技术带来的传统生产要素权利保护与数据权利构建问题［J］. 上海法学研究,2021(1)：14-30.

［19］ 人民网. 什么是新质生产力？中央财办最新解读［EB/OL］.（2023-12-18）. http://finance. people. com. cn/n1/2023/1218/c1004-40141533. html.

［20］ 李涛，欧阳日辉. 数据是形成新质生产力的优质生产要素［EB/OL］.（2024-04-23）. http://www. qstheory. cn/qshyjx/2024-04/23/c_1130122210. htm.

[21] 孙克.数据要素价值化发展的问题与思考[J].信息通信技术与政策,2021,47(6):63-67.

[22] CCSA TC601|数据资产管理实践白皮书(6.0 版)[EB/OL].(2023-01-05).http://www.fjcio.cn/Item/8253.aspx.

[23] 杜庆昊.数据要素资本化的实现路径[J].中国金融,2020(22):34-36.

[24] 高富平,冉高苒.数据要素市场形成论——一种数据要素治理的机制框架[J].上海经济研究,2022(9):70-86.

[25] 侯鑫淼.数据确权解决"数据究竟归谁所有"难题,促进数据流通[EB/OL].(2024-05-10).https://mp.weixin.qq.com/s/KS169TD-_oKh7qyJiKlH5A.

[26] 数据确权:必要性、复杂性与实现路径[EB/OL].(2024-03-15).http://www.nopss.gov.cn/n1/2024/0315/c219544-40196659.html.

[27] 华为数字化转型与可持续发展洞察:构建智能世界的基石[EB/OL].(2024-09-11).https://mp.weixin.qq.com/s/criO6tmFa4KmXUA2nqj8bw.

[28] 从"十四五"规划看中国企业如何进行数字化转型[EB/OL].(2024-09-07).https://mp.weixin.qq.com/s/oHfP1fztKsKe0xOfJBp3gQ.

[29] 华为公司数字化转型方法论[EB/OL].(2024-07-30).https://baijiahao.baidu.com/s?id=1806000286950716030.

[30] 欧阳日辉,龚强:中国数字金融的内涵、特点及态势[EB/OL].(2024-04-03).https://news.qq.com/rain/a/20240403A07IA200.

[31] 中国金融科技和数字金融发展报告(2024)[R/OL].http://czifi.org/newsinfo/6707007.html.

[32] 中华人民共和国商务部服务贸易和商贸服务业司.中国数字贸易发展报告 2021[R/OL].http://fms.mofcom.gov.cn/cms_files/oldfile/fms/202301/20230117111616854.pdf.

[33] 中华人民共和国商务部.中国数字贸易发展报告 2024[R/OL].(2024-10-17).https://fms.mofcom.gov.cn/xxfb/art/2024/art_2af090f44fd44b16b4d281d55dd5a31c.html.

[34] 中华人民共和国商务部.中国数字贸易发展报告 2022[R/OL].http://fms.mofcom.gov.cn/cms_files/oldfile/fms/202312/20231205112658867.pdf.

[35] 数字治理的概念辨析与善治逻辑[EB/OL].(2022-10-14).https://www.cssn.cn/skwxsdt/gjhy/202210/t20221014_5549350.shtml.

[36] 国务院关于加强数字政府建设的指导意见[EB/OL].(2022-06-06).https://www.gov.cn/gongbao/content/2022/content_5699869.htm.

[37] 中国信息通信研究院.数字时代治理现代化研究报告——数字政府的实践与创新(2021 年)[R/OL].http://www.caict.ac.cn/kxyj/qwfb/ztbg/202103/t20210302_370363.htm.

[38] 中国信息通信研究院.数字政府发展趋势与建设路径研究报告(2022 年)[R/OL].http://www.caict.ac.cn/kxyj/qwfb/ztbg/202211/t20221123_411845.htm.

[39] 中国信息通信研究院.数字政府一体化建设白皮书(2024)[EB/OL].(2024-04-01).http://www.caict.ac.cn/sytj/202404/t20240401_474827.htm.

[40] "十四五"数字经济发展规划[EB/OL].(2021-12-12).https://www.gov.cn/gongbao/content/2022/content_5671108.htm.

[41] 以智慧城市建设提升城市治理现代化水平[EB/OL].(2023-07-05).http://www.sic.gov.cn/sic/82/567/0705/11991_pc.html.

[42] 陶飞,刘蔚然,刘检华,等.数字孪生及其应用探索[J].计算机集成制造系统,2018,24(1):1-18.

[43] 从雄安读懂"数字孪生"[EB/OL].(2024-01-17).https://www.xiongan.gov.cn/2024-01/17/c_1212328186.htm.

[44] 陈建平.提效与赋能:数字孪生技术助推智慧城市现代化的双维逻辑[J].河南社会科学,2023,31(12):96-104.

[45] 谭海波,叶玮.数字技术赋能公共服务:内在机制与主要途径[J].行政论坛,2024,31(2):103-110.

[46] 我国智慧医疗建设现状、问题及对策研究[EB/OL].(2021-01-21).https://www.chima.org.cn/Html/News/Articles/8579.html.

[47] 祝智庭,彭红超,雷云鹤.智能教育:智慧教育的实践路径[J].开放教育研究,2018,24(4):13-24,42.

[48] 教育部发布4项行动助推人工智能赋能教育[EB/OL].(2024-03-28).http://www.moe.gov.cn/jyb_xwfb/xw_zt/moe_357/2024/2024_zt05/mtbd/202403/t20240329_1123025.html.

[49] 曲喆,曲孟.智能交通发展现状及发展建设举措探析[J].北方交通,2024(5):92-94.

[50] 朱彤.外部性、网络外部性与网络效应[J].经济理论与经济管理,2001(11):60-64.

[51] 闻中,陈剑.网络效应与网络外部性:概念的探讨与分析[J].当代经济科学,2000(6):13-20.

[52] 《福布斯》发表文章指出当今世界的10大定律[EB/OL].(2005-04-21).https://www.cas.cn/xw/kjsm/gjdt/200906/t20090608_631395.shtml.

[53] 中国共享经济发展报告(2023)[R/OL].(2023-02-23).http://www.sic.gov.cn/sic/93/552/557/0223/11819_pc.html.

[54] 刘根荣.共享经济:传统经济模式的颠覆者[J].经济学家,2017(5):97-104.

[55] 谢富胜,吴越,王生升.平台经济全球化的政治经济学分析[J].中国社会科学,2019(12):62-81,200.

[56] 如何理解促进平台经济创新发展,健全平台经济常态化监管制度[EB/OL].(2024-08-17).https://www.gov.cn/zhengce/202408/content_6968933.htm.

[57] 于凤霞.稳就业背景下的新就业形态发展研究[J].中国劳动关系学院学报,2020,34(6):44-54,85.

[58] 李凌.平台经济发展与政府管制模式变革[J].经济学家,2015(7):27-34.

[59] 伊特韦尔,米尔盖特,纽曼.新帕尔格雷夫经济学大辞典:第二卷 E-J[M].北京:经济科学出版社,1996.

[60] 陈玲,孙君,李鑫.评估数字经济:理论视角与框架构建[J].电子政务,2022(3):40-53.

[61] 裴长洪,刘斌.中国对外贸易的动能转换与国际竞争新优势的形成[J].经济研究,2019,54(5):4-15.

[62] 阿吉翁,霍依特.内生增长理论[M].陶然,汪柏林,倪彬华,译.北京:北京大学出版社,2004.

[63] 张新春.数字技术下社会再生产分层探究[J].财经科学,2021(12):52-63.

[64] 李俊杰.数据隐私保护与数字经济发展之矛盾及平衡[J].电子商务研究,2019(3):76-82.

[65] 孙明.数字经济中的数据隐私保护困境与对策[J].网络安全法学,2020(2):44-51.

[66] 关注数字经济发展中的隐私保护[EB/OL].(2021-10-13).http://www.cass.cn/zhuanti/2021gjwlaqxcz/xljd/202110/t20211013_5366804.shtml.

[67] 张伟.大数据时代的隐私泄露问题研究[J].数据治理研究,2019(5):33-39.

[68] 跨境数据流动治理:框架、实践困境与启示[EB/OL].(2024-03-19).https://www.secrss.com/articles/64534.

[69] 张杰.网络安全威胁及其应对措施[J].信息网络安全,2020(4):102-109.

[70] 马超.勒索软件的威胁及防护对策研究[J].计算机应用安全,2021(3):58-64.

[71] 吴波.国家级网络安全风险及其管理[J].国家安全与信息管理,2019(6):33-40.

[72] 王芳.身份验证和访问控制技术在网络安全中的应用[J].计算机安全,2021(3):75-83.

[73] 陈辉.网络安全防护工具的应用与发展趋势[J].信息与计算科学,2020(2):88-94.

[74] 李俊杰.欧盟GDPR对中国数据隐私保护的启示[J].网络安全与数据保护,2020(5):77-82.

[75] 吴明辉.中国个人信息保护法的实施与影响分析[J].法学评论,2021(4):32-39.

[76] 李晓龙.数据主权视角下的个人信息保护机制研究[J].信息技术与法律,2020(3):20-27.

[77] 王军.区块链技术在数据隐私保护中的应用前景[J].科技进步与对策,2019(8):44-51.

[78] 张伟.零知识证明在金融信息保护中的应用[J].金融科技研究,2021(5):18-25.

[79] 刘建明.数字鸿沟的内涵及其发展趋势[J].图书情报知识,2019(5):45-51.

[80] 王晓云,张辉.数字鸿沟与社会不平等研究综述[J].图书与情报,2021(2):59-67.

［81］ 龚六堂.数字经济就业的特征、影响及应对策略［J/OL］.国家治理,2021(23):29-35［2025-06-09］. https://www.gsm.pku.edu.cn/thought_leadership/info/9044/2862.htm.

［82］ 提升全民数字素养与技能行动纲要［EB/OL］.(2021-11-05). https://www.cac.gov.cn/2021-11/05/c_1637708867754305.htm.

［83］ 陈志强.平台经济中的垄断现象与治理路径研究［J］.经济评论,2021(3):45-52.

［84］ 李慧敏.数字平台经济下的反垄断思考［J］.财经问题研究,2020(5):98-106.

［85］ 沈坤荣,林剑威.数据垄断问题研究进展［J］.经济学动态,2024(3):129-144.

［86］ 张伟,王丽.算法偏见的形成机制及其规避策略［J］.科技与社会,2021(4):76-83.

［87］ 全国人民代表大会常务委员会关于修改《中华人民共和国反垄断法》的决定［EB/OL］.(2022-06-25). https://www.gov.cn/xinwen/2022-06-25/content_5697697.htm.

［88］ 李成.算法滥用的法律规制及其进展［J］.法学评论,2020(3):58-66.

［89］ 中国信息通信研究院.全球数字经济白皮书(2023年)［EB/OL］. http://www.caict.ac.cn/english/research/whitepapers/202404/P020240430470269289042.pdf.

教师服务

感谢您选用清华大学出版社的教材！为了更好地服务教学，我们为授课教师提供本书的教学辅助资源，以及本学科重点教材信息。请您扫码获取。

➤➤ 教辅获取

本书教辅资源，授课教师扫码获取

111636

➤➤ 样书赠送

经济学类重点教材，教师扫码获取样书

清华大学出版社

E-mail: tupfuwu@163.com
电话：010-83470332 / 83470142
地址：北京市海淀区双清路学研大厦 B 座 509

网址：https://www.tup.com.cn/
传真：8610-83470107
邮编：100084